Siegfried Schwarz

MORD NACH MITTAG

Authentische Kriminalfälle aus der DDR
aufgeschrieben von Antje Penk

Das Neue Berlin

ISBN 978-3-360-02121-2

Umschlaggestaltung: Buchgut, Berlin
Druck und Bindung: GGP Media GmbH, Pößneck

Ein Verlagsverzeichnis schicken wir Ihnen gern:
Das Neue Berlin Verlagsgesellschaft mbH
Neue Grünstraße 18
10179 Berlin
Tel. 01805/30 99 99
(0,14 Euro/Min., Mobil max. 0,42 Euro/Min.)

Die Bücher des Verlages Das Neue Berlin
erscheinen in der Eulenspiegel Verlagsgruppe.

www.das-neue-berlin.de

INHALT

VORBEMERKUNG

Am 15. Januar 1981 verschwand in Halle-Neustadt ein siebenjähriger Junge nach einem Kinobesuch. Eine sofort eingeleitete Suchaktion blieb ohne Erfolg. Zwei Wochen später fand ein Streckenwärter an der Bahnstrecke Halle–Leipzig einen Reisekoffer und entdeckte darin die Leiche des Jungen. Außerdem befanden sich einige alte Zeitungen mit ausgefüllten Kreuzworträtseln in dem Koffer. Die Obduktion ergab, dass der Junge sexuell missbraucht und mit einem stumpfen Gegenstand erschlagen worden war.

Als Chef der Morduntersuchungskommission Halle leitete ich die Untersuchung in diesem Fall. Die ausgefüllten Kreuzworträtsel waren die einzige Spur. In der Folge kam es zu einer einzigartigen Aktion. Alle zur Verfügung stehenden Schriftstücke wurden mit der Schrift aus den Kreuzworträtseln abgeglichen. Als dies nicht zum Erfolg führte, holten wir uns unter diversen Vorwänden von jedem Bewohner Halle-Neustadts Schriftproben. Neun Monate nach der Tat wurden wir fündig. Die Schriftprobe einer Bewohnerin war identisch mit den Kreuzworträtseln im Koffer – die entscheidende Spur. In einem Gespräch mit der Frau und ihrer Tochter ergaben sich Hinweise auf den Freund der Tochter, dessen Profil dem des mutmaßlichen Täters entsprach. Am 17. November 1981 wurde er verhaftet und gestand bei der umgehend durchgeführten Vernehmung die Tat. Insgesamt waren 551 198 Schriftproben ausgewertet worden. Dieser immense Aufwand machte den Fall beispiellos in der Kriminalgeschichte der DDR, er gilt bis heute als Kriminalfall mit der weltweit umfassendsten Auswertung von

Schriftproben. Das Fernsehen griff ihn 1988 auf und drehte den »Polizeiruf 110 – Der Kreuzworträtselfall«. Nach der Wende wurde ich mehrfach zu unseren Ermittlungen befragt. Artikel und Bücher erschienen, ein Beitrag in der ZDF-Reihe »Große Kriminalfälle« wurde gesendet. Schon damals kam mir die Idee, aus meiner rund dreißigjährigen Laufbahn als Mordermittler mit über 400 bearbeiteten Delikten weitere Fälle aufzuschreiben. So entstand die vorliegende Sammlung. Bei den hier geschilderten Straftaten war die Aufklärung möglicherweise weniger spektakulär. Aber sie zeigen unterschiedlichste Motive, die zu den Taten führten, und schildern aufschlussreiche Aspekte der Polizeiarbeit.

Die gleichbleibend hohe Aufklärungsrate bei Mordstraftaten in der DDR begann Ende der sechziger Jahre. Eine wesentliche Ursache dafür war die Umstrukturierung der Kriminalpolizei. Gab es zuvor personell kleinere ständige Kommissionen mit einem Leiter und höchstens drei Mitarbeitern, wurden 1965 in den Bezirksbehörden der Deutschen Volkspolizei Dezernate und Kommissariate neu geschaffen. Im Dezernat II der Kriminalpolizei wurde eine ständige Morduntersuchungskommission (MUK) etabliert. So erhielt zum Beispiel die MUK Halle bis Mitte der 70er Jahre eine Aufstockung von acht Mitarbeitern pro Leiter. Aus den 21 Volkspolizeikreisämtern berief man Leichensachbearbeiter (sogenannte Suizidaufklärer) in die erweiterte MUK. Bei einem Mordfall mit unbekanntem Täter war dann neben der eigentlichen MUK die erweiterte MUK bis zur Aufklärung im Einsatz. Die Untersuchungsführer fungierten bei Großeinsätzen als Leiter der einzelnen Ermittlungsgruppen. Wenn nötig, wurden aus dem jeweiligen Kreis weitere Kriminalisten hinzugezogen.

In der DDR wurden Morde zum Politikum, stellten sie doch die Entwicklung der sozialistischen Gesellschaft an sich infrage. Einerseits führte diese Einstellung zu fortlaufenden Rapporten an die Führungsriege von Polizei und Partei. Andererseits wurde die Aufklärung als so wichtig eingestuft, dass alle Einsätze materiell und technisch bestens unterstützt wurden.

Ich danke allen, die mir mit Hinweisen, Ratschlägen und Recherchen geholfen haben, dass dieses Buch entstehen konnte. Mein Dank geht an Kerstin Mauersberger (Leipzig), Jens Schwarz (Aschersleben), Gerd Seehafer (Halle) und Horst Dikall (Werbig).

Mein besonderer Dank gilt Antje Penk (Kemberg). Auf ihre Geduld und ihre beharrlichen Fragen konnte ich mich verlassen, als ich im Gespräch mit ihr die Fälle rekonstruierte. Sie gab ihnen die sprachliche Gestalt, die dem interessierten Leser nicht nur Tatabläufe, Hintergründe und polizeiliche Ermittlungsarbeit darstellt, sondern ein hoffentlich spannendes Lesevergnügen bereitet.

Siegfried Schwarz

TATORT STADTPARK

Helene Krüger nahm ihr Einkaufsnetz in die Rechte und den Beutel in die Linke. Sie hatte gerade in der Stadt ein paar Lebensmittel für die nächsten Tage eingeholt. Helene Krüger war siebzig Jahre alt und Rentnerin. Seit dem Tode ihres Mannes vor drei Jahren lebte sie allein in einer Dachgeschosswohnung. Die Treppen dort hinauf machten ihr noch nicht viel aus.

Sie hatte sich Lebensmittelmarken beiseite gelegt und dafür bei Frau Meier in dem Eckgeschäft zwei Eier in eine mitgebrachte Schale packen lassen, auch gleich noch Butter mitgenommen, nur 100 Gramm, abgewogen und extra verpackt. Am frühen Abend würde ihre Enkelin zu Besuch kommen, deswegen wollte sie einen Rührkuchen mit Äpfeln backen. Die Äpfel hatte ihr letzte Woche die Nachbarin aus dem Garten mitgebracht. Es waren Klaräpfel, die man nicht lange halten kann. Aber für den Kuchen müssten sie noch gehen, hatte Helene sich überlegt.

Es war ein später Augustmorgen. An frühes Aufstehen war sie gewohnt. Spät aufzustehen gab ihr das Gefühl, den Tag zu verplempern, faul zu sein, sich gehen zu lassen. All diese Dinge hatte man ihr schon in frühester Jugend ausgetrieben. Müßiggang ist aller Laster Anfang. Und damit sollte man im Alter erst recht nicht mehr beginnen.

Es versprach ein warmer Tag zu werden. Die Spatzen stritten sich in den Hecken neben dem Fußweg. Helene überquerte den schmalen Grünstreifen. Warm schien die Sonne auf das Pflaster, und der Duft von Rosen lag in der Luft. Sie begann die Last ihrer beiden Beutel zu spüren, als sie in die Grünanlage eintrat. Sie würde einfach dem Hauptweg folgen, und wenn sie hindurch war, musste sie nur noch einmal abbiegen, dann war sie zu Hause. Sie plante gerade ihren Tag und achtete nicht auf den Weg, als sie aus den Augenwinkeln eine Bewegung wahrnahm. Als sie aufblickte, stand etwa zehn Meter vor ihr ein Mann. »Wo habe ich mein

Portemonnaie?«, dachte sie als Erstes. Ihr fiel ein, dass es im Einkaufsbeutel steckte. Aber sie hatte doch gar nichts, was man klauen konnte! Die Lebensmittelmarken waren eingelöst, und wegen zweier Eier baute sich keiner so auf. Helene Krüger war stehen geblieben und blickte unsicher geradeaus. Was wollte der Mann von ihr? Der Mann stand mitten auf dem Weg, breitbeinig, die Arme vor der Brust verschränkt. Er war mittelgroß, hatte braunes Haar. Sie schätzte ihn auf Anfang vierzig. Er sah kräftig aus, als ob er häufig trainieren würde. ›Wie ein Offizier vielleicht‹, dachte Helene.

Ein unbestimmtes Lächeln lag in diesem Gesicht, aber es war nicht freundlich, überhaupt nicht freundlich. Nein, es war eher ein gemeines, ein überhebliches Lächeln. Helene überlegte, wo in ihrem Leben dieses Lächeln schon einmal aufgetaucht war. Der Mann hatte das Becken nach vorn geschoben und versprühte Kraft, männliche Kraft. Da fiel es Helene wieder ein: Sie hatte das Lächeln gesehen, als die Nazis eine Schar Kriegsgefangene durch den Ort getrieben hatten. Und dann noch einmal, als ein Russe in das Haus einer Dorfbewohnerin gegangen war, deren Mann im Krieg geblieben war. Alle hatten sie die Schreie der jungen Frau gehört, damals … Keiner, keine hatte sich getraut, in dieses Haus zu gehen und ihr zu helfen. Helene erinnerte sich, dass ihr schlecht geworden war.

Ihr wurde auch jetzt schlecht, ihr wurde heiß. Der Mann hatte sich noch nicht bewegt, aber sein Lächeln, dieses fiese Lächeln, war breiter geworden. Er hatte ihre Angst bemerkt. Er hatte bemerkt, dass sie sein Vorhaben erkannte, noch ehe sie dachte: ›Aber ich doch nicht, jetzt doch nicht mehr. Das ist doch alles vorbei. Ich, ich bin doch zu alt für …‹

Er hatte ihre Reaktion genau beobachtet, kostete ihre Angst, ihre Unsicherheit aus. Dann zog er plötzlich eine Pistole. Helene schwindelte. ›Aber der Krieg ist doch vorbei‹, dachte sie. Brannte die Sonne auf einmal so heiß? Aber nein, sie stand doch im Schatten, zwischen den Ligusterhecken in der Parkanlage.

Dann kam der Befehl: »Ausziehen!«

Helene blickte immer noch verständnislos. Sie hatte ihren Einkauf rechts und links, wie sollte sie …?

»Nun mach schon!« Und nach einer Pause, gefährlich leise, beinahe zischend: »Ausziehen!«

Helene wollte ihren Einkauf behutsam absetzen, aber da war er bei ihr. Er riss ihr das Netz aus der Rechten. Er riss ihr den Beutel von der Linken. Die Eier kullerten heraus und zerbrachen. Dann hatte er sie zu Boden geworfen. Sie wusste nicht, wie das alles so schnell kam. Er zerriss ihre Strumpfhalter, zerrte an ihrem Schlüpfer, presste sich zwischen ihre Beine und lag dann mit vollem Gewicht auf ihr. Sie versuchte, sich zu wehren, mit den Händen zu schlagen, aber wie eiserne Handschellen schlossen sich seine Hände um ihre Gelenke und pressten sie an den Boden. Den Unterkörper konnte sie nicht bewegen, wie ein Gewicht lag er auf ihr, presste mit seinen Beinen auf ihre. Ihre Kniegelenke taten weh, ihr Hände … Sie wollte nichts mehr sehen, nichts mehr wahrnehmen: nicht den Schmerz, nicht die Scham. Sie bekam kaum Luft. Er atmete ihr ins Gesicht, bewegte sich auf ihr. Sie drehte den Kopf weg. Er stank aus dem Mund, roch nach Rasierwasser, nach Schweiß, nach Samen. Plötzlich war sie weit weg, in ihrem Heimatort. Und der Russe, der Russe war über ihr. Sie wollte schreien, so wie die andere geschrien hatte, aber der Russe rammte ihr die Faust ins Gesicht, einmal, zweimal. Sie schrie nicht. Sie sah nichts mehr, hörte nichts mehr … Sie blieb liegen, regte sich nicht.

Nach einer Ewigkeit kamen Stimmen. Jemand kniete neben ihr nieder, rief etwas. Vorsichtig richtete man sie auf. Sie blickte um sich, aber sie nahm nichts wahr. Doch, mit dem einen Auge konnte sie sehen. Was war mit dem anderen?

Neben ihr standen einige Menschen. Sie sahen besorgt aus. Helene wollte aufstehen, weglaufen. ›Ach ja, der Einkauf. Mein Portemonnaie, der Kuchen.‹

»Ich muss doch …«, wollte sie sagen, aber ihre Stimme gehorchte nicht. Stattdessen quoll etwas aus ihrem Mund. Blut? Sie wollte sich bücken, die Eier aufheben. Dort lag auch die Butter, zertreten, noch in ihrem Paket. Aber da war der Schmerz. Sie konnte sich nicht bücken. Ihre Beine fühlten sich feucht an. Sie wollte nicht darüber nachdenken.

Jemand berührte sie sacht an der Schulter. Dann war plötzlich ein Arzt da. Beruhigend redete er auf sie ein. »Wir kümmern uns um Sie. Draußen wartet ein Krankentransport. Wir bringen Sie ins Krankenhaus. Dort wird man Sie gründlich untersuchen. Es wird alles wieder gut.«

Der Arzt strich ihr über die Schulter, wie es ihre Mutter früher getan hatte, wenn sie hingefallen war. Die sanfte Stimme tat ihr gut.

»Aber meine Sachen«, flüsterte sie.

»Wir nehmen alles mit. Keine Sorge.«

»Aber die Elli. Nachher kommt doch die Elli. Ich muss den Kuchen …«

»Wer ist denn Elli?«

»Meine Enkelin. Sie kommt mich heute besuchen.« Es tat Helene gut, jetzt an den Alltag zu denken, einfach an das Normale, nicht an das …

»Wir benachrichtigen Ihre Familie. Keine Sorge. Elli kann Sie auch im Krankenhaus besuchen. Aber jetzt müssen wir uns erst einmal um Sie kümmern.«

Der Arzt führte Helene Krüger zum Krankenwagen. Ein Arzthelfer hatte den Einkauf eingesammelt und stellte ihn neben der Frau in den Transportwagen. Der Arzt redete in einem fort weiter, fragte Helene nach ihrem Zuhause, fragte, was sie heute vorhabe mit all den guten Sachen, die sie da gekauft hatte.

Mit noch zittrigen Fingern durchsuchte Helene ihre Beutel. Anschließend sagte sie: »Es ist alles noch da. Sogar mein Portemonnaie. Nur die Butter, die ist leider hin.«

»Früher hat man Butter auch gestampft«, sagte der Arzt, und beide lachten leise.

Im Krankenhaus erholte sie sich langsam von dem Schock. Nach mehreren Untersuchungen durfte sie sich in ein Bett legen. Man hatte ihr kühlende Salbe auf das Gesicht aufgetragen, ihre Hand verbunden. Sie hatte gar nicht gemerkt, dass der Mann ihr beim Abreißen der Beutel das Gelenk verrenkt hatte. Die andere Hand war nicht verbunden. Grün und dunkel sah man die Abdrücke der

Finger, der fremden Finger. Helene bat darum, ihr auch diese Hand zu verbinden. Sie konnte da nicht hinsehen!

Noch während eine Schwester mit der Binde hantierte, schlief sie ein. Später kam ein Polizist und fragte sie nach dem, was vorgefallen war.

»Verflucht! Ich bin siebzig! Da bin ich doch über so etwas hinaus!«

Helene versuchte zu erzählen, aber dann kamen die Tränen. Sie konnte den Mann beschreiben, und sie würde ihn jederzeit wiedererkennen, da war sie sich ganz sicher. Bis ans Ende ihrer Tage würde sie dieses Schwein wiedererkennen. Und den Geruch! Ja, den Geruch! Würde sie den je wieder loswerden? Das Rasierwasser klebte noch an ihr. Sobald sie sich bewegte, roch sie es.

Der Polizist ließ sie bald in Ruhe. Man würde den Mann suchen, versprach er noch.

Dann kam ihre Familie. Zuerst ihr Sohn, später auch Elli. Helene freute sich, sie zu sehen.

»Ich wollte dir eigentlich einen Kuchen backen, aber naja, die Butter ist hin.« Helene lächelte matt. Elli lachte.

»Also die Butter ist Matsch! Na, dann müssen wir eben Kekse essen«, sagte sie und zog eine Blechdose mit selbstgebackenen Keksen aus ihrer Tasche.

Helene Krüger konnte das Krankenhaus nach zwei Tagen verlassen. Sie war froh, wieder in ihrer Dachgeschosswohnung zu sein. Einkaufen ging sie die folgende Woche über nicht. Ihr Sohn brachte die nötigsten Dinge. Als sie später wieder für sich sorgte, mied sie den Weg durch den Park.

Der Mann wurde nicht gefunden.

*

Im Sommer 1958 war ich als angehender Kriminalist auch für den Kriminaldauerdienst eingesetzt. Das hieß, ich musste 24 Stunden in der Dienststelle anwesend sein und alle anfallenden Vorgänge bis hin zu Anzeigen bearbeiten.

Es war ein heißer Augusttag, erst zum Abend hin wurde es kühler draußen. Gegen 20 Uhr erreichte mich ein Anruf von der Direktorin der Medizinischen Fachschule. Dort hatte es ein halbes Jahr zuvor Diebstähle gegeben, und so fragte ich: »Na, Frau Sommer, sind schon wieder die Langfinger bei Ihnen unterwegs?«

Zu meiner Zufriedenheit sagte sie schnell, dass nach unserem Exempel an einer der Schwesternschülerinnen keine mehr auf die Idee gekommen sei, zu stehlen. Dann wurde ihre Stimme ernst. »Herr Schwarz, zwei meiner Schülerinnen sind vorhin mit einer heiklen Geschichte zu mir gekommen. Ich würde gern mit Ihnen darüber sprechen.«

Ich war überrascht und atmete tief durch. Nach meiner Frage, worum es denn gehe, fuhr sie fort: »Die Mädchen wollten sich mir zunächst nicht anvertrauen, aber ihre Mitstudentinnen haben sie dann doch überredet. Sie wurden, nun ja … belästigt. Die Sache ist ihnen peinlich. Andererseits ist nichts, na sagen wir … Handgreifliches passiert. Und nun wussten wir nicht, ob man uns bei der Polizei einfach wieder wegschickt. Aber in meinen Augen ist das schon ein Vergehen. Ich hätte gern Ihren Rat.«

Ich schluckte. Mit Sexualdelikten hatte ich noch nicht zu tun bekommen.

»Und was verstehen Sie unter ›nichts Handgreifliches‹?«, fragte ich vorsichtig.

Frau Sommer stellte den Sachverhalt dar.

»Schicken Sie die beiden jungen Frauen auf jeden Fall zu mir. Gleich heute noch. Ich bin im Dienst. Wir werden in Ruhe darüber sprechen. Und sie sollten dringend eine Anzeige erstatten. Ich werde ihnen erklären, warum das so wichtig ist.«

Die beiden kamen tatsächlich noch am selben Abend. Gegen 21 Uhr klopften sie an das Dienstzimmer. Ich ließ sie Platz nehmen.

Margarete, ein großes, schlankes Mädchen, setzte sich als Erste, schlug die Beine übereinander und verschränkte die Arme vor der Brust. Liesbeth, kleiner und zierlicher, saß mit geschlossenen Beinen und nach vorn gebeugtem Oberkörper da. Sie sah nur ab und zu auf. Nachdem ich von beiden die Daten aufgenommen hatte, hörte ich mir ihre Geschichte an.

Margarete begann: »Wir sind nach dem Unterricht mit der Straßenbahn nach Halle gefahren. Wir nehmen immer die Nummer sieben. Und wenn wir zurückkommen, ist gleich hinter der Haltestelle der Park. Da gehen wir durch und sind dann in einer Viertelstunde im Wohnheim. Wir gehen immer schon zu zweit, weil man ja nie weiß …« Margarete wurde von ihrer Freundin unterbrochen.

»Naja, und heute sind wir gegen sechs zurückgekommen. Wir sind wie immer ausgestiegen. Und im Park langgelaufen. Da hinten, auf dem Weg zur Haltestelle, ist es ein bisschen einsam. Weiter vorne gehen meist Leute mit ihren Hunden lang, oder Kinder sind unterwegs. Mich gruselt es dort immer ein bisschen. Aber wir waren ja zu zweit. Und es sind ja auch nur rund hundert Meter.« Ihre großen Kulleraugen ruhten für einen Moment auf mir, dann sah sie wieder nach unten. Ihre Wangen hatten sich leicht gerötet. »Der Weg macht da so eine Biegung. Und hinter der Biegung stand plötzlich ein Polizist.«

»Ein Polizist?«, fragte ich und war sofort hochkonzentriert.

»Ja. Er stand plötzlich auf dem Weg.«

Und Margarete fügte hinzu: »Breitbeinig.«

Liesbeth sagte etwas leiser: »Mit verschränkten Armen. Mir lief da gleich ein Schauer über den Rücken. Was steht der da? Warum geht er nicht weg?«

»Es sah aus, als ob er uns erwartet hätte. Ich hatte ein mulmiges Gefühl. Ich wollte noch zu Liesbeth sagen, ob der was von uns will? Aber da zog er seine Pistole.«

Ich glaubte, mich verhört zu haben. Ein Polizist in Uniform, das wäre schon schlimm genug gewesen, aber jetzt kam auch noch die Dienstwaffe ins Spiel! Ich wurde unruhig. So etwas durfte es nicht geben!

»Sind Sie sicher, dass es eine Waffe war?«

»Ja, natürlich. Er hat sie auf uns beide gerichtet.«

»Ich hatte Todesangst«, sagte Liesbeth. »Ich war mir sicher, er würde schießen. Er sah so finster und entschlossen aus.«

»Und dann hat er gesagt, dass wir uns ausziehen sollen.«

Beide senkten den Blick. Es trat eine Pause ein.

Ich fragte vorsichtig: »Haben Sie dem Folge geleistet?«

Beiden war es sichtlich unangenehm, sich daran zu erinnern. Liesbeth schien sich in sich selbst verkriechen zu wollen, aber auch Margarete hatte die Arme so um sich geschlungen, als wolle sie keine Blöße zulassen. Sie nickten, ohne ein Wort zu sagen. Ich ließ ihnen Zeit.

Einige Minuten später ergriff wieder Margarete das Wort. »Er hat doch mit der Pistole auf uns gezielt. In seinem Gesicht erkannte ich absolute Entschlossenheit. Ich hatte Angst, dass er auf mich schießt, wenn ich nicht mache, was er verlangt.«

Liesbeth nickte dazu nur. Ich half ihnen, die Sätze auszusprechen, für die sie sich offenbar sehr schämten.

»Sie haben also getan, was er verlangte, und sich ausgezogen?«

Beide nickten.

»Haben Sie alles ausgezogen, ich meine, auch die Unterwäsche?«

Das Häufchen Liesbeth wurde noch kleiner, von Margarete kam ein leises »Ja«.

»Was ist dann passiert?«, fragte ich weiter.

Das Gespräch nahm langsam die Form einer Vernehmung an. Da ich durch den Anruf von Frau Sommer ungefähr Bescheid wusste, konnte ich meine Fragen so formulieren, dass die Mädchen nur mit Ja oder Nein antworten mussten.

»Sie haben sich also ihrer Kleidung entledigt. Sollten Sie sich hinlegen?«

Wieder nickten beide.

»Hat der Mann Sie das an dem Weg tun lassen, oder hat er Sie eher in ein Gebüsch gedrängt?«

Margarete räusperte sich. »Wir sollten uns neben den Weg legen.«

»Auf den Bauch oder auf den Rücken?«

»Auf den Rücken.«

»Sie haben nicht geschrien oder um Hilfe gerufen?«

Jetzt sah Liesbeth mich verwundert an. »Da hätte er uns doch erschossen. Außerdem habe ich mich ganz furchtbar geschämt.«

»Was ist dann passiert?«

Liesbeth raffte sich auf und antwortete: »Ich kann Ihnen nicht sagen, was passiert ist. Ich habe vor Angst die Augen zugemacht.«

»Hatte der Mann die ganze Zeit die Pistole auf Sie gerichtet?«

»Solange wir uns ausgezogen haben, ja. Und als wir uns hingelegt haben, da auch noch. Mehr weiß ich nicht. Ich habe solche Angst gehabt, dass er jeden Augenblick schießt. Ich dachte, das wären meine letzten Minuten.« Margarete wurde wieder etwas lebhafter.

»Hat der Mann eine von Ihnen angefasst?«

Beide schüttelten den Kopf.

»Wir sollten uns nur hinlegen, weiter nichts.«

»Hat der Mann noch etwas gesagt?«

»Nein. Er hat nur befohlen, uns auszuziehen und uns neben den Weg hinzulegen. Auf den Rücken.«

»Haben Sie, während Sie dort lagen, etwas gehört?«

Beide wurden dunkelrot. Offenbar hatten sie etwas gehört, waren aber nicht bereit, darüber zu spechen.

»Hat der Mann sonst noch etwas mit Ihnen gemacht?«

Wieder Kopfschütteln.

»Könnten Sie mir das genauer erklären?«

Margarete holte tief Luft und erklärte: »Ich habe da gelegen und darauf gewartet, dass es passiert. Man weiß ja, was da … naja, Sie wissen schon. Als nichts passierte, bin ich liegen geblieben, bis ich nichts mehr gehört habe. Dann habe ich die Augen aufgemacht. Da war der Polizist weg. Ich bin aufgestanden und zu Liesbeth gegangen, habe sie vorsichtig angesprochen. Wir haben uns angezogen und sind ins Wohnheim gerannt. So schnell waren wir noch nie.«

»Wie lange hat das alles gedauert? Ich meine, von dem Augenblick, als Sie den Mann sahen, bis zu dem Zeitpunkt, als Sie sich wieder ankleideten?«

Liesbeth zuckte mit den Schultern. »Wenn Sie mich fragen, war es eine Ewigkeit. Aber genau betrachtet waren es wohl nicht mehr als zehn Minuten.«

»Vielleicht auch eine Viertelstunde.« Margarete versuchte nachzurechnen. »Wir steigen immer fünf nach aus der Bahn aus. Und gegen dreiviertel sieben waren wir ja schon im Wohnheim. Ich denke, es war eine Viertelstunde, aber sicher bin ich mir nicht.«

»Könnten Sie mir bitte noch den Mann beschreiben?« Margarete begann: »Es war ein Volkspolizist mit einer grünen Uniform. Auf den aufgesetzten Brusttaschen der Uniformjacke trug er mehrere Abzeichen.«

»Konnten Sie den Dienstgrad erkennen?«

»Er hatte Schulterstücke mit je zwei Sternen. Aber ich weiß nicht, was das bedeutet.«

»Welche Haarfarbe?«

»Das konnte ich nicht erkennen. Er trug eine Dienstmütze mit Kordel.«

»Sie meinen eine Kokarde.«

»Kann sein. Er war mittelgroß und schlank.«

»Wie alt schätzen Sie ihn?«

»Er war schon alt, ich meine, nicht mehr jung.«

»Dreißig Jahre, vierzig Jahre?«

»Zwischen fünfundvierzig und fünfzig, würde ich sagen.«

Spät in der Nacht entließ ich beide und führte meinen Dienst bis zum Morgen durch. Nach Dienstende suchte ich meine Wohnung auf und schlief bis gegen Mittag.

Das Geschehen um die beiden Mädchen ließ mich nicht los. Sie waren ja nur ein wenig jünger als ich. Ich sah wieder die großen Kulleraugen von Liesbeth vor mir und wie sich beide, je mehr sie von dem Geschehen preisgaben, in sich verkrochen. Es erschien mir ungeheuerlich, dass es im Merseburger Stadtpark einen Polizisten geben sollte, der mit seiner Waffe Frauen bedrohte und von ihnen sexuelle Handlungen erpresste.

Es war einer meiner ersten Fälle in dieser Hinsicht, und mich ergriff so etwas wie ein Jagdtrieb. Ich wollte den Mann finden. Daher beschloss ich, mir den Tatort mit eigenen Augen anzusehen.

Nach meiner 24-Stunden-Schicht hatte ich frei. Es war inzwischen gegen halb sechs. Ich ging in den Stadtpark. Im vorderen Teil des Parks begegneten mir mehrere Mütter mit Kinderwagen, zwei der jungen Mütter saßen auf einer Bank und unterhielten sich. Ich lief an ihnen vorbei. Der Weg schlängelte sich um einige große Bäume und ein Forsythiagebüsch herum. Unter einer großen Buche ruhte sich ein älteres Ehepaar aus. An einem kleinen Abhang mit einer Sandfläche ließen Kinder mit Peitschen ihre Kreisel drehen. Zwei Jungen saßen im Sand und spielten mit Murmeln. Ich ging weiter. Danach wurde es ruhig im Park. Ich hörte im Gebüsch eine Amsel zanken. Der Schatten dämmte angenehm die Wärme und das Licht. Genau diesen Weg waren Margarete und Liesbeth am Vortag gegangen. Noch ein, zwei Biegungen, dann musste ich die Stelle erreichen, die ich als Tatort vermutete. Ich bog gerade um einen Fliederbusch, da kam mir ein Volkspolizist entgegen.

›Das kann doch nicht wahr sein!‹, dachte ich. Zuerst sah ich nur die grüne Uniform. Der Mann war mittelgroß. Je näher ich kam, desto mehr Details konnte ich erkennen: zwei Sterne auf den Schulterstücken, eine Kokarde an der Dienstmütze, die Dienstwaffe im Halfter an der Hose. Mein Herz raste, als hätte ich gerade einen 100 Meter-Lauf in 12,5 Sekunden beendet. Ich schätzte diesen Mann auf Mitte vierzig. Das war der Täter, der mir da entgegen kam! Am gleichen Ort, zur gleichen Zeit! Eigentlich musste ich jetzt nur meinen Dienstausweis zeigen und ihn festnehmen. Eigentlich. Aber ich konnte mich nicht rühren! Obwohl ich unter meiner linken Schulter eine Pistole trug, einen Dienstausweis und eine Kriminalmarke in den Taschen hatte, war ich vor Aufregung nicht in der Lage, diesen Menschen zum Stehenbleiben aufzufordern oder mich auszuweisen und ihn vorläufig festzunehmen! Ich blieb einfach nur stehen. Wahrscheinlich starrte ich ihn ziemlich dumm an. Und dann war er heran, neben mir, an mir vorbei. Ich hatte ihn laufen lassen!

Nun überlegte ich angestrengt, wie ich ihn doch greifen, ihn zur Dienststelle befördern könnte. Mit diesen Gedanken beschäftigt folgte ich dem Polizisten in sicherem Abstand. Er schlug einen Weg ein, der parallel mit der Straßenbahnlinie außerhalb des Parks verlief. Wenn er diesem Weg folgte, würde er irgendwann vorn an den Einfamilienhäusern den Park verlassen, wo sich auch eine Straßenbahnhaltestelle befand. Ich fasste einen Plan und rannte los, aus dem Park hinaus auf die Parallelstraße. Dort konnte ich ihn ungesehen überholen und die Einfamilienhäuser erreichen. In der Nähe wohnte ein Freund von mir, der Berufsfeuerwehrmann war und daher über ein Telefon verfügte. Während ich rannte, haderte ich mit mir: »Verdammt! Warum hast du nichts gemacht?« Der Ärger über meine Unfähigkeit, über mein Zögern beflügelte meine Schritte. Ich ballte die Fäuste im Laufen und rannte so schnell, wie ich es im Polizeitraining selten schaffte. Ich konnte das Haus des Feuerwehrmannes bereits sehen und hatte Glück, denn er hantierte gerade an seinem IFA F8 vor dem Haus. Schnell erklärte ich mein Anliegen und bat ihn, von seinem Telefon aus meine Dienststelle zu verständigen, die zu meiner Unterstützung einen PKW mit entsprechender Besatzung zum Stadtpark beordern sollte.

Ich rannte zum Ausgang des Parks zurück. Der Polizist war tatsächlich im Spazierschritt geschlendert und verließ gerade erst die Grünanlage. Als er den Fußweg betrat, war ich zur Stelle. Nun hatte ich meine Courage zurückgewonnen. Ich fasste den Mann selbstsicher ins Auge und ging auf ihn zu.

»Bleiben Sie stehen!«, forderte ich ihn auf. Er sah mich verdutzt an, blieb aber wirklich stehen. Ich trug Zivil. Er konnte nicht ahnen, dass er einen Kriminalisten vor sich hatte. Deshalb zog ich nun meinen Dienstausweis hervor und gab mich als solcher zu erkennen. »Ich muss Sie bitten, mit mir auf die Dienststelle zu kommen. Wir haben etwas zu klären.« Inzwischen war das Signal eines sich nahenden Polizeiwagens zu hören. Als meine Kollegen eintrafen, nahm ich den Mann fest.

Auf der Fahrt zur Dienststelle stellte er keinerlei Fragen.

Als ich in meinem Büro ankam, rief ich sofort die Direktorin der Schwesternschule an. »Frau Sommer, könnten Sie Frau Langhammer und Frau Beyer umgehend hierher zur Dienststelle begleiten? Wir müssen zur Beweissicherung eine Gegenüberstellung vornehmen.«

»Soll das heißen, Sie haben den Mann schon?« Sie klang ernsthaft überrascht.

Nicht ohne gewissen Stolz teilte ich ihr mit: »Ich habe den Mann vor einer halben Stunde vorläufig festgenommen. Aber wir brauchen die Bestätigung der beiden Mädchen.«

Besorgt fragte sie: »Aber Margarete und Liesbeth müssen nicht mit dem Mann zusammentreffen, oder?«

»Nein, bei solch einer Gegenüberstellung können die Täter nicht sehen, wer sie identifiziert.«

»Na, dann bin ich beruhigt. Aber dass es so schnell ging. Da fasst man ja echtes Vertrauen in die Staatsorgane …«, sagte sie und lachte.

Während sich Frau Sommer mit den Frauen auf den Weg machte, organisierte ich für die Gegenüberstellung aus dem Dienstbetrieb heraus drei uniformierte Polizisten und ließ diese mit dem Verdächtigen in einem Zimmer warten.

Als die Mädchen dann in das Dienstzimmer gebracht wurden, erklärte ich ihnen, was auf sie zukäme. »Frau Langhammer, Frau Beyer, wir haben einen Mann festgenommen, auf den Ihre Personenbeschreibung passt. Nun benötigen wir von Ihnen die Aussage, ob es sich dabei um den Mann handelt, der Sie gestern zu den Handlungen nötigte, die Sie mir beschrieben haben.«

Margarete atmete tief ein, und Liesbeth begann hektisch ihre Finger zu kneten. Ich konnte die Nervosität verstehen und beruhigte die beiden: »Sie brauchen sich nicht zu sorgen. Der Mann kann Sie nicht sehen. Sie müssen nicht mit ihm sprechen oder mit ihm in einem Zimmer sein. Es werden Ihnen nacheinander vier Männer gezeigt. Sie sagen mir einfach, ob der Mann dabei ist und welcher es war. Das ist alles.« Die beiden nickten erleichtert.

Bei der Gegenüberstellung mussten wir angesichts der räumlichen Gegebenheiten improvisieren. Ich brachte die Mädchen ins Treppenhaus, ließ erst Margarete am Absatz zwischen dem ersten und dem zweiten Stock warten und gab den Kollegen im zweiten Stock Bescheid. Die drei Polizisten und der Verdächtige wurden nacheinander über den Flur zu einem anderen Zimmer gerufen. So konnte Margarete sie sich auf Hin- und Rückweg in Ruhe anschauen. Das Prozedere lief für Liesbeth noch einmal ab.

»War unter den Männern der, welcher Sie im Park belästigt hat?«, fragte ich anschließend wieder in meinem Dienstzimmer. Unabhängig voneinander sagten sie: »Es war Nummer zwei.«

Damit identifizierten beide den gleichen Mann: eben jenen, den ich am Park festgenommen hatte!

Ich protokollierte die Aussagen und verabschiedete die Mädchen mit den Worten: »Vielen Dank, dass Sie sich die Zeit genommen haben.«

Margarete hatte ihre Fassung wieder und entgegnete: »Ich bin nur froh, dass Sie den Kerl haben. Irgendwie fühle ich mich jetzt sicherer.«

»Und eines dürfen Sie nicht vergessen«, fügte ich hinzu, »kein Mann hat das Recht, eine Frau zu diesen Handlungen aufzufordern, und erst recht nicht mit einer Waffe. Das ist keine Bagatelle. Es war richtig, sich Frau Sommer anzuvertrauen und zu uns zu kommen. Sie haben wirklich alles richtig gemacht.«

Nun würden wir uns diesem Polizisten zuwenden. Der Mann wartete mit einem Bewacher im Aufenthaltsraum. Da er jetzt eindeutig als Verdächtiger überführt war, konnten wir ein Ermittlungsverfahren einleiten. Es bedurfte dazu eines ordnungsgemäßen Schreibens, das der Vorgesetzte meiner Dienststelle verfasste. Mit seiner Unterschrift erhielt ich gleichzeitig die Erlaubnis zur Vernehmung des Verdächtigen.

Ich forderte den Mann und seinen Bewacher auf, mir ins Vernehmungszimmer zu folgen. Dort erklärte ich: »Die Uniform der Volkspolizei der Deutschen Demokratischen Republik zu tragen, sollte eine Ehre und Anerkennung sein. Sie haben nicht nur die Uniform mit Ihrem Handeln beschmutzt, Sie haben die Ihnen verliehene Staatsmacht missbraucht. Sie haben das Vertrauen der Bevölkerung in die Polizei schändlich untergraben. Sie sind nicht würdig, diese Uniform zu tragen. Deshalb werden Sie diese jetzt ausziehen!«

Der Bewacher und ich warteten, dass er anfinge, die Jacke aufzuknöpfen. Er tat es nicht. Offensichtlich war es für ihn unbegreiflich, dass ihm ein solcher Befehl erteilt wurde. Er sah uns beide abwechselnd an.

»Na, nun machen Sie schon! Ausziehen!«, befahl ich jetzt. Dabei wurde mir bewusst, dass es genau die Worte waren, die er den

Frauen gegenüber gebraucht hatte. Irgendwie berührte mich diese Wiederholung der Ereignisse unangenehm. Nach weiteren Augenblicken des Zögerns begann er, die Knöpfe an der Uniformjacke zu öffnen, legte Mütze, Jacke und Hose ordentlich auf einen Stuhl und saß schließlich in Unterhose und Hemd vor uns. Ich spürte eine gewisse Überlegenheit und vermutete, dass es dieses Gefühl war, welches ihn, unter anderem, zu seinem Handeln veranlasst hatte.

Natürlich hatten wir nicht vor, den Mann so in Gewahrsam zu nehmen, und ließen ihm aus dem Ausbildungsfundus der Sporträume einen Trainingsanzug bringen.

Nun begann die Vernehmung. Wir hatten es mit Josef Klausner zu tun. Er stammte aus dem Riesengebirge, nach Kriegsende hatte es ihn mit den Umsiedlern nach Merseburg verschlagen. Er war dreiundvierzig Jahre alt, verheiratet, zwei Kinder.

Zunächst eröffnete ich ihm den Grund der Festnahme: »Es liegen gegen Sie zwei Anzeigen wegen Aufforderung zu sexuellen Handlungen unter Androhung von Gewalt vor.«

Er schüttelte den Kopf, wollte etwas erwidern. Ich ließ ihn nicht zu Wort kommen, sondern fuhr fort: »Ihnen wird vorgeworfen, am 15. August dieses Jahres gegen achtzehn Uhr zwei junge Frauen im Stadtpark Merseburg aufgefordert zu haben, sich zu entblößen.«

Er schnappte nach Luft, wollte etwas entgegnen, aber ich war noch nicht fertig: »Sie wurden ohne den geringsten Zweifel von den Geschädigten identifiziert. Was haben Sie dazu zu sagen?«

Offensichtlich war er aufgrund der überraschenden Festnahme und des Ergebnisses der Gegenüberstellung mit den Geschädigten dermaßen schockiert, dass es keiner großen Vernehmungskünste bedurfte.

»Wenn Sie schon alles wissen …«, knurrte er.

»Haben Sie den beiden Frauen befohlen, sich ihrer Kleider zu entledigen?«

»Ja, das habe ich. Aber ich habe sie nicht angefasst. Ich habe ihnen nichts getan!«

»Das nennen Sie ›nichts getan‹? Sie haben sie bedroht!«

»Ich wollte meiner Forderung etwas Nachdruck verleihen!«

»Die beiden Frauen hatten Todesangst!«

»Aber ich habe ihnen doch nichts getan!«

»Was genau hätten Sie ihnen denn tun können?«, fragte ich scharf.

Da schwieg er.

»Und was noch schlimmer ist, Sie haben dazu Ihre Dienstwaffe verwendet!«

Er antwortete wieder nicht.

»Dann kann ich also aufnehmen, dass Sie gestehen, die beiden Frauen mit Ihrer Dienstwaffe bedroht zu haben, dass Sie beide aufforderten, sich auszuziehen?«

Er nickte.

»Warum haben Sie das getan?«

Er antwortete eine Weile nicht, dann sagte er: »Es hat sich so ergeben.«

Ich war damit nicht zufrieden. »Was hat sich so ergeben? Gehen Sie öfter durch den Park und warten darauf, dass sich ›etwas ergibt‹?«

»Nein, natürlich nicht. Aber die beiden kamen eben so da lang, da habe ich mir vorgestellt, wie sie nackt aussehen.«

»Und dann wollten Sie sie wirklich nackt sehen?«

»Ja, deshalb habe ich es ja dann gemacht.«

»Warum haben Sie die Dienstwaffe verwendet?«

»Ich dachte, dass sie sich sonst nicht ausziehen.«

»Gehen Sie öfter dort entlang, durch den Park?«

»Ich muss da lang!«, knurrte er zurück. »Ich fahre doch mit der Straßenbahn auf Arbeit zu meiner Dienststelle in Halle.«

›Nur gut, dass wir dich haben‹, dachte ich. Nachdem ihm einmal eine solche Tat geglückt war, konnte man davon ausgehen, dass es ihn früher oder später wieder überkommen würde.

Ich ließ ihn das Geständnis unterschreiben. Nachdem der Staatsanwalt einen Haftantrag fixiert hatte, wurde Ulrich Klausner noch in der Nacht mit Haftbefehl in die Untersuchungshaft eingeliefert.

*

Liegt ein konkreter Fall von sexuellem Missbrauch vor, sichtet man weitere Delikte dieser Art. Ich forderte am nächsten Tag die Akten aller noch unaufgeklärten Sexualstraftaten aus der näheren Umgebung an.

Zunächst suchte ich nach einem Täter in Uniform, aber es gab keine Fälle dieser Art. Das sprach dafür, dass Klausner erst am Anfang seiner sexuellen »Karriere« stand. Aber vielleicht war er bisher in Zivil unterwegs gewesen? Ich forschte weiter nach einem Täter, der mittelgroß und braunhaarig war und sehr selbstsicher auftrat. Das war mir in der Vernehmung aufgefallen.

Nach einigen Wochen hatte ich die Fälle durchgearbeitet und war mindestens dreimal auf einen Täter gestoßen, dessen Personenbeschreibung auf Klausner passte und der außerdem bedingungsloses Folgen von den Opfern provoziert hatte, so dass es zu keiner Gegenwehr der Frauen kam.

Ich suchte in der Folge auch mit diesen drei Opfern das Gespräch. Eine der Frauen war die siebzigjährige Helene Krüger. Sie war besonders brutal misshandelt worden. Der alten Frau fiel es sichtlich schwer, über die Tat zu sprechen. Ich hoffte aber, dass auch für sie die Gewissheit heilsam sein würde, den Täter hinter Gitter zu sehen. Ich bat sie um Einwilligung für eine Gegenüberstellung.

Frau Krüger identifizierte ihn zitternd.

»Ich werde den Geruch nicht los, verstehen Sie?«, sagte sie anschließend zu mir. »Letztens stand ich in der Drogerie, in der Schlange an der Kasse. Ein älterer Mann stand hinter mir. Er benutzte das gleiche Rasierwasser. Nur das gleiche Rasierwasser, mehr nicht. Ich habe es da nicht mehr ausgehalten und bin aus der Drogerie gelaufen. Können Sie sich das vorstellen?«

Ich nickte. »Ja, das kann ich.«

Nach der Gegenüberstellung mit den anderen beiden Opfern stand fest, dass Klausner in drei weiteren Fällen sowohl versuchte als auch vollendete Vergewaltigungen begangen hatte. Er ging bei der Wahl seiner Opfer nach keinem Schema vor. Das jüngste Opfer war siebzehn, das älteste siebzig.

*

Klausner erhielt eine mehrjährige Haftstrafe. Nur ein kleiner Personenkreis hatte erfahren, dass für diese Straftaten ein Volkspolizist verantwortlich war. Denn ein Volkspolizist als Straftäter war ein absolutes Tabuthema. Wut und Enttäuschung über das schäbige Verhalten des Beschuldigten begleiteten mich bis zum Abschluss dieses Verfahrens.

Für die schnelle Klärung des Falles erhielt ich eine Belobigung. Eine Geldprämie gab es nicht. Stattdessen wurde ich »in Naturalien« entschädigt und bekam einen wertvollen Anzugstoff geschenkt. Was sollte ich mit Stoff? Meine Kleidung war durchaus meinem Gehalt angepasst und eher bescheiden. Ich ließ mir einen Maßanzug bester Qualität schneidern und trug ihn über mehrere Jahre. Er erinnerte mich stets an diesen Kriminalfall.

DER WALDMENSCH

Da ist der Sommer schon wieder vorbei! Schade. Eigentlich gefällt mir der Herbst. Wie die Blätter welken und tot zur Erde fallen. Nur das Rascheln ist zu laut. Die Eicheln fallen schon. Na, da wird der Eichelhäher auch nicht weit sein. War das da nicht einer? Ja, Herbst! Ob ich dieses Jahr auch wieder …? Naja, im Frühjahr hat es ja eher nicht geklappt. Die Mädchen erschrecken sich immer viel zu sehr, wenn ich plötzlich auftauche. Und die auf dem Tränkeberg, die war wirklich schnell. Wie ein Rehlein. Gut, ich hätte schneller laufen müssen. Ihr Blick! Ihr erschrockener Blick, als sie mich plötzlich zwischen den Stämmen gesehen hat. Der ging mir durch und durch! Allein dafür lohnt es sich schon noch einmal. Da spielt mein Kleiner immer ganz verrückt. Aber beim Rennen hat es sich wieder gelegt. Autsch! Was war das? Blöde Brombeerranke! Lass los du! Au! Jetzt sticht sie auch noch in den Finger! Ich muss besser aufpassen, wohin ich laufe! Tja, und die niedliche Rothaarige letzten Herbst. Ich habe sie beobachtet, wie sie Pilze gesammelt hat. Ich war die ganze Zeit hinter ihr, aber sie hat mich nicht bemerkt, hihi. Immer wieder hat sie sich umgesehen. Aber da war ich schon hinter einem Stamm verschwunden. Ach, sie sind ja so leicht zu durchschauen, die dummen kleinen Dinger. Dort hinten kommt der Bahnhof. Mir ist schon ganz heiß. Ich muss mich beeilen, damit ich noch zum Zug komme. Zum Zug kommen, haha. Ich nehme besser die Abkürzung. Da ist er ja. Na? Steigst du wieder aus. Ich weiß das. Du kommst immer mit dem Zug aus Berlin. Ich sehe dich jedes Mal. Aber mich hast du noch nicht bemerkt. Ich habe dich letztens erst in der Stadt gesehen. Aber du kleines hinterlistiges Luder, du siehst an mir vorbei, willst mich nicht kennen! Na, warte, du! Dabei kennen wir uns doch! So oft waren wir gemeinsam im Wald. Du und ich. Ich weiß ganz genau, dass du immer erst an der Straße abbiegst. Und dann gehst du an der Kiefernschonung vorbei. Dort läufst du etwas schneller. Erst letzte Woche bist du da an mir vorbeigelaufen. Aber heute, heute läufst du nicht vorbei! Heute nicht … Oh, da kommt er ja.

Als der Zug einfuhr, war die Sonne gerade hinter dem Gleis verschwunden, die Laternen waren eine nach der anderen angegangen und erleuchteten nun mit orangerotem Schein das Granitpflaster des Bahnsteigs. Mit einem Schwall dampfender Luft hielt der Personenzug. Ein ohrenbetäubendes Quietschen begleitete die letzten Sekunden bis zum Stillstand. Der Mann hinter dem Zaun verzog schmerzhaft das Gesicht. Er sah zu, wie der Schaffner als Erster heraussprang. Dann öffneten sich auch die anderen Türen, und für Wiesenburger Verhältnisse stiegen viele Leute aus. Das lag an diesem besonderen Oktobertag. Es war Tag der Republik, und viele Einwohner kamen aus Berlin zurück, wo sie den Tag Unter den Linden begangen hatten. An einer jungen Frau, die sich mitten im Pulk auf den Ausgang zubewegte, blieb sein Blick hängen. Eine Windböe fuhr ihr ins offene, lange Haar.

Die junge Frau war mit einigen anderen stehengeblieben. Sie schwatzten noch eine Weile. Offensichtlich waren sie gemeinsam gefahren. Dann verließen die vier Frauen und zwei Männer den Bahnhof. Gemeinsam folgten sie der Straße. Der Mann hatte hinter den letzten Fahrgästen sein Versteck verlassen und war ihnen gefolgt, als sei auch er eben ausgestiegen. Er lief langsam und bedächtig hinter der Gruppe her. Als sich weiter unten die Straße gabelte, teilte sich die Gruppe. Die junge Frau folgte einem Waldweg parallel zu den Gleisen, zwei Frauen gingen in Richtung Stadt, der Rest lief in Richtung Medewitz. Nun war die junge Frau allein. Der Mann lief auf die Kreuzung, sah in alle Richtungen, verfolgte mit den Augen, wie die anderen sich schwatzend entfernten, dann drehte er sich in Richtung des Waldwegs und ging mit kräftigen Schritten der einzelnen Frau nach. Sie war schon um eine Biegung und konnte seine Schritte auf dem letzten Stück Asphalt nicht mehr hören. Ab diesem Punkt dämpfte der Sandweg das Geräusch.

21. Oktober 1972, 16.45 Uhr, Bezirksbehörde der DVP Halle, Zimmer 128. Eine Viertelstunde vor Dienstende klingelte das Telefon. Der Dezernatsleiter Eberhard Füchser war am anderen Ende der Leitung. Ich hatte dummerweise abgenommen. »Wer ist noch alles da?« – »Peter, Günther und ich.« Ich ahnte gleich, dass es nun

mit Feierabend wahrscheinlich nichts würde. Kurze Zeit später betrat der Dezernatsleiter unser Dienstzimmer und nahm vor meinem Schreibtisch Platz.

Er zog seinen Tabaksbeutel hervor, entnahm ihm Papier und ein Häufchen Tabak und fragte nebenbei: »Wie wichtig sind gegenwärtig die Ermittlungen zum hier anliegenden Verfahren?«

Wir beschäftigten uns mit einem Vermisstenfall, aber der konnte auch eine Weile warten. Ich erklärte den aktuellen Stand. Währenddessen drehte sich unser Vorgesetzter in aller Ruhe eine Zigarette und setzte sie in Brand.

Nachdem er den ersten Zug genommen hatte, sagte er im Plauderton: »Ihr zwei«, er zeigte auf Peter und mich, »übergebt alles an Günther. Dann fahrt ihr mit dem Kriminaltechniker Johannes und dem Kraftfahrer nach Belzig.« Und ergänzend setzte er hinzu: »Weisung vom Ministerium des Innern.« Dann stand er auf, verließ den Raum und ließ eine Wolke aromatischen Tabakqualmes zurück. Da hatten wir ihn nun, den Befehl.

Jeder von uns wusste, was er bedeutete: Schnell nach Hause, die Familie in Kenntnis setzen, Koffer mit allen nötigen Sachen packen und hoffen, dass man nicht allzu lange weg sein würde. Also tat jeder genau das, und zwei Stunden später saßen wir im Dienstwagen auf dem Weg nach Belzig. Ich kannte die Strecke. Man fährt vor allem durch Wald. Von der schönen Laubfärbung konnten wir allerdings nichts mehr erkennen, denn es war finstere Nacht. Als wir gegen 22.30 Uhr vor der heruntergelassenen Bahnschranke am Bahnhof Wiesenburg warteten, war das Gebäude des Schrankenwärters im Halbdunkel nur durch eine schwach leuchtende Lampe zu erkennen. Dieser Eindruck setzte sich bei der Weiterfahrt fort. Insgesamt zeigte der Ort wenig Erhellendes. Hoffentlich war das kein böses Omen. Im Wagen herrschte eine beängstigende Ruhe. Normalerweise plauderten wir oder erörterten Fragen zu einem Fall, aber an diesem Abend – nichts als Schweigen. War es die Anspannung darüber, was uns erwartete? War es der fremde Ort? Wir wussten bis zu diesem Augenblick nur so viel, dass eine Studentin zwei Wochen nach ihrem Verschwinden ermordet aufgefunden worden war.

Ich störte die unheimliche Ruhe im Auto und meinte, zum Fahrer und den anderen beiden auf dem Rücksitz gewandt: »Mann, Mann, ob die hier schon wissen, dass der Zweite Weltkrieg vorbei ist? Naja, vielleicht kommt doch schon jeden Tag das ›Neue Deutschland‹!« Mein Auflockerungsversuch klappte nicht so richtig. Meine Mitfahrer schwiegen weiterhin hartnäckig. Als wir in Wiesenburg ankamen, wurden wir für den Rest der Nacht in einer Kampfgruppenschule untergebracht.

Na? Habt ihr sie endlich gefunden? Das wurde ja auch Zeit. Ich habe sie täglich besucht, draußen bei der Kiefernschonung. Ich habe sie mit Zweigen zugedeckt. Es wird doch schon empfindlich kühl jetzt, besonders nachts. Und sie hat gefroren. Sie hatte mich so angesehen, am Ende. Bestimmt wollte sie nicht allein bleiben, da draußen, im kalten, dunklen Wald. Sie kam nicht mehr dazu, es mir zu sagen. Erst hat sie geschrien, und dann war sie ruhig. Die ganze Zeit war sie wieder ruhig. Bis jemand sie gefunden hat. Ich habe im Park davon gehört. Leider war ich gerade nicht da. Wer genau war es denn? Sie würde es mir bestimmt erzählen. Sie hat mir ja auch den Rest erzählt. Jede Nacht hat sie mit mir gesprochen. Nun ist es ja gut. Jetzt habt ihr sie mitgenommen. Kleines, blasses Mädchen. Ich habe in Wiesenburg noch nie so viele Polizisten auf einmal gesehen! Und alle nur ihretwegen, naja auch meinetwegen. Ich muss jetzt aufpassen. Wachsam sein. Werdet ihr mich auch fragen? Wisst ihr schon, dass ich an dem Abend am Bahnhof war? Ach, ich kann warten. Ihr werdet schon zu mir kommen. Zumindest wisst ihr jetzt endlich wo, oder nein, wahrscheinlich wisst ihr das nicht …

Am nächsten Morgen erfuhren wir Näheres. Die Hauptabteilung der Kriminalpolizei im Ministerium des Innern hatte festgelegt, dass die Morduntersuchungskommission Halle diesen Fall im Raum Wiesenburg, Bezirk Potsdam, untersuchen sollte. Der Fall schien Priorität zu haben, denn aus dem gesamten Bezirk waren zusätzlich Kriminalisten als erweiterte MUK hierher beordert worden. Diensträume wurden uns von der Stadt Wiesenburg zur Verfügung gestellt. Sie lagen in unmittelbarer Nähe des Schlosses, an das sich ein schön angelegter Park anschließt. Wir bezogen dann sogar unsere Unterkunft im Schloss. In diesem wunderbaren Ensemble wäre es ein angenehmes Arbeiten gewesen, hätten wir nicht die unschöne Aufgabe vor uns gehabt, einen Mord aufzuklären. Am ersten Tag wurde ich für meine verlorene Herbstfahrt entschädigt: Der Park lag in den buntesten Farben vor uns.

Im krassen Gegensatz zu diesem reichen Geschenk der Natur erwartete uns ein verzwickter Fall: Die Studentin Ines Krautheim war am 7. Oktober, am Tag der Republik, von Berlin kommend mit dem Zug nach Hause gefahren und in Wiesenburg ausgestiegen. Nach dem Verlassen des Bahnhofes verlor sich jedoch ihre Spur. Vom örtlichen Volkspolizeikreisamt waren gezielte Suchen im Raum Wiesenburg mit einer Vielzahl von Polizisten und Angehörigen der Kampfgruppe durchgeführt worden. Die ersten beiden Suchaktionen verliefen ergebnislos. Erst bei der dritten, am 21. Oktober, wurde die Vermisste tot aufgefunden. Sie lag nahe eines Waldwegs, bedeckt mit abgebrochenen Ästen und Zweigen.

Die erweiterte Mordkommission begann mit den Ermittlungen zu den Personenbewegungen am Tag der Republik. Wer war an diesem Tag nach 16 Uhr in der Nähe des Bahnhofes unterwegs gewesen? Wer konnte etwas bemerkt haben? Zunächst waren das die Passagiere des 16-Uhr-Zuges aus Berlin, die mit Ines Krautheim nach Wiesenburg gefahren waren. Im Besonderen natürlich die Fahrgäste, die in Wiesenburg den Zug verlassen hatten. Keinem von diesen war etwas aufgefallen. Die Studentin war mit ihnen ausgestiegen, danach war jeder seiner Wege gegangen.

Wir beschäftigten uns zugleich mit dem persönlichen Umfeld des Opfers und befragten die Mitstudenten an der Hochschule in Potsdam zur Persönlichkeit und zu Kontaktpersonen. Mögliche Tatverdächtige fanden sich dort jedoch nicht.

Noch während die Suchtrupps nach der Vermissten fahndeten, ergab ein Gespräch mit den Eltern, dass Ines Krautheim einen Freund hatte, zu dem sie am Tatabend unterwegs gewesen war. Er wohnte in Reetz, sie selbst kam aus Medewitz.

Nach dem Auffinden der Leiche änderte sich natürlich der Status des Freundes. War er bisher nur als Zeuge geführt worden, kam er nun als Täter infrage. Die erweiterte Mordkommission ermittelte zu diesem jungen Mann. Zunächst wurden Nachbarn und Eltern befragt, dann hörten wir uns an der Pädagogischen Hochschule Berlin um, wo er studierte. Kommilitonen und Dozenten charakterisierten ihn als offen und ehrlich. Niemand traute ihm zu, auch nur einer Fliege etwas zuleide zu tun. Es gab nichts, was darauf hindeutete, dass beide sich gestritten hatten, dass es eine Auseinandersetzung oder Ähnliches gegeben hatte. Außerdem war der Freund in der fraglichen Zeit mit anderen jungen Leuten unterwegs gewesen. Er hatte Ines Krautheim nicht vom Bahnhof abgeholt, weil er sie erst am nächsten Tag erwartete. Sie war sich beim letzten Treffen nicht sicher gewesen, ob sie es am Samstag, dem 7. Oktober, noch schaffen würde, nach Wiesenburg zu fahren. Verabredet waren sie eigentlich für den Sonntag gewesen.

Wie in Wiesenburg wurden Ermittlungen in den Gaststätten der umliegenden Orte geführt. Dazu waren mehrere Gruppen eingesetzt. Bei der Erfassung der Gaststättenbesucher am Tattag wurden auch Personen erfasst, die als Spaziergänger dieses oder jenes Lokal aufgesucht hatten. Nicht in jedem Fall war es möglich, die Identität von Personen zu ermitteln, von denen man nur eine vage Personenbeschreibung durch den jeweiligen Gastwirt oder Kellner bekommen hatte. Aber es gibt merkwürdige Menschen. Und einen davon traf ich in der ortsansässigen Gaststätte in Reetzerhütten.

Ich ging wie immer vor. Zunächst stimmte ich das Personal auf den Tattag ein. Um meinem Gegenüber das Erinnern zu erleichtern, gab ich Anhaltspunkte, was sonst noch an diesem Tag geschehen war, soweit ich davon wusste. Tagesthema dieses 7. Oktober 1972 war die Amnestie, die am Vortag vom Staatsrat verabschiedet worden war. Man hatte darüber diskutiert, welche Verbrecher nun wieder auf freien Fuß gelangen würden. Der Wirt sah mich die ganze Zeit lächelnd an.

»Wissen Sie«, fing er an, »schön, dass sich mal jemand hierher verirrt und auch uns befragt. Leider kann ich Ihnen mit außergewöhnlichen Personen nicht dienen.«

»Und da sind Sie sich völlig sicher?«

»Völlig«, bestätigte er. »Ich könnte Ihnen sogar sagen, wer letztes Jahr am 7. Oktober auf welchem Stuhl gesessen hat.«

Ich war erstaunt. Sein Lächeln über meine Überraschung wurde breiter.

»Woher wissen Sie das so konkret?«

Der Wirt stand auf und ging hinter die Theke. Er kam mit einer Klemmmappe aus grauer Pappe zurück. »Nichts leichter als das. Ich habe meine Gaststube durchnummeriert: jeden Tisch und jeden Stuhl. Und seit Jahren schreibe ich abends immer mit, wer laut meinem Bestuhlungsplan wo gesessen hat.« Ich war sprachlos. »So. Und nun lassen Sie uns mal sehen«, sagte er und suchte in seiner Mappe den besagten Tag. »Also, vor vierzehn Tagen, am Tag der Republik, hatten wir den Meier, Karl auf der sieben, Tisch drei. Dann hatten wir den Branntner auf der sechs daneben und den Kurt auf der drei. Ansonsten waren die Tische zwei und fünf besetzt, aber nur, lassen Sie mich lesen, mit Leuten aus der Gegend. Nein«, er klappte das Buch zu, »bei mir waren an diesem Tag keine Fremden. Die hätte ich nämlich besonders gekennzeichnet.«

Auch wenn mich diese Erkenntnis nicht direkt zum Mörder führte, war sie doch ein kleines Puzzlesteinchen in unseren Ermittlungen.

Aber es tat sich eine andere, erfolgversprechende Spur auf: In unseren Ermittlungen nach Personen, die im Zeitraum 7. bis 21. Oktober in der Nähe der Kiefernschonung oder überhaupt in dem Waldstück unterwegs gewesen waren, stießen wir auf mehrere Zeugen. Auf die Frage, ob sie allein gewesen seien oder jemandem begegnet wären, gaben einige davon an, den »Waldmenschen« gesehen zu haben. Das fand allerdings keiner der Zeugen verwunderlich, da man diesem eigentlich immer begegnete. Wer war der »Waldmensch«? Es war nicht allzu schwer, seine Identität herauszufinden, da er stadtbekannt war.

Der Mann hieß Kurt Milowski und war praktisch im Wald zu Hause. Er sammelte dort Pilze, Kräuter und Waldfrüchte. Jeden Tag zog er mit seinem Notizblock und dem Feldstecher los, um im Wald Tiere zu beobachten. Er gab an, besonders an Kleintieren interessiert zu sein und Aufzeichnungen zu deren Verhalten zu machen. Er konnte in der Tat eine ansehnliche Sammlung solcher Notizbücher vorweisen.

Nun begannen Ermittlungen zu seiner Person. Er lebte allein in einer kleinen Zweizimmeraltbauwohnung, aber diese nutzte er nur zum Schlafen – und zum Trocknen und Aufbewahren seiner Kräuter. Die Nachbarn bestätigten, dass er sehr selten zu Hause war. Sie trafen ihn eher auf einem Spaziergang als auf der Haustreppe. Eine Ehefrau hatte er nach dem allgemeinen Kenntnisstand noch nie gehabt, auch keine Kinder. Zu seinen Hobbys im Wald schien allerdings nicht nur die Beobachtung von Tieren zu gehören. Unsere Ermittlungen ergaben, dass er gern als »Spanner« unterwegs war. Interessant waren drei Zeugenaussagen, denen zufolge er in unmittelbarer Nähe des Fundortes der Leiche gesehen worden war.

Aha, ihr erforscht jetzt den Wald. Nun, dann werden wir uns wohl bald sehen. Aber aus mir bekommt ihr nichts heraus. Ich werde euch nichts erzählen von der niedlichen Rothaarigen, letzten Herbst, und auch nicht von der anderen, die mir davongelaufen ist wie ein junges Reh. Und das letzte Mal, als ich es endlich hinbekommen habe, das werde ich euch erst recht nicht auf die Nase binden. Ich bin ihr hinterhergelaufen. Alle laufen sie den Weibern immer hinterher! Ich musste sie an den Haaren festhalten. Ja, sie war schnell. Aber dieses Mal war ich schneller. Ich habe sie auf den Boden geworfen. Sie hatte ein wenig Schmutz im Gesicht. Nein, den konntet ihr nicht mehr finden. Den habe ich ihr doch abgewischt! Ihr denkt, dass ich es in der Kiefernschonung mit ihr gemacht habe? Quatsch! Wir lagen im Moos, beide. Sie hat sich noch ein bisschen gewehrt. Aber nur so viel, dass es den Spaß nicht verdorben hat. Wir wollten doch Spaß. Ihr Haar duftete noch viel später nach diesem herben Herbstmoos. Habt ihr mal an ihrem Haar gerochen? Nein? Na, dann könnt ihr das natürlich nicht herausfinden! Ich habe sie erst danach in die Kiefernschonung gebracht. Und dort, nun … Sie lag so schön dort, da ist es noch einmal über mich gekommen, da bin ich noch einmal über sie gekommen. Ich werde das nie vergessen …

Da genügend Indizien auf Kurt Milowski deuteten, nahmen wir ihn zur Vernehmung mit auf die Dienststelle. Die Vernehmung zu führen lag in meinem Aufgabenbereich. Ich befragte ihn zu seiner Tätigkeit und kam dann auf seine Touren im Wald zu sprechen. Ich ließ mir genau schildern, was er dort für gewöhnlich tat. Außerdem ließ ich mir erklären, wo er herumstreifte. Ohne dass ich ihn mit den Zeugenaussagen konfrontieren musste, erzählte er mir auch von der Kiefernschonung nahe des Bahnhofs. Jetzt wurde es spannend.

»Waren Sie auch in der Kiefernschonung?«

»Sie meinen, wo die Tote lag?«

»Ja, wo die Tote lag.«

»Ja, dort war ich auch.«

»Wann?«

»Ich war erst letzte Woche dort und dann noch einmal vorgestern.«

»Ist Ihnen dort etwas aufgefallen?«

Und dann fiel ein Satz, der mir fast den Atem verschlug: »Na, die Tote ist mir aufgefallen!«

»Wollen Sie mir damit sagen, dass Sie das Opfer gesehen haben?«

»Ich habe die Frau da liegen sehen.«

Es konnte noch immer sein, dass er sich nur wichtig machen wollte. Oder warum sonst gab er so freimütig zu, die Leiche gesehen zu haben? Ich brauchte genauere Informationen.

»Was genau haben Sie gesehen?«

»Na, die lag da so mit gespreizten Beinen. Mir ist aufgefallen, dass sie, na ja, untenrum halt nichts anhatte. Und ihre Handtasche, die lag neben ihrem Handgelenk, als ob sie sie noch immer tragen würde.«

Mein Interesse wuchs. Konnte man sich so etwas ausdenken? Ich fragte weiter: »Sie haben also im Wald eine Leiche entdeckt, mit entblößtem Unterkörper und einer Handtasche am Handgelenk. Haben Sie die Handtasche kontrolliert?«

»So was darf man doch nicht. Außerdem brauchte ich das auch nicht. Ihr Personalausweis lag ja da.«

»Wo lag er?«

»Aufgeschlagen zwischen ihren Beinen.«

»Wie bitte? Wo lag der Ausweis?«

»Er war aufgeschlagen und lag zwischen ihren Beinen, ihren Oberschenkeln.«

Jetzt war es genug! Das war Insiderwissen! Mein Herz klopfte. Aber Kurt Milowski war noch nicht fertig.

»Haben Sie ihr Haar gesehen? Es sah irgendwie schön aus. Ausgebreitet rund um ihren Kopf. Das ist mir besonders aufgefallen.«

Von all diesen Details war nichts an die Öffentlichkeit gelangt. Er wusste auch, welches Wetter herrschte, als er die Tote fand. Wer so viel wusste, konnte der Täter sein.

Ich legte meinem Vorgesetzten das Vernehmungsprotokoll vor. Er sah darin dasselbe wie ich. Es war eine Frage der Zeit, bis wir zu einem vollständigen Geständnis kommen würden. Aber der Mann gehörte in Haft.

Nun begannen sich die offiziellen Mühlen zu drehen: Haftantrag, Untersuchungshaft. Wieder und wieder vernahm ich Kurt Milowski. Nun endlich hatte er begriffen, dass er sich mit seinen Aussagen zum Fundort um Kopf und Kragen geredet hatte. Jetzt beteuerte er: »Aber ich war das doch nicht! Ich habe das nicht getan!« Damit kam er leider zu spät. Die Leitung der Dienststelle Belzig und auch die Vertreter der Bezirksbehörde Potsdam waren glücklich: Der Mörder war gefunden. Und das innerhalb kürzester Zeit.

Wie in jedem aufgeklärten Mordfall gab es Auszeichnungen, meist in Form von Geldprämien, für die ermittelnden Mitglieder der MUK und auch eine Feier, bei der reichlich Alkohol floss.

Kurt Milowskis Aussage zum Wetter konnte ich einige Tage später bestätigen, weil es in Wiesenburg einen weiteren Perfektionisten gab. Wenn man Monate fort von daheim ist, muss man irgendwann einen Friseur aufsuchen. Ich ging also zwischen einigen Ermittlungen in den Salon des Meisters Müller. Beim Friseur finden bekanntlich die informativsten Gespräche statt, und als Gesprächseinstieg zwischen fremden Menschen eignet sich nichts so gut wie das Wetter. Friseurmeister Müller war jedoch eine recht penible Person. Es lag ihm nicht, einfach so ins Blaue zu plaudern. Schon vor vielen Jahren hatte es ihn verdrießlich gestimmt, wenn Leute in seinen Laden kamen und behaupteten, letztes Jahr um diese Zeit sei das Wetter wesentlich besser oder auch schlechter gewesen. Müller hatte zwar aufgrund besseren Wissens dagegenhalten wollen, aber leider blieben viele Kunden bei ihrer einmal gefassten Meinung. Um solchen Kunden beizukommen, half nur eines: beweiskräftige Argumente. Aus diesem Grund hatte er sich einen Hefter angelegt, in dem er an jedem Abend die Temperatur und sonstige Wetterphänomene im Raum Wiesenburg notierte. Triumphierend verkündete er mir, während er vor dem Spiegel dramatisch mit der Schere herumfuchtelte: »Diesen Experten konnte ich dann anhand meiner zahlreichen Wetterbücher das Gegenteil beweisen, wenn sie mir wieder haltlosen Unsinn auftischen wollten!«

Begeistert von solch protokollfreudigen Personen fragte ich ihn nun nach dem Wetter am Tattag. Auch die Kriminalisten erhielten einen Wetterbericht, wenn es darum ging, einen Tatort zu untersuchen. Aber selten bekamen wir einen, der so genau den Raum beschrieb, in dem wir suchten. Von Friseurmeister Müller erfuhr ich, dass der Oktobersamstag ein milder, wenn auch windiger Tag mit Temperaturen um die 13 Grad gewesen war. Es hatte nicht geregnet.

Na, das ist ja ein Ding. Der Waldmensch soll es gewesen sein? Der spannt doch nur. Aber es ist ganz gut, dass ihr den jetzt habt. Damit ist mein Kopf aus der Schlinge. Ich habe ihr gar nichts tun wollen. Ich wollte einfach mein Ding durchziehen und fertig. Aber die Weiber wissen einfach nicht, was gut für sie ist. Immer keifen sie rum, zicken und schreien. Hätte sie doch nur aufgehört zu schreien. Ich wollte ihr doch nichts tun. Ich wollte nur endlich wissen, wie es ist. Aber sie hat nicht gewollt. Ich musste sie zum Schweigen bringen. Ich musste, musste, musste. Das Messer, ja das Messer … Stimmt übrigens, was eure Zeugen so gesagt haben. Der Waldmensch war wirklich oft bei der Kiefernschonung. Woher er so viel wusste? Wahrscheinlich hat er mein Mädchen dort liegen sehen. Dummerweise ist er nicht zu euch gegangen und hat euch zu ihr geführt. Nun hat er den Salat. Aber er war es nicht. Ihr habt den falschen Mann.

Der Rausch von unserer Feier war noch nicht verflogen, da kam von der Bezirksdienststelle aus Potsdam die Nachricht, dass man Kurt Milowski wegen mangelnder Beweislage aus der Untersuchungshaft entlassen werde. Nun sah die gesamte Belegschaft der Mordkommission ziemlich verkatert aus. Zunächst wurden die Prämien in Aufwandsentschädigung umdeklariert und nannten sich nun »Bewegungsgeld«, das wir als Auswärtige sowieso in Höhe von 10 Mark täglich erhielten. Ab diesem Datum nicht mehr, da wir nun ein »Guthaben« hatten.

Das dort drüben ist doch der Waldmensch. Wieso ist der wieder frei? Ich dachte, wen ihr einmal habt, den habt ihr. Jetzt müsst ihr wohl nochmal ganz von vorne anfangen? Ich wünsche euch mehr Glück dabei. Oder nein, eigentlich nicht. Denn dann würdet ihr mich ja finden. Ich bleibe einfach hier und warte. Mal sehen, wann ihr mich besuchen kommt. Man sollte doch denken, dass Leute, die in der Nähe wohnen, zuerst befragt werden. Ich werde euch schon was erzählen. Bis dahin gehe ich erst mal zum Bahnhof. Bald kommt sie aus Dessau an. Und ich will sie doch nicht verpassen …

Kurt Milowski kam wieder auf freien Fuß. Wir beobachteten ihn zwar noch eine Zeitlang, aber er schien tatsächlich nicht der Täter zu sein. Es fehlte auch einiges in der Beweiskette: Wir hatten kein Geständnis, im Gegenteil, der Verdächtige leugnete alles. Wir hatten kein Tatwerkzeug. Wir hatten außer seinen Aussagen zum Fundort überhaupt nichts in der Hand. Wahrscheinlich war es wirklich so, dass er von den Suchmaßnahmen erfahren und sich auf eigene Faust in die Spur gesetzt hatte. Offensichtlich hatte er die Leiche als Erster entdeckt, diesen Fund aber nicht zur Anzeige gebracht. Nun gingen die Ermittlungen weiter. Inzwischen war es Anfang Dezember.

Wieder wurden die Personen befragt, die im Zeitraum zwischen dem Verschwinden von Ines Krautheim und dem Auffinden ihrer Leiche im Waldstück und am Bahnhof unterwegs gewesen waren. Es gab kaum jemanden, den wir nicht schon zwei Mal oder öfter befragt hatten. Schließlich vollzog eine Gruppe der MUK noch einmal den Weg vom Bahnhof zur Kiefernschonung nach und bog ein wenig nach links ab, zurück in Richtung Bahndamm. Sie stießen auf einen Zaun, der ein Grundstück in der Nähe der Bahnschranke einfasste.

»Weiß jemand, wer hier wohnt?«, fragte mein Kollege Peter.

Ein Kriminalist aus Wiesenburg antwortete: »Ich glaube, das ist das Grundstück von dem Gärtner.«

»Haben wir hier schon jemanden befragt?«

»Bin mir nicht sicher«, knurrte der Wiesenburger. »Aber das können wir jetzt immer noch tun.«

Auf einem Weg parallel zu den Gleisen befand sich eine Einfahrt auf das Grundstück. Man klingelte. Ein älterer, drahtiger Mann öffnete die Tür. Die Kriminalisten wiesen sich aus und baten um ein Gespräch. Der Gärtner zeigte ihnen das Grundstück. Es erstreckte sich bis an das untere Ende des Parks und nahe an die Kiefernschonung. Dass uns das nicht früher aufgefallen war! Der Mann wirkte kräftig und zäh. Er wohnte mit seiner Frau und seinem siebzehnjährigen Sohn hier draußen. Die gesamte Familie wurde zur Aufnahme ihrer Aussagen auf die Dienststelle bestellt. Die Mutter gab an, regelmäßig mit dem Fahrrad in die Stadt zu fahren. Dabei sei ihr aber nichts Ungewöhnliches aufgefallen. Vom Verschwinden der Ines Krautheim habe sie gehört, auch öfters mit ihrem Mann darüber gesprochen. Es habe sie beunruhigt, dass dieses Verbrechen so in der Nähe geschehen sei. Aber mit weiteren Informationen konnte sie nicht dienen. Der Gärtner selbst hatte auch nichts bemerkt. Er habe zwar »die Augen offen gehalten«, aber nichts herausfinden können. Auch er sagte, dass das Thema beinahe täglich am Abendbrottisch zur Sprache gekommen sei. Seine Frau habe öfter Angst gehabt, abends den Heimweg anzutreten, weswegen er sie in letzter Zeit mehrfach von der Arbeit abgeholt habe. Der Sohn wirkte recht isoliert. Er sei eben weit abgelegen von seinen Klassenkameraden aufgewachsen, erklärten seine Eltern, und auch, dass er in seiner Freizeit den Vater bei der

Arbeit im Park unterstützte. Er selbst hatte keine Angaben zu machen. Er sei in der fraglichen Zeit in der Stadt gewesen und habe Freunde besucht.

Ihr habt uns heute einen Besuch abgestattet. Heißt das, ihr wisst keinen anderen Ausweg mehr und kommt nun zu mir? Erwartet ihr, dass ich euch weiterhelfe? Ich könnte euch ja sagen, dass ich ihren Ring noch in meiner Tasche trage. Ich könnte euch auch sagen, wo das Messer liegt und was ich mit der blutigen Kleidung gemacht habe. Aber werde ich das tun? Bestimmt nicht! Ja, einer von euch wollte von mir wissen, wo ich am 7. Oktober gewesen bin und ob ich häufig durch den Wald spaziere. Ihr erwartet doch nicht ernsthaft, dass ich euch davon erzähle, wie dieser Dummschwätzer, den ihr wieder laufen lassen musstet. Nein, ich erzähle euch schöne Geschichten. Wenn mich doch nur dieses Gefühl losließe! Dieses Gefühl, dass sie noch da ist, dass sie noch auf mich wartet. Ich muss noch einmal los, in die Kiefernschonung. Und morgen gehe ich wieder zum Bahnhof, denn dann kommt sie wieder an …

Offensichtlich gab es hier keinen Anhaltspunkt. Und doch hatte ich das Gefühl, dass mehr dahinterstecken musste. Der Vater war Gärtner im Schlosspark. Dieser grenzte an die Bahnlinie. Ines Krautheim war vom Bahnhof zu ihrem Freund unterwegs gewesen und auf diesem Weg verschwunden. Auch der Sohn war oft zwischen Wohnhaus, Bahnhof und Wald unterwegs. Und zwischen diesen Tatsachen sollte kein Zusammenhang bestehen? Ich beauftragte meinen Kollegen Peter mit einer Vernehmung des Vaters und des Jugendlichen. Er sollte beide auch auf die Tat ansprechen.

Ines Krautheim war mit 41 Messerstichen aufgefunden worden. Keiner dieser Stiche hatte unmittelbar den Tod zur Folge gehabt, die junge Frau war an der Vielzahl der Verletzungen verblutet. Diese große Menge an Blut hatte der Täter ertragen müssen. Peter sollte nun herausfinden, ob die Männer dazu in der Lage waren. Inzwischen war es Januar 1973. Peter vernahm erst den Sohn, dann den Vater. Er befragte sie auf den Umgang mit Messern. Der Jugendliche gab zu, ein Taschenmesser zu besitzen, das er oft verwende, wenn er seinem Vater helfe. Er schnitze damit aber auch im Wald herum. Auf die Frage, ob er selbst Haustiere, zum Beispiel Kaninchen, schlachte, reagierte er angewidert. Mit einem von Ekel verzerrten Gesicht sagte er: »Diese ganze Schweinerei mit dem Blut immer. Das kann ich nicht haben. Ich ziehe dem Vieh vielleicht noch das Fell über die Ohren, aber den Rest muss Vater machen.«

Sicher war dieser junge Mann ebenso verdächtig wie sein Vater, aber seine Darstellung und sein Ekel vor Blut machten es recht unwahrscheinlich, dass er der Täter war. Dann doch der Vater? Ich überließ meinem Kollegen Peter auch diese Vernehmung. Im Anschluss war er davon überzeugt, dass beide nichts mit der Tat zu tun hatten.

Soll ich euch sagen, dass ich SIE *gestern wiedergesehen habe? Sie war auf dem Weg nach Belzig. Ich habe sie angesprochen. Aber sie ist davongelaufen. Noch ein Rehlein! Aber euch interessiert das ja nun nicht mehr. Ich habe gehört, ihr brecht die Suche nach mir ab? Schade eigentlich. Es hat mir wirklich Spaß gemacht, euch bei der Arbeit zuzusehen. Vielleicht hätte ich euch einen Tipp geben sollen? Aber nein. Nun kehrt wieder Ruhe ein. Und ich kann meine Rehlein beobachten.*

Ende Januar wurde der Personalbestand der MUK deutlich verringert. Meine Hallenser Kollegen fuhren in die Heimat zurück. Ich blieb noch bis Februar '73. Aber es gab keine Fortschritte in unserem Fall, und so kehrte auch ich heim, ohne den Fall aufgeklärt zu haben.

Trotz dieser Niederlage hatte ich einen persönlichen Gewinn aus dem Fall gezogen. Schon zu dieser Zeit war ich aktiv als Jäger tätig. Es war nur natürlich, dass wir aufgrund des Fundortes der Leiche mit dem Förster zu tun hatten. Auch unter den ortsansässigen Kriminalisten gab es einige Jäger. Sie zeigten mir ihre Jagdhütte und luden mich ein, ab und an selbst die Jagd auszuüben. Die Hütte sollte in einem späteren Fall für mich an – beinahe negativer – Bedeutung gewinnen.

Na, meine Kleine? Soll ich es dir zeigen? Oh, ich kenne mich aus. Hast du nicht Lust, mit mir zu kommen? Das Moos hinter der Schonung ist so weich. Ach, komm doch mit. Ich tu dir nicht weh. Was? Was sagst du? Ich soll dich in Ruhe lassen? Aber warum denn? Ich rede hier doch nur ein wenig mit dir. Oh, sei nicht so abweisend. Sonst werde ich noch böse. Ja. Böse kann ich werden … Nun läuft sie schon wieder davon. Ich muss sie mir greifen, diese Rehlein. Ja, bald werde ich mir eins holen … so wie ich mir schon eines geholt habe …

Aufgrund meines Hobbys blieb ich mit den jagenden Kollegen in Kontakt. Von seinem von ihnen erfuhr ich, dass er den Fall, obwohl er zu den Akten gelegt worden war, für sich persönlich noch nicht beendet hatte. Meinem Kollegen Hubertus Kaiser ließ der ungeklärte Mord an der Studentin keine Ruhe. Besonders nicht, seit ihm Geschichten, die man sich im Ort erzählte, zu Ohren gekommen waren. Barbara Meyer. war eines Nachmittags auf dem Weg zwischen Reetzerhütten und Reetz einem jungen Mann begegnet. Er habe plötzlich dagestanden und ihr dummes Zeug erzählt. Sie war sehr erschrocken, habe ihm aber ihre Meinung gesagt und sei dann schnell nach Hause gelaufen. Monika Pforte berichtete, ihr habe sich ein Jugendlicher in den Weg gestellt und anzügliche Bemerkungen gemacht. Sie fühlte sich belästigt und hatte natürlich auch Angst. Sie war vor ihm davongelaufen. Er aber war ihr bis zum Waldrand gefolgt.

In seiner Freizeit suchte der Kriminalist einige der Frauen auf und ließ sich den Jugendlichen beschreiben. Alle Frauen und Mädchen sprachen von einem braunhaarigen Jungen, ungefähr 17 oder 18 Jahre alt, mittelgroß und kräftig. Der Sohn des Gärtners aus dem Fall von Ines Krautheim war 17 Jahre alt und von untersetzter, kräftiger Statur. Als Hubertus Jäger im Mordfall mit ihm gesprochen hatte, trug er das Haar über die Ohren, es war kastanienbraun. Der Kriminalist gab alle Hinweise an die Mordkommission Potsdam weiter. Aber noch reichten die Indizien nicht, um einzugreifen.

Ah, da kommt sie wieder. Ich werde mich in die Biegung stellen. Sie darf mich nicht zu früh sehen. Aber wo will sie denn hin? Oh, sie versucht mir auszuweichen … He, Mädchen. Lauf doch nicht weg. Soll ich dich ein Stück begleiten? Hier soll jemand herumlungern. Ob ich wen gesehen habe? Nein, heute noch nicht. Wo soll's denn hingehen? Nach Medewitz hinunter? Ich kann ja ein Stück mitkommen. Ja, ich muss auch da lang. Wie? Du möchtest allein gehen? Aber warum denn? Magst du mich nicht? Hast du Angst vor mir? Vor mir braucht man sich nicht zu fürchten. Heh, geh doch nicht so schnell! Glaubst du, du wärst schneller als ich? Das haben schon andere versucht. Ich war immer schneller. Hör auf mich zu beschimpfen! Das sagt man doch nicht! Soll ich etwa böse werden? Oh, ich bin schon einmal böse geworden! Richtig böse! Da habe ich mein Messer hier genommen. Und dann habe ich auf sie eingestochen! Ja, wieder und wieder und wieder. Haha, weißt du wie hoch Blut spritzen kann? Ich aber. Ich hab's gesehen. Mann, das war vielleicht 'ne Sauerei! Wie ein abgestochenes Schwein hat die geblutet. Ich sah aus wie ein Schlachter. Ja, ich war ja der Schl … Verdammt, sie hört mir gar nicht zu. Sollte ich sie einholen? Sollte ich sie mir greifen? Ach, beim nächsten Mal!

Als Hubertus Kaiser. am Abend des 23. März 1974 nach Hause kam, erwartete ihn seine Tochter aufgeregt in der Küche. »Vati, ich muss dir unbedingt was erzählen.« – »Hat das nicht Zeit bis nach dem Abendbrot?« – »Nein, das muss ich sofort loswerden. Du musst unbedingt eingreifen! Du bist doch Kriminalist!« Hubertus Kaiser zog in aller Ruhe seinen Anorak aus und hängte ihn in die Garderobe des kleinen Flurs. Dann holte er sich ein Bier aus dem Kühlschrank und ließ sich auf einen Küchenstuhl fallen. »So, mein Mädchen, nu erzähl mal.«

Seine Tochter begann: »Du kennst doch Christina, meine Freundin aus der Musikschule.« Hubertus wusste zwar im ersten Moment nicht, von welchem Mädchen die Rede war, nickte aber, weil sich das auch später noch klären lassen würde. »Jedenfalls kommt sie jeden Donnerstag von Wiesenburg. Und dann muss sie durch den Wald nach Hause laufen. Normalerweise findet sie das nicht schlimm, aber in letzter Zeit erzählen sich die Leute, dass da einer rumschleicht.« – »Ja, davon habe ich auch schon gehört.« – »Und heute ist ihr der Kerl über den Weg gelaufen.« Hubertus spitzte die Ohren. Das konnte interessant werden. »Hat er ihr was getan?« –

»Nein, das nicht gerade, aber er hat sie dumm angequatscht.« Die Aufmerksamkeit des Kriminalisten ließ etwas nach. Dieses Gerede der Leute brachte ihm keinen Haftantrag. »Was hat er denn gesagt?« – »Zuerst wollte er sie begleiten. Als sie das abgelehnt hat, ist er giftig geworden. Und dann hat er damit geprahlt, dass er weiß, wie man jemanden kaltmacht!« Hubertus' Konzentration schärfte sich wieder. »Er hat ihr erzählt, dass er wisse, wie hoch Blut spritzt, wenn man jemanden absticht. Und dass er selbst schon mal auf eine Frau eingestochen habe.« – »Das reicht«, frohlockte Hubertus. »Das reicht. Damit nehmen wir ihn hops. Hör mal! Deine Freundin …« – »Christina«, ergänzte seine Tochter. »Ja, Christina. Sie soll heute noch auf die Dienststelle kommen. Sie muss mir das unbedingt offiziell erzählen und eine Aussage machen. Dann kann ich endlich was in die Wege leiten.«

Hubertus Kaiser telefonierte noch am selben Abend mit der Mordkommission des Bezirkes Potsdam. Er stellte den Zusammenhang zwischen dem Mord an Ines Krautheim und der neuen Aussage deutlich heraus. Seine Kollegen im Bezirk teilten seine Meinung. Allerdings ließ sich damit noch immer kein Haftbefehl erzielen. Um den Mann trotzdem zur Vernehmung in die Finger zu bekommen, griff man zu einem Trick: Er solle sich zur Einberufung beim Wehrkreiskommando einfinden.

Aber Papa! Warum soll ich denn nach Halle? Ich habe mit dem Mädchen doch nur geplaudert. Nein, ich habe ihr nichts getan. Wie kommst du denn darauf? Ich beobachte sie gern, die Mädchen. Was, der Paul! Ja sicher hat er eine Freundin! Und warum ich nicht? Weil sie eben alle weglaufen. Ich mache ihnen Angst? Nein, es ist … Ich finde eben nicht die Richtige. Im Schlaf? Ich? Das soll ich gesagt haben? Nein. Ich will nicht nach Halle! Nein, nicht ins Krankenhaus. Ich bin doch nicht krank …

Als auf diese Vorladung hin niemand erschien, suchte Hubertus Kaiser das Grundstück des Gärtners persönlich auf. Er klingelte. Als die Tür aufging, stand dort der Alte in seiner Arbeitshose. Die Daumen hinter den Hosenträgern und unrasiert bemerkte er: »Kann ich Ihnen helfen?«

»Nein, Sie können mir nicht helfen. Ich möchte Ihren Sohn sprechen.«

Der Mann hatte ein hinterhältiges Lächeln in den Augenwinkeln, als er antwortete: »Der Johann, der ist nicht da.«

»Und wo ist er?«

Das Lächeln setzte sich nun auch in den Mundwinkeln fest: »Das weiß ich leider auch nicht. Er ist erwachsen. Er kann tun und lassen, was er will.« Wütend sah er den Kriminalisten an. »Und er ist vor einer Woche ausgezogen«, fügte er hinzu.

»Und Sie wissen nicht, wo er hin ist?«

»Tut mir leid.« Der Gärtner hatte so abweisend geantwortet, dass Hubertus Kaiser klar war, dass er hier nichts weiter ausrichten würde. Er kochte vor Wut. Der Kerl da vor ihm wusste genau, wo sein Sohn war! Kaiser verabschiedete sich und schluckte mühsam seinen Ärger hinunter. »Na warte! Dich kriegen wir, Bürschchen!«, murmelte er, als er zu seinem Dienstwagen lief.

Auf der Dienststelle angekommen, telefonierte er mit Potsdam. »Und der weiß ganz genau, wo sein Sohn ist!«, beendete er seine Meldung. Die MUK versprach, die Sache nun im Auge zu behalten. Nach zwei Wochen erhielt Kaiser die Nachricht, dass der Gärtnerssohn wahrscheinlich in der Psychiatrie sei und der Vater regelmäßig zu einer Klinik nach Halle fahre. Leider sei nicht bekannt, welcher Ort genau sein Ziel war.

Aus diesem Grund erhielt ich Mitte 1974 einen Anruf. »Siggi, kannst du mal bei euch in Halle etwas herausfinden? Es könnte sein, dass sich der Gärtnerssohn in einer psychiatrischen Klinik aufhält.« Hubertus Kaiser brachte mich auf den aktuellen Stand der Erkenntnisse im Mordfall Ines Krautheim. Es war nicht schwer, den namentlich bekannten Mann ausfindig zu machen. Zwei Tage später wurde er von der Mordkommission Potsdam zur Vernehmung abgeholt. Ohne längere Umschweife gestand er den Mord.

»Ich hatte doch nur mein Taschenmesser. Damit wollte ich sie ruhigstellen. Sie hat geschrien und mich in die Hand gebissen, als ich ihr den Mund zuhalten wollte. Ich habe dann noch mal zugestochen und wieder und wieder. Das Blut lief mir warm die Hände hinab. Aber ich konnte nicht aufhören. Noch einmal und noch einmal. Es war wie im Fieber, wie im Rausch. Ich habe zugestoßen, überallhin. Ich konnte das gar nicht mehr steuern, hatte die Kontrolle völlig verloren. Sie bewegte sich schon lange nicht mehr.«

Auf die Frage, was aus dem Messer und seiner blutbesudelten Kleidung geworden sei, antwortete er, das Messer läge am Bahndamm. Seine Sachen habe er zunächst versteckt und dann ins Feuer geworfen, als sein Vater ihn einmal Gartenabfälle verbrennen ließ.

Im Anschluss an sein Geständnis brachte er die Kriminalisten zum Versteck des Tatwerkzeuges. Zielsicher führte er sie am Bahndamm ein längeres Stück, blieb schließlich stehen und wies auf eine Stelle. Er gab an, das Messer dort vergraben zu haben. Die Kriminalisten hatten vorsorglich einen Klappspaten mitgenommen. Man brauchte nicht tief zu graben und fand tatsächlich nach dieser verhältnismäßig langen Zeit, die der Mord zurücklag, das Tatmesser.

Endlich war der Mord an Ines Krautheim aufgeklärt. Eine im Verfahren gegen den Sohn des Gärtners angeordnete psychiatrische Begutachtung bescheinigte ihm, dass er für den Mord strafrechtlich nicht zur Verantwortung gezogen werden konnte. Er war während der Tat weder fähig gewesen, rational die Konsequenzen seines Handelns einzusehen, noch sein Vorgehen überhaupt zu steuern. Er kam in eine psychiatrische Einrichtung und verblieb dort mehrere Jahre.

HARZREISE

Liebe Christa, es wird ein schwerer Schlag für dich sein. Aber dieser Schritt war für mich der einzig mögliche in der Situation, die sich nun so zugespitzt hat. Es war seit Wochen unerträglich für uns alle. Jetzt aber ist eingetreten, was keiner von uns vorhersehen konnte. Was auch immer die Leute nun reden, ich könnte es nicht ertragen. So eine Sache – auch wenn sie unbegründet ist – klebt einem wie Pech an den Schuhsohlen. Das wird man nie wieder los. Ich weiß schon, wie sie mich ansehen würden im Gartenverein. Und dann das Getratsche der Nachbarn. Das Flüstern hinter meinem Rücken! Selbst wenn später die Wahrheit rauskommt. Vielleicht denken wir auch in ein paar Jahren, dass alles vergessen ist. Und dann passiert irgendeine Kleinigkeit. Da gibt es einen, der sich erinnert: Mit dem Erich – da war doch damals diese Sache … Nein. So eine Schande, ist sie einmal in der Welt, geht nicht wieder weg. Deshalb gehe lieber ich …

»Claudia!« Die Mutter streifte die Schuhe von den Füßen und rieb ihre Zehen. »Claudia!« Dann stellte sie ihre Handtasche in die Garderobe und zog die leichte Sommerjacke aus. »Claudia, bist du zu Hause?«

Mit dem Einkaufsbeutel in der Hand betrat sie die Küche. Etwas verwundert legte sie das Schlüsselbund auf den Küchentisch. »Wo steckt sie nur wieder? Hat sie etwas von einem Besuch bei einer Freundin gesagt? Ich kann mich nicht erinnern.« Nachdem auch der Beutel auf dem Küchentisch gelandet war, verließ Rita Seifert die Küche und ging durch den kurzen Flur in das Kinderzimmer ihrer Tochter. »Wenn ihre Schwimmsachen weg sind, dann ist sie bestimmt ins Freibad gegangen«, sagte sie zu sich selbst.

Die Luft in dem kleinen Zimmer war etwas stickig. Neben dem Bett stand der dunkelgrüne Ranzen. Die Badesachen und das rosa Handtuch fehlten. Offensichtlich war Claudia noch einmal losgezogen, bestimmt mit Susanne. »Wenn sie nicht noch mit zu Susi geht, müsste sie eigentlich gleich kommen.«

Die Mutter ging in die Küche und packte ihren kleinen Einkauf in den Kühlschrank: ein Stück Käse, ein Brot, etwas Margarine und ein großes Stück Jagdwurst vom Fleischer. Daraus wollte sie für den Abend Jägerschnitzel braten. Es war inzwischen 18.30 Uhr. In einer Stunde war Abendbrotzeit.

Tatsächlich hörte Rita nun, wie ein Schlüssel ins Schloss gesteckt wurde und die Tür aufging. »Claudia?« Fragend ging sie zur Tür und steckte den Kopf um die Ecke.

»Nein, ich bin's«, sagte eine Männerstimme. »Und ich bin's«, rief ebenso eine helle Jungenstimme.

Etwas enttäuscht seufzte die Mutter auf. »Na? Wie war's beim Fußball?«

»Fünf zu drei für uns«, antwortete der Junge begeistert. »Ich habe zwei Tore vorbereitet und einmal den Ball abgewendet.«

Stolz trat er zu seiner Mutter und erwartete Lob. Dies bekam er auch. »Und wer hat die fünf Tore geschossen?«

»Hab ich nicht so genau mitgekriegt. Drei waren von Gerd. Eins von Heiko.«

»N'Abend, Schatz«, sagte der Martin Seifert und drückte seiner Frau einen Kuss auf die Wange. »N'Abend, Mama.« Nun trat der Junge näher und gab seiner Mutter ebenfalls einen Kuss. Er war acht Jahre alt und reichte ihr bis an die Brust. »Ist Claudia noch nicht da?«

»Nein, sie ist wohl noch im Schwimmbad. Vielleicht ist sie auch noch zu Susi gegangen.«

»Aber sie weiß, dass es halb acht Abendbrot gibt.«

»Ja. Aber es sind Ferien! Und das Wetter ist toll. Bestimmt wird sie gleich kommen.«

Die Mutter ging wieder in die Küche, setzte Nudeln auf und begann, den Tisch zu decken. Leise schimpfte sie vor sich hin. »Haben die denn keine Uhr? Sie weiß doch, dass sie spätestens zum Abendbrot zu Hause sein muss! Wenigstens einen Zettel könnte die Dame ja hinlegen, damit wir wissen, wo sie steckt!«

Uli, der Junge, kam hereingerannt.

»Mann, riecht das lecker. Ich habe Hunger. Geht's los?«

»Siehst du, dass alle sitzen?«

Der Junge schüttelte fröhlich den Kopf. »Ich hole Papa. Dann kann's losgehen.« Er verschwand ins Badezimmer.

Gegen halb acht saß jeder der Familie vor seinem gefüllten Teller. Nur ein Teller war noch leer. Immer wieder sah die Mutter auf ihn. »Wo ist eigentlich Claudia?«, fragte Uli nun mit vollen Backen. Rita sah Martin an, er erwiderte ihren Blick.

»Keine Ahnung. Anscheinend haben Schmidts keine Uhr.«

»Ach, sie hängt wieder bei Susi.«

»Das nehme ich jedenfalls an.« Es trat einen Augenblick Schweigen ein. Die Mutter sah beunruhigt aus. »Normalerweise macht sie so was nicht!«

»Nee. Normalerweise nicht«, echote der Vater. »Ich werd gleich nach dem Essen mal zu Schmidts gehen und sie abholen.«

Die Mutter nickte stumm.

»Das gibt ein Donnerwetter, sag ich dir! Auch wenn es abends hell ist, das Mädchen hat sich an die Regeln zu halten.«

Rita presste die Lippen zusammen, sagte dazu aber nichts. Sie räumten alle gemeinsam den Tisch ab, die Mutter machte sich an den Abwasch, der Junge schnappte sich ein Geschirrtuch, und der Vater nahm sein Schlüsselbund. »Ich geh dann mal.«

Die Mutter nickte schweigend. Als die Tür ins Schloss fiel, sagte sie leise: »Hoffentlich ist sie bei Schmidts.«

Es dauerte ungefähr eine halbe Stunde, dann kehrte Martin zurück. Leise legte er das Schlüsselbund ab. Zu leise. Rita waren das Zögern beim Eintreten und auch das leise Klirren aufgefallen.

»Und?« Mehr fragte sie nicht. Schweigend zog der Mann seine Schuhe aus und sah mit ratlosen Augen zu seiner Frau.

»Susi hat Claudia heute nur ganz kurz im Freibad gesehen. Sie musste heute schon um sechs zu Hause sein.« Die Mutter schluckte. Ein Kloß bildete sich in ihrem Hals. Ihrem Gesicht war die Sorge deutlich anzusehen.

»Nun bleib mal ruhig. Wer weiß, vielleicht hat sie jemand anderen getroffen.«

»Wen denn?«

»Woher soll ich das wissen?«

»Du kennst doch Frau Dauer, die sitzt immer am Eingang vom Schwimmbad. Vielleicht hat sie Claudia nach Hause gehen sehen. Fragst du sie mal?«

Uli kam aus dem Bad und sah den bedrückten Ausdruck in den Gesichtern der Eltern. »Oh. Also war sie nicht bei Susi.« Er wollte nicht noch etwas Dummes sagen und verschwand in sein Zimmer, um den Schlafanzug anzuziehen, kam zurück und hockte sich vor den Fernseher.

»Vielleicht hat Frau Dauer ein Telefon?« Die Mutter sah den Vater erwartungsvoll an. »Ich meine, wichtige Leute haben doch alle ein Telefon!«

»Ja: Ärzte, Polizisten und Langohren. Frau Dauer ist Kartenverkäuferin!«

»Frau Neumann im dritten Stock hat ein Telefon. Ich könnte doch zu ihr raufgehen und mal fragen.«

Der Vater nickte stumm. Nun warf sich die Mutter eine leichte Strickjacke über die Schultern und verließ die Wohnung. Inzwischen ging der Vater zu Uli. »Hast du eine Idee, bei wem wir noch fragen könnten? Eine Freundin vielleicht? Ein Klassenkamerad?«

Aber Uli schüttelte den Kopf. Dann fiel ihm etwas ein: »Vielleicht könnt ihr Anne fragen.«

»Aber Anne kann sie doch gar nicht leiden!«

»Neuerdings schon. Ich seh die beiden öfters in der Stadt miteinander quatschen.«

In dem Mann keimte etwas Hoffnung. »Wo wohnt diese Anne?«

Uli blies die Backen auf. »Tja, also das weiß ich nicht.«

»Und wie kriegen wir das raus?«

»Sabine ist da auch öfters dabei, Sabine Wuttig.«

»Die wohnen doch beim Krankenhaus, oder?«

»Friesenstraße, ich glaube 79.«

Der Vater überlegte nicht lange. »Wenn Mama nachher kommt, sag ihr, dass ich da hin bin. Und du gehst ins Bett, verstanden?«

Martin schnappte sich wieder seinen Hausschlüssel, und die Tür klappte ins Schloss. Uli setzte sich vor den Fernseher, hatte aber keine rechte Lust, ihn einzuschalten. Was, wenn nun wirklich etwas mit seiner Schwester Claudia war? Meistens stritten sie sich. Die große Schwester durfte abends länger aufbleiben und auch nach den Nachrichten noch fernsehen. Sie durfte am Wochenende bei ihrer Freundin übernachten und mit dem Vater Freitagabend ins Kino gehen. Sie hatte ein eigenes Radio! Na gut, das von der Oma, aber immerhin. Und zur Jugendweihe hoffte sie auf einen Schallplattenspieler. Es gab vieles, um das er Claudia beneidete. Sie war in der dritten Klasse besser gewesen als er – was ihm die Mutter mindestens einmal die Woche vorhielt. Trotzdem! Claudia war in schwierigen Situationen der beste Kumpel. Und es gab einige Geheimnisse, die beide teilten. Wenn es um gewisse Sachen ging, hielten sie den Eltern gegenüber dicht. Zum Beispiel hatte sie ihm die begehrte Zeitschrift »Sport und Technik« gekauft. Es hatte bisher auch keiner herausgefunden, dass es Uli gewesen war, der letztes Wochenende die Kaninchen bei Opa hatte entkommen lassen. Das war ein Theater gewesen! Alle hatten auf Uli geschimpft, weil er die Stalltür nicht geschlossen habe. Das stimmte auch. Aber der Ärger war übertrieben gewesen. Claudia hatte es bemerkt und zu seinen Gunsten behauptet, den Stall verschlossen vorgefunden zu haben. Und nun war sie nicht nach Hause gekommen. Er begann, sich ebenfalls Sorgen zu machen.

Eine Viertelstunde später stand seine Mutter in der Wohnstube. »Ist sie inzwischen da?«

Uli schüttelte den Kopf.

»Wo ist Papa?«

»Der ist zu Sabine Wuttig. So heißt eins von den Mädchen, mit denen Claudia zusammen ist.«

Die Mutter ließ sich in einen Sessel fallen. »Hast du jemanden erreicht?«, fragte Uli.

»Frau Neumann hatte sogar ein Telefonbuch. Ich habe nachgeschlagen und auch eine Frau Dauer gefunden. Aber es war nicht die vom Schwimmbad.«

Mutlos ließ sich der Bruder an die Lehne des Sofas zurückfallen. »Und jetzt?«

»Wir warten auf Papa.«

»Und wenn der auch nichts erreicht?«

Die Mutter schluckte. »Ich hoffe, er bringt etwas in Erfahrung. Vielleicht kann er ja noch zu Frau Dauer fahren. Es ist ja noch nicht ganz so spät.« Sie starrte auf den Fußboden. Dann schüttelte sie leise den Kopf. Plötzlich fiel ihr Blick wieder auf Uli. »Du musst jetzt ins Bett.«

»Aber das geht doch nicht! Du glaubst doch nicht, dass ich jetzt schlafen kann.«

»Du solltest es versuchen. Ab, ins Bett.«

Der Vater kehrte gegen neun heim. Schon beim Rasseln der Schlüssel vor der Tür sprang die Mutter auf und lief in den Flur. Auch Uli kam hinterhergelaufen. Aber schon am Blick des Vaters erkannten beide, dass er nichts erreicht hatte.

»Und jetzt?« Der Junge war in heller Aufregung: »Wir müssen zu Frau Dauer gehen. Wir müssen den Weg ablaufen, den Claudia gegangen ist. Vielleicht finden wir etwas. Los, Mama! Es ist noch hell draußen. Wir gehen sie suchen!« Er wartete nur auf eine Regung, um in seine Sachen zu springen.

»Uli, das ist kein Räuber-und-Gendarm-Spiel«, mahnte der Vater.

»Aber er hat recht!«, warf die Mutter ein. »Ich setze mich nicht aufs Sofa und warte. Ich kann keine Minute ruhigbleiben.«

Der Vater nickte und gab sich geschlagen. »Du gehst mit Uli den Weg durch den Park zum Freibad. Vielleicht fällt euch etwas auf. Ich gehe zu Frau Dauer. Um zehn sind wir alle wieder da. Irgendwo muss sie doch stecken!«

Halb elf, es war inzwischen dunkel, kamen die Mutter und der Junge zurück. Beide niedergeschlagen. Sie setzten sich schweigend ins Wohnzimmer. Endlich klimperte wieder ein Schlüsselbund vor der Tür. Aber als der Vater in der Tür stand, hob er nur hilflos die Schultern. In der Hand hatte er eine Sporttasche. »Frau Dauer ließ mich gleich rein. Sie dachte, ich käme, um die Schwimmsachen abzuholen.« Er legte die Tasche auf einen Hocker neben der Tür. »Claudia hat noch kurz mit einem Jungen aus ihrer Schule geschwatzt. Dabei hat sie die Tasche liegen lassen. Und dann ist sie los. Alleine, wie immer.«

Die Mutter stand auf, nahm die Tasche an sich und strich gedankenversunken darüber.

»Sollten wir nicht die Polizei rufen?«, quakte der Junge dazwischen. »In solchen Fällen ruft man doch die Polizei, oder?«

Aber der Vater schüttelte den Kopf. »Dafür ist es zu früh. Glaubst du, da bewegt sich einer, nur weil unsere Tochter drei Stunden über die Zeit ist?«

Noch immer strich die Mutter über die Tasche. Dann stand sie entschlossen auf. »Ja!«

Vater und Sohn sahen sie an. »Was, ›Ja‹?«

»Ja. Ich glaube, dass sich da jemand bewegt. Meine Tochter sollte um sieben zu Hause sein. Jetzt ist es fast elf. Sie ist dreizehn! Verdammt noch mal. Da hat sich jemand zu bewegen!« Sie sah ihren Mann herausfordernd an. »Kommst du mit?«

Nun war auch der Vater aufgestanden. »Aber dann musst du nicht zur Polizei laufen. Wir rufen von oben bei Neumanns aus an.«

»Um diese Uhrzeit! Vielleicht schlafen die schon.«

»Na und? Sie haben das einzige Telefon in der Nähe, und wir haben einen Notfall.«

Als die Eltern die Treppe wieder herunterkamen, zitterten der Frau die Knie. Der Mann am Telefon war sehr freundlich gewesen. Aber er hatte um Geduld gebeten, weil er gerade allein in der Dienststelle war. Sobald seine Kollegen von der Streife zurück seien, würden sie bei Familie Seifert vorbeikommen. Das Warten begann …

*

»Untersuchung einer Vermisstensache in W., Harz. Alle Mitglieder der Mordkommission Halle haben sich unverzüglich dorthin zu begeben.« Die Dienstanweisung vom Ministerium des Innern war unmissverständlich. Es war Mitte August 1974. Dem MdI oblag es in der DDR, die Ursachen und Umstände von vermissten Kindern und Jugendlichen vorrangig zu untersuchen.

In den Räumlichkeiten der Stadtverwaltung bezogen wir drei Zimmer. Die Stadtangestellten mussten für die Zeit unserer Suche in anderen Zimmern zusammenrücken. Schnell hatte sich herumgesprochen, weshalb mehrere Kriminalisten im Hause waren. Alle wollten uns bei der Suche nach dem Mädchen unterstützen. So erhielten wir gleich am Tag unserer Anreise von den Mitarbeitern des Rates der Stadt erste Informationen zu der Familie. Der Vater arbeitete als Maschinenschlosser, die Mutter war Krankenschwester und daher recht bekannt in der Kleinstadt. Einige kannten auch das Mädchen von Auftritten der ortsansässigen Musikschule.

Unsere Ermittlungen begannen, wie in solchen Fällen üblich, mit dem persönlichen Umfeld der Vermissten. Wir sprachen mit der Familie. Beide Eltern machten den vernünftigen Eindruck, den man ihnen bereits durch die Stadtverwaltung bescheinigt hatte. Anschließend führten wir ein Gespräch mit der Schulleitung. Zum einen sollte sie uns die Persönlichkeit der Vermissten beschreiben. Zum anderen gab es vielleicht einen verhaltensauffälligen Schüler, den man mit dem Verschwinden in Verbindung bringen konnte. Die Schulleitung wiederum stellte einen Kontakt mit der Klassenlehrerin der Vermissten her. Frau Schneider beschrieb Claudia als impulsives Mädchen. Es gab Stunden, in denen sie fleißig und diszipliniert arbeitete. Ging ihr aber etwas gegen den Strich oder sprach sie etwas besonders an, dann reagierte sie sofort und sehr heftig. Alles in allem war sie eine mittelmäßige bis gute Schülerin. Durch den Flötenunterricht hatte sie öfter die Möglichkeit aufzutreten. Bei diesen Gelegenheiten zeigte sich, dass sie Gefallen daran fand, im Rampenlicht zu stehen.

Bestand die Möglichkeit, dass Claudia durch Ausreißen die Aufmerksamkeit auf sich lenken wollte? Eigentlich glaubte ich das nicht.

Da noch Ferien waren, konnten wir uns nicht einfach vor die versammelte Klasse stellen und diese nach Eindrücken oder Erlebnissen fragen, die uns vielleicht weiterhelfen konnten. Daher suchten wir die Klassenkameraden einzeln zu Hause auf. Claudia Seifert war bei den meisten beliebt. Einige hielten Abstand zu ihr, weil ihnen ihre sprunghafte Art nicht gefiel. Ihre engen Freundinnen zeigten sich alle sehr betroffen. Für sie war die Vermisste ein Mädchen mit Courage, das auch bei Gegenwind seine Meinung sagte und vertrat. Anne, die von den Mitschülern als enge Freundin angesehen wurde, sagte, Claudia sei für die anderen da, wenn jemand Hilfe brauchte.

Wir fragten, ob Claudia vielleicht einen Freund habe, ob sie in letzter Zeit mit Fremden gesehen worden sei oder ob sie irgendetwas geäußert habe, das sich, von dem jetzigen Stand der Dinge aus betrachtet, als bedeutsam erweisen könnte. Aus all diesen Gesprächen ergaben sich keinerlei Hinweise. Claudia hatte keinen Freund, und alles war wie immer gewesen. Das Einzige, was wir erreicht hatten, war, dass nun alle Bescheid wussten.

Die Mutter war seit zwei Tagen nicht zur Arbeit gegangen. Sie hatte sich krank gemeldet und die Wohnung nicht verlassen. Es hatte sich inzwischen herumgesprochen, weshalb sie zu Hause blieb. Und seit dem Vortag war es überall zu lesen: In der Tageszeitung, in verschiedenen Aushängen der Stadt, sogar im Schaukasten der Gartensparte hing einer der mit Ormig abgezogenen Zettel: »Die Polizei bittet um Mithilfe. Gesucht wird Claudia Seifert. Dreizehn Jahre. Etwa 1,40 groß, lange blonde Haare, graue Augen, schlanke Gestalt. Vermisst seit Donnerstag, 15. August 1974. Am Tag ihres Verschwindens trug sie ein rosafarbenes Kleid und weiße Sandaletten. Für sachgerechte Hinweise melden Sie sich bitte im Rat der Stadt.«

Von diesem Aushang hatte Frau Seifert jedoch keine Ahnung. Sie wusste auch nichts von den beiden Polizisten, die am Ausgang des Schlossparks standen und alle ein- und ausgehenden Personen nach dem Mädchen befragten. Sie wusste nur eines: Seit zwei Tagen war ihre Tochter verschwunden. Sie musste sich beherrschen, nicht ständig in Claudias Zimmer zu gehen, sich nicht auf ihr Bett zu setzen und dort einfach zu bleiben. Der Haushalt funktionierte einfach irgendwie weiter. Sie war morgens aufgestanden, hatte für die Familie das Frühstück gemacht und ihren Mann verabschiedet. Uli wurde erst einmal zur Oma geschickt. ›Wie ein Automat‹, hatte sie zuerst gedacht. Dann hatte sie aufgehört zu denken. Aufgehört normal zu denken. Im Moment kreisten alle Gedanken in ihrem Kopf um Claudia. Was waren ihre letzten Worte gewesen, vorgestern Morgen, als sie wie immer zur Arbeit ging? »Tschüss, mein Schatz, bis heute Abend.« Oder war es: »Mach dir einen schönen Tag«? Hatte sie ihrer Tochter gute Worte mitgegeben für diesen Tag, oder waren es Ermahnungen gewesen? »Vergiss nicht wieder, abzuwaschen!«, »Räum deine Hausschuhe in den Schrank!« »Trödel nicht, wenn du vom Schwimmbad kommst!« Da waren sie heraus, die Worte: »Wenn du vom Schwimmbad kommst …« Sie war aber nicht vom Schwimmbad nach Hause gekommen. Sie war überhaupt nicht wiedergekommen! Und dann brachen die Tränen aus ihr heraus.

Als wir die Auftragserteilung erhielten, war das Mädchen bereits über 24 Stunden verschwunden. Es gab nichts, was zum Auffinden des Kindes hätte beitragen können. Die Eltern wussten lediglich, dass ihre Tochter um 14 Uhr ins Schwimmbad gegangen war. Normalerweise nahm sie dann den Weg durch den Park zurück nach Hause. Durch die im Park postierten Polizisten hatten wir die Personenbewegungen zum Zeitpunkt des Verschwindens rekonstruieren können. Ein Paar gab an, der Vermissten kurz vor dem Eingang begegnet zu sein. Während sie den Park betraten, verließ die später Vermisste ihn gerade. Es gab keine Zweifel daran, dass es sich um Claudia Seifert handelte, weil die Eheleute das Mädchen aus der Nachbarschaft kannten. Zeitlich passte ihre Aussage genau in den vorgefügten Rahmen.

Die Aussage eines weiteren Zeugen stellte sich als eine erfolgversprechende Spur heraus: »Gegen 14.15 Uhr habe ich Herrn Krause gesehen. Ich kenne ihn vom Sport. Er wohnt in der Guts-Muthsstraße. Das ist vom Park nur um die Ecke. Er lief unweit des Hauptweges auf einer Abkürzung zum Rosengarten. Auf diesem Trampelpfad habe ich ein blondes Mädchen gesehen. Es trug ein buntes Kleid und weiße Sandaletten. Ich schätze, das Mädchen war so dreizehn oder vierzehn.« Kein Zweifel: Das war die Vermisste. Nach knapp einem Tag Ermittlung ein Lichtblick? Der vom Parkbesucher genannte Mann wurde schnell ausfindig gemacht. Gegen ihn hatte strafrechtlich noch nie etwas vorgelegen. Aber das hatte nichts zu sagen. Er war verheiratet, die Ehe jedoch kinderlos. Deutete dieser Fakt darauf hin, dass sich der Mann für junge Mädchen interessierte? Kein wirkliches Indiz, aber wir beschlossen, weitere Auskünfte über den Mann einzuholen. Ich setzte »Bond« auf ihn an.

Bond war einer der involvierten Kriminalisten. Er wohnte im Harz und war daher in diesem Gebiet ständig in der Kriminalitätsaufklärung tätig. Da er als Handballschiedsrichter viel unterwegs war, waren ihm die gastronomischen Einrichtungen der Region vertraut. Durch seine sportlichen Aktivitäten kannte er auch Herrn Krause.

Bond arbeitete schnell und effizient. Bereits am Abend war aus dem Ansatzpunkt eine heiße Spur geworden. Der Kriminalist hatte herausgefunden, dass Herr Krause am Tag des Verschwindens von Claudia für 14.30 Uhr einen Termin in einer städtischen Arztpraxis gehabt hatte. Nur war er dort nicht erschienen, hatte den Termin auch nicht abgesagt. Was war so wichtig gewesen, dass er die Praxis nicht aufsuchte? Wo hatte er sich aufgehalten? Dass er eine Viertelstunde zuvor im gleichen Park wie Claudia gewesen war, lag als Zeugenaussage vor.

Ein Gespräch mit dem Mann hatte nun Priorität. Ich überließ es Bond, wie er den »Hausbesuch« gestalten wollte. Für den folgenden Morgen erwartete ich seinen Bericht.

»Da mich Krause kannte, ließ er mich gleich rein und setzte sich mit mir in die Stube. Ich plauderte erst ein wenig von den sportlichen Ereignissen der letzten Zeit. Bald aber wurde Krause ernst und fragte mich, ob mein Besuch nicht doch einen dienstlichen Hintergrund habe. Dabei wirkte er kein bisschen nervös. Ich befragte ihn also zu dem Tag des Verschwindens, sprach ihn auch auf die Szene im Park an. Natürlich sei er durch den Park gegangen. Er sei auf dem Weg zum Arzt gewesen. An das Mädchen im Park wollte er sich nicht erinnern. Er habe unterwegs einen Kumpel getroffen und spontan beschlossen, seinen Termin beim Arzt sausen zu lassen, um seinen Kumpel namens Sommerfeld in dessen Garten zu begleiten. Denn dort gab es Kaffee, Kuchen und ein Schnäpschen. Gegen 16.30 Uhr hat unser Mann dann den Besuch beendet und ist nach Hause zurückgekehrt.«

»Verdammt!«, schimpfte ich. »Die Spur war gut. Glaubst du ihm dieses Alibi bei dem Sommerfeld?«

»Brauche ich nicht zu glauben! Ich habe es schon überprüft. Sommerfeld bestätigt alles. Da kann man im Moment nichts machen.«

»Wie glaubwürdig ist Sommerfeld? Würde er seinem Kumpel ein falsches Alibi geben?«

Bond schüttelte den Kopf. »Das wiederum glaube ich wirklich nicht. So eng sind die beiden nicht.«

Unsere einzige verwertbare Spur hatte sich aufgelöst.

»Willst du nicht schlafen kommen? Du hast morgen Frühschicht!« Der Vater saß im Schlafanzug auf dem Bett und sah durch die offene Tür ins Wohnzimmer hinüber. Die Frau lag auf dem Sofa und starrte auf den Fernseher. »Du hast recht. Ich komme gleich. Ich gehe nur noch mal kurz zu Uli.« Der Mann wusste genau, dass sie nicht zu ihrem Sohn, sondern ins Zimmer von Claudia gehen würde. Sie machte das jetzt jeden Abend. Seit die Tochter verschwunden war, lebte die Familie im Ausnahmezustand. Rita nahm Schlaftabletten, um überhaupt zur Ruhe zu kommen. Martin verkroch sich in seine Arbeit und zögerte sein Heimkommen täglich weiter hinaus, als fürchte er sich davor, die Wohnung zu betreten. Uli, der Sohn, wollte wie ein Vierjähriger bei allem unterstützt und begleitet werden. Er suchte die Nähe zu seiner Mutter, die so mit sich selbst und ihrer Unruhe zu tun hatte, dass sie seine Annäherungsversuche nicht einmal bemerkte. Die ersten zwei Wochen waren die Hölle gewesen. Zuerst waren vereinzelt Claudias Klassenkameradinnen und Freundinnen gekommen. Sie waren neugierig, einige boten auch ihre Hilfe an.

Sobald die Seiferts die Wohnung verließen, begegneten ihnen mitleidige Blicke: die der Nachbarn, in der Kaufhalle die von Bekannten. Alle wussten es, und keiner konnte damit umgehen. Als die Sommerferien endlich vorbei waren, wirkte der veränderte Rhythmus heilend auf alle. Uli musste morgens versorgt und in die Schule geschickt werden. Nachmittags hatte er Hausaufgaben zu erledigen und musste zum Fußball gebracht werden. Diese alltäglichen Tätigkeiten lenkten von den Bildern ab, die in den Köpfen beider entstanden. Sie lenkten auch von der Angst ab, dass eines Tages die Polizei vor der Tür stehen und ihnen die schreckliche Nachricht bringen könnte. Aber die Polizei tappte im Dunkeln.

*

Es war schon Mitte September, und wir hatten keinen Hinweis auf den Verbleib der Vermissten. Uns allen war jetzt klar: Lebend finden wir dieses Mädchen nicht mehr. Wenn wir nun davon ausgingen, eine Tote zu suchen, konnte uns vielleicht die Hundestaffel helfen. Also nahm ich Kontakt zu meinen Vorgesetzten auf und bat um den Einsatz der Hundemeute von der Hundeschule der Deutschen Volkspolizei in Pretzsch, Kreis Wittenberg. Die Dienstleitung segnete diesen Vorschlag ab. Eine Woche später hatten wir die Leichensuchhunde da. Sie sollten das Waldgebiet absuchen, das sich um die Kleinstadt W. ausbreitet. Zur Unterstützung bezogen wir den ortsansässigen Forstbetrieb mit ein. Ich hatte mir bei der Stadtverwaltung Kartenmaterial besorgt.

Gemeinsam mit den Hundeführern und dem zuständigen Förster planten wir die Suchabschnitte. Es handelte sich immerhin um ein zehn Hektar großes Gebiet, das die Mannschaft zu durchkämmen hatte. Vor Ort wurden mit den Karten Areale festgesteckt, sogenannte Jagen. Der Förster informierte uns, worauf man besonders zu achten hatte, warnte vor Steilhängen und Schluchten, die zu einer Gefahr werden konnten. Polizisten und Hundeführer waren in diesen Abschnitten gemeinsam unterwegs. Sie bewegten sich in relativ großen Abständen und blieben zeitweise nur akustisch in Kontakt. Als wir am Abend des ersten Tages Jagen fünf beendeten, waren wir bereits ernüchtert. Aber immerhin blieb die Hundestaffel noch den nächsten Tag, und wir konnten noch die restlichen Jagen durchsuchen.

Als gegen 17 Uhr am folgenden Tag ein Hund verbellte, war die Hoffnung groß. Sofort liefen einige Polizisten mit Klappspaten herbei und suchten an der von dem Hund angegebenen Stelle genauer. Sie fanden unter Laub des letzten Jahres und Reisig tatsächlich einen Schädel. Aber es war nicht der eines Menschen, sondern der eines Wildschweinfrischlings.

Auf diese Weise wurde in zwei Tagen der gesamte Wald abgesucht. War es möglich, dass die Hunde etwas übersehen hatten? Würde eine weitere Suche irgendeinen Hinweis erbringen? Die Aussicht war zu vage, um ernsthaft daran festzuhalten. Mit leeren Händen mussten wir auch diese Spur aufgeben.

*

»Hat die Polizei etwas gefunden?«, fragte die Großmutter und legte besorgt ihren Arm um die Schwiegertochter. Die Frau sah blass und krank aus. Ohne die Ältere anzusehen, antwortete sie: »Nein, nicht den kleinsten Hinweis.« Es entstand eine Pause. »Sie haben mit Hunden den Wald durchsucht. Frau Neumann aus dem dritten Stock hat gesagt, das machen sie nur, wenn sie … wenn sie …« Die Frau würgte die nächsten Worte heraus: »… wenn sie nach Toten suchen.«

Dann wurde sie von einem fürchterlichen Krampf geschüttelt. Es kamen aber keine Tränen mehr. Die Großmutter war ratlos. Was sollte sie darauf sagen? Schließlich schluchzte die Jüngere auf. »Martin und ich, wir haben so etwas auch schon gedacht.« Sie suchte verzweifelt nach einem Taschentuch, schneuzte sich und brachte dann hervor: »Ich meine, es ist jetzt fünf Wochen her. Fünf Wochen! Martin sagt, wir müssen uns damit abfinden. Aber ich kann das nicht. Vielleicht wird sie irgendwo festgehalten? Vielleicht hat sie irgendjemand mitgenommen? Oder sie ist weggelaufen. Vielleicht ist sie in einer großen Stadt. Es besteht doch immerhin die Möglichkeit. Ich stelle mir immer vor, sie ist in Dresden oder Berlin. Und eines Tages schreibt sie mir eine Karte.«

Die Großmutter strich der Frau über den Rücken. Sollte sie Rita ernüchtern? Sollte sie ihr diese Flucht in eine letzte Möglichkeit nehmen, nur weil sie selbst nicht mehr daran glaubte?

»Wir waren mal mit Claudia in Dresden auf dem Weihnachtsmarkt. Weißt du noch? Das muss vor drei Jahren gewesen sein.«

Die Mutter rang sich ein schwaches Lächeln ab. »Ja, ich weiß. Sie hat uns seither jeden November gelöchert, dass wir da wieder hinfahren sollen.«

»Wo bleibt eigentlich Martin?« Die junge Frau schneuzte sich noch einmal. »Er kommt jeden Tag später nach Hause. Ich weiß nicht, wo er bleibt. Ich weiß nur, dass ich hier alleine bin. Ich kann auch nicht einfach flüchten. Da ist der Haushalt, der Einkauf …«

Die Alte setzte sich ihrer Schwiegertochter gegenüber. »Ich werde mal mit ihm reden. Immerhin habt ihr den Uli. Uli braucht euch im Moment mehr als alles sonst. Ihr müsst für ihn da sein. Und es nützt ihm nichts, eine verheulte Mutter vorzufinden und keinen Vater mehr.«

»Du hast recht.« Die Jüngere raffte sich auf. »Ich geh dann erst mal abwaschen. Wollen wir noch schnell was für den Abend machen?«

Die Großmutter lächelte. »Wie wäre es mit Kartoffelsalat?«

»Kartoffelsalat?«

»Ja, warum nicht?«

Als Martin gegen sechs nach Hause kam, war seine Mutter noch da. »Oh. Du hier? Was gibt's zu essen?«, fragte er mürrisch.

»Wir haben Kartoffelsalat und Würstchen«, antwortete seine Frau hoffnungsvoll.

»Kartoffelsalat? Den gibt's doch nur an Feiertagen! Für euch ist wohl heute einer?« Er drehte sich um, verschwand im Bad und knallte die Tür hinter sich zu.

Inzwischen war es Herbst geworden. Mitte Oktober nahmen wir einen nächsten Anlauf. Es ist immer eine schwere Entscheidung, ohne triftigen Grund die Familienverhältnisse von Personen zu untersuchen, die gerade ein Familienmitglied betrauern. Dennoch wagten wir es, unsere Bitte an die Eltern heranzutragen. Vielleicht hatte der achtjährige Bruder Informationen, die die Schwester nur ihm anvertraut hatte. Nach diesen Geheimnissen wollten wir im nächsten Schritt forschen. Mit Einwilligung der Eltern ließen wir Uli durch eine Psychologin befragen. Das Gespräch sollte in einem vertrauten, angenehmen Ambiente stattfinden. Die Psychologin schlug die elterliche Wohnung vor. Es fällt Kindern leichter, sich in einer vertrauten Umgebung einem Fremden anzuvertrauen.

Die Psychologin begann das Gespräch mit Fragen nach dem Verhältnis der Geschwister zueinander. Uli erzählte frei und offen, dass er seine Schwester sehr lieb habe. Manchmal war er zwar etwas entrüstet über einige Privilegien, die sie ihm gegenüber durch den Altersunterschied genoss. Andererseits profitierte er von seiner großen Schwester. Uli erzählte von einer Situation, als sich ein Junge der vierten Klasse mit ihm angelegt hatte. Über mehrere Tage sei ihm Moritz immer wieder in den Weg getreten und habe ihn in den Bauch geboxt und an den Haaren gezogen. Eines Tages sei seine Schwester zu einer solchen Szene hinzugekommen und habe dem Moritz mehrere Ohrfeigen gegeben. Seit diesem Tag lasse Moritz ihn in Ruhe. Natürlich hatten sie sich auch gestritten. Das letzte Mal war es um seine Buntstifte gegangen. Weil Claudia ihre nicht mehr fand, hatte sie ohne zu fragen seine genommen. Er durfte ihre Sachen ja auch nicht ohne ihre Erlaubnis anrühren. Sie hatten einander angebrüllt, und Claudia war einen halben Tag lang beleidigt gewesen. »Das waren doch nur blöde Buntstifte!«, sagte Uli jetzt etwas mitgenommen. »Wenn sie wiederkommt, schenke ich sie ihr.«

Ob sie ihn oft mitnehme, wenn sie sich mit ihren Freunden treffe, wollte die Psychologin wissen. Aber das verneinte der Junge. Einige Male hatte die Mutter darauf bestanden. Aber das hatte dann zu Streit unter den Freundinnen geführt. Und am Ende hatte sie ihn nur noch mitgeschleift, ohne ihn zu beachten. Das hatte ihm nicht gefallen, so dass er protestierte, wenn die Mutter ihn wieder mitschicken wollte. Natürlich kannte er all ihre Freundinnen. Oft genug hatten sie ihn zum Briefchenkurier gemacht, wenn sie einander eine Nachricht zukommen lassen wollten. Uli nannte auch die Namen der Mädchen, aber es war keines darunter, das die Polizei nicht schon befragt hatte.

Nun fragte die Psychologin genauer nach. »Einen Jungen hat deine Schwester wohl nicht erwähnt?« Uli schüttelte den Kopf. »Hat deine Schwester vielleicht einen Fremden erwähnt, der ihr in letzter Zeit häufiger über den Weg gelaufen ist?«

Der Bruder dachte angestrengt nach. Nach einiger Zeit schüttelte er wieder den Kopf. Nein, kein Fremder.

Zuletzt blieb noch das familiäre Umfeld. Die Psychologin ließ sie sich erzählen, wer alles zur Familie gehöre, wer sie oft besuche. Wichtig waren dem Jungen die Großeltern. Wenn seine Eltern einmal keine Zeit hatten oder einen freien Abend wollten, gingen er und seine Schwester zu Oma und Opa. Die Großeltern mütterlicherseits besuchten sie beinahe jedes Wochenende. Als nächstes erwähnte er Onkel Erich, der mit seiner Frau, Tante Christa, in einem nahegelegenen Ort wohnte. Der Onkel kam oft zu Besuch und brachte dann den Kindern etwas mit: Süßes oder Kleinigkeiten. Meist interessierte er sich aber weniger für Uli. Immer fragte er zuerst Claudia, wie es in der Schule liefe und all solche Sachen. Auch die Geschenke, die er von ihm erhielt, schienen eher für sie gedacht zu sein. Es war nicht so, dass er Onkel Erich nicht mochte, aber er fühlte deutlich, dass dieser die Schwester vorzog. Einmal hatte Uli seiner Mutter von diesem Gefühl erzählt. Sie hatte ihm geantwortet, dass ihr das auch aufgefallen sei. Das läge aber daran, dass Onkel Erich selbst zwei Söhne habe und sich immer ein Mädchen gewünscht hatte. Die Psychologin hatte ihre Fragen abgeschlossen und wollte schon das Gespräch beenden, als Uli noch etwas einfiel. »Einmal, da bin ich schon kurz nach Mittag nach Hause gekommen. Mama und Papa waren auf Arbeit, aber Claudia war zu Hause. Und Onkel Erich. Sie waren beide in Claudias Zimmer. Vielleicht hatten sie mich nicht gehört. Ich nehme an, Claudia wollte ihm etwas zeigen.«

Die Psychologin wusste nicht, warum ihr der Junge das jetzt erzählte, wartete aber ab, worauf diese Bemerkung hinauslaufen würde. »Und, naja, ich weiß nicht, ob ich das erzählen soll.«

»Hab nur keine Angst. Was hast du gesehen?« Der Junge druckste noch etwas herum, dann sagte er: »Also Claudia lag auf dem Bett und Onkel Erich stand davor und …«, wieder machte Uli eine Pause. Die Psychologin sah ihn aufmunternd an. »Und … seine Hose stand offen. Ich meine, sein Hosenstall war nicht zu.«

Froh, dass es heraus war, schwieg Uli und wartete auf die Reaktion, die seine Aussage bei der Frau gegenüber auslösen würde.

Sie lächelte ihn an. »Habt ihr darüber gesprochen? Ich meine, du und Claudia?«

Der Bruder schüttelte den Kopf. »Wir haben das nie wieder erwähnt.«

»Was hat dein Onkel gemacht, als du ihn so gesehen hast?«

Uli zuckte mit den Schultern. »Nichts. Er hat den Hosenstall hochgezogen und ist gegangen.«

Das waren für uns völlig verblüffende Neuigkeiten. Wir würden uns Onkel Erich genauer ansehen. Würde sich die häufig auftretende Konstellation, dass der Täter im persönlichen Umfeld des Opfers zu suchen war, bestätigen? Wir begannen mit der Personenaufklärung von Erich Senftleben. Es gab keinerlei Hinweis darauf, dass er sexuelle Neigungen zu Kindern hatte. Auch eine besonders intensive Beziehung zu der Vermissten ließ sich nicht nachweisen. Uns blieb nichts anderes übrig, als den Mann direkt zu befragen. Da ich mich gerade in die Auswertung der Suchergebnisse im Wald vertiefte, wurde entschieden, den Onkel nicht zu Hause aufzusuchen, sondern ihn in die Dienststelle zu laden.

Mein Kollege Peter erhielt den Auftrag, Erich Senftleben diese Mitteilung zukommen zu lassen. Ich weiß heute nicht mehr, was meinen Kollegen abgehalten hat, sie persönlich zu überbringen. Fakt ist, dass er diese Aufgabe an den Abschnittbevollmächtigten weitergab. Ein ABV war ein Mitarbeiter der Deutschen Volkspolizei, der in seinem Wohngebiet für Recht und Ordnung zuständig war. Peter muss dem ABV gegenüber eine dumme Bemerkung fallen gelassen haben, vielleicht hatte er durchblicken lassen, warum Erich Senftleben geladen wurde, oder Andeutungen über unsere Vermutung gemacht haben, dass wir es im Fall Claudia mit sexuellem Missbrauch zu tun hatten.

Unsere Befragung zur »Klärung eines Sachverhaltes« sollte am nächsten Montag stattfinden. Wir alle erhofften uns von diesem Gespräch einen Ansatzpunkt zur Aufklärung des Falles. Also warteten wir mit Ungeduld und Zweifeln auf den Mann. Sicher würde er zunächst alles leugnen. Das war meine Erfahrung aus solcherlei Vernehmungen. Wahrscheinlich würde er es als eine harmlose Begegnung beschönigen. Sicher war, dass wir aus ihm herausbekommen mussten, was aus Claudia geworden war. Noch am Sonntag hatten wir uns über die Vernehmungsstrategie verständigt. Zuerst den Verdächtigen etwas anfüttern und dann, wenn er Vertrauen gefasst hatte, zuschlagen. »Zuckerbrot und Peitsche« hieß das im Vernehmerjargon. Ab und an gingen wir die Gespräche auch zu zweit an. Das Spiel mit dem »guten« und dem »bösen« Bullen funktionierte auch in der DDR. Ich schlug vor, erst einmal Verständnis zu signalisieren und die Aussage des Kindes als harmloses Missverständnis aufzufassen. Ergaben sich dann Ansatzpunkte, konnte man ohne weiteres tiefer bohren. Der Montag würde es zeigen.

Am Montag wartete der Kriminalist auf den Vorgeladenen gute zwei Stunden. Gerade wollte er sich ins Auto schwingen, als uns die Nachricht erreichte: Die Ehefrau hatte Erich Senftleben vor einer Stunde gefunden: Er hatte sich auf dem Dachboden erhängt!

Wir alle waren wie vom Schlag getroffen. Das hatte keiner erwartet. Aber was bedeutete der Freitod des Onkels? War es ein Schuldeingeständnis?

Wir luden den ABV vor und befragten ihn. Auch er war sichtlich betroffen, fühlte sich nicht ganz unschuldig an dem Suizid. Und das war er in der Tat nicht! Er gab zu, dem Onkel bei der Vorladung gesagt zu haben, dass er wegen Claudia und ihrem Verschwinden vorgeladen werde. Ich ärgerte mich über so viel Inkompetenz. Wie konnte er so blauäugig sein und nicht sehen, dass diese Äußerung unbedingt eine Reaktion verlangte? Genauso gut hätte Erich Senftleben die Flucht ergreifen oder – falls er gefährlich war – einer anderen Person Schaden zufügen können! Wir konnten das alles nicht ungeschehen machen.

In seinem Abschiedsbrief beteuerte Erich S., dass er völlig zu Unrecht verdächtigt wurde. Er gab als Begründung für seinen Freitod an, dass der Verdacht von Kindesmissbrauch ihn sein Leben lang belasten würde. Ein solches Gerücht, einmal in die Welt gesetzt, würde nie vergessen werden. Er wollte lieber sterben, als lebenslang die Zweifel seiner Mitmenschen ertragen zu müssen.

*

Claudia blieb verschwunden. Es war uns in vier Monaten nicht gelungen, auch nur einen Ansatzpunkt zu finden, um diesen Fall zu lösen. Inzwischen war es Dezember, der 6., Nikolaus. Kurz vor Mittag trat Peter, der Kriminalist, der den ABV geschickt hatte, zu mir ins Zimmer. »Du bist ja doch hier?«, wunderte er sich. »Die Zentrale der Stadtverwaltung hat ein Telefonat aus Halle auf meinen Apparat gelegt, weil du angeblich nicht abnimmst.« Er sah mich fragend an. Ich zuckte die Schultern. Die Wahrheit war, dass ich gerade erst in mein Büro zurückgekehrt war. Ich war in der Stadt gewesen, um meinem vier Wochen alten Sohn ein Nikolausgeschenk zu kaufen. Ich hatte vorgehabt, an diesem Abend nach Hause zu fahren. Aber wie es jetzt aussah, würde ich es ihm wohl nicht bringen können.

»Ich rufe gleich zurück. Weißt du, worum es geht?«

»Wollten sie mir nicht sagen.« Peter zuckte die Achseln.

Ich rief unseren Dezernatsleiter zurück. Er verfügte, dass wir die Suche nach der Vermissten beendeten. Nur die örtlichen Kräfte sollten an dem Fall weiterarbeiten. Für uns hatte er etwas anderes: Der Grund für unseren Rückzug aus dem Harz war ein Einsatzbefehl der Hauptabteilung Kriminalpolizei des Ministeriums des Innern Berlin, der die gesamte MUK, das heißt den Leiter, den Kriminaltechniker Johannes, Peter, Günther und mich, erneut in den Bezirk Potsdam führte. In einem großen Stahl- und Walzwerk war in der Nacht vom 5. auf den 6. Dezember ein Pförtner umgebracht worden.

Ich packte also meine sieben Sachen und fuhr nach Hause, nur um erneut frische Wäsche einzupacken. Thiemo, meinen jüngsten von vier Söhnen, traf ich tatsächlich nur schlafend an. Ich legte ihm das kleine Plüschbärchen auf sein Bett …

Bereits am nächsten Morgen bearbeiteten wir den neuen Fall. Im Betriebsschutzamt des Walzwerkes – einer Unterabteilung der Volkspolizei – wurden wir eingewiesen. Vorab und fast entschuldigend sagte der Leiter der Mordkommission Potsdam: »Wir sind auf Hilfe angewiesen und haben daher beim MdI in Berlin um Unterstützung gebeten. Ihr kennt euch ja in unserem Bezirk schon aus. Ich denke, Berlin hat eine gute Wahl getroffen.«

Peter, der neben mir saß, stieß mich an und flüsterte: »Hoffentlich hat er da recht.«

Im Schulungs- und Beratungsraum des Betriebsschutzes erfuhren wir, dass in der vorletzten Nacht ein Pförtner tot aufgefunden worden war. Der Mann hatte von 22 Uhr bis 6 Uhr morgens an einer Fußgängerpforte des Betriebes allein seinen Dienst versehen. Seine Aufgabe bestand darin, alle Personen zu überprüfen, die den Betrieb betraten oder verließen. Personen ohne Betriebsausweis oder Werksangehörige unter Alkoholeinfluss durfte er nicht einlassen. Um 5.45 Uhr hatte der Schichtwechsel den Fünfundfünfzigjährigen neben dem Pförtnerhäuschen gefunden.

Die Kriminaltechnik hatte den Tatort bereits untersucht und festgestellt, dass zwischen dem Opfer und einem oder mehreren Tätern ein Kampf direkt vor dem Pförtnerhäuschen stattgefunden hatte. Der Fußweg, auf dem die Leiche entdeckt worden war, war offensichtlich auch der Tatort. Auch über das Tatwerkzeug bestand kein Zweifel. In Kopfhöhe neben dem Opfer wurde ein größerer, blutverschmierter Stein gefunden, der vorher offensichtlich Teil einer Rabatte war, die sich neben dem Weg zum Pförtnerhäuschen befand. Am Opfer wurden großflächige Schädelzertrümmerungen festgestellt, die eindeutig mit dem Stein in Verbindung zu bringen waren. Bis zu unserer Ankunft gab es keine Hinweise oder Zeugenaussagen zum Tatgeschehen. Ein Raubmord schied aus, weil alle persönlichen Dinge wie Geldbörse, Personalausweis und Armbanduhr beim Opfer verblieben waren.

Anschließend wurde uns das Walzwerk erklärt. Je länger diese Ausführungen dauerten, desto beklommener fühlte ich mich. Sicher hatten wir den Mörder unter den Werksangehörigen zu suchen. Aber in diesem Betrieb standen mehrere Tausend Menschen in Lohn und Brot. Er war eine Stadt in der Stadt! Nun verstand ich, warum die Kollegen das MdI um Mithilfe gebeten hatten. Uns wurden zwölf Kriminalisten aus Ämtern des Bezirkes Potsdam zugeordnet. Einige der Kollegen kannten wir aus früherer Zusammenarbeit.

Als besonders hilfreich erwies sich ein Mitarbeiter der Revierkriminalstelle des Betriebsschutzamtes. Er hatte sich innerhalb des

Walzwerkes schon mit Gelddiebstählen aus Umkleideräumen bis hin zu tödlichen Betriebsunfällen beschäftigen müssen und konnte viele Details zu den Abläufen im Werk liefern. Unserem MUK-Leiter und mir oblag die Aufgabe, einen Untersuchungs- und Maßnahmeplan zu fertigen, auf dessen Grundlage die Ermittlungen zu erfolgen hatten. Außer uns »Offiziellen« waren noch Kriminalisten der Arbeitsrichtung I und Mitarbeiter des Ministeriums für Staatssicherheit vor Ort. Die Arbeitsrichtung I arbeitete in den Bezirken und den Kreisen der DDR genau wie das MfS mit informellen Mitarbeitern. Letztere durften zwar inoffiziell ermitteln, aber keine offiziellen Zeugenvernehmungen durchführen.

Nach reichlich einer Woche Ermittlungsarbeit hatte ich einen Überblick über die Abläufe am Abend vor der Tat: Die Schichtpläne lagen vor. Aus diesen erfuhren wir, wer wann und wo eingesetzt war, wie viele Personen den Betrieb vor der Tat verlassen hatten und wo jeder Einzelne gearbeitet hatte. Nachdem wir auf diese Weise zu den Namen gekommen waren, begannen wir, den Hintergrund der Personen zu ermitteln. Gab es Vorstrafen, zum Beispiel wegen Körperverletzung? Anschließend befragten wir die Schichtarbeiter und ließen uns ihren Blick auf die Persönlichkeit des Opfers schildern.

Aus diesen Gesprächen kristallisierte sich bald heraus, dass der Pförtner sehr dienstbeflissen gewesen war, kompromisslos gegenüber jedermann und durch nichts von seinen Pflichten abzubringen. Diese Unnachgiebigkeit hatte ihn nicht bei allen Betriebsangehörigen beliebt gemacht. Gab es jemanden, der ihm Übles wollte? Hatte sich bei einem Mitarbeiter ein solcher Hass aufgestaut, dass er schließlich eines Nachts seiner Wut nachgab? Wir ermittelten nach Gewaltbereitschaft unter den Arbeitern. Aber es war schwer, in diese Wand eine Bresche zu schlagen. Nun hielten sie alle zusammen. Offensichtlich vermuteten sie wirklich, dass einer der Ihren in einem Wutausbruch den Pförtner erschlagen hatte. Aber es war in ihren Augen eine Frage der Ehre, diesen Bestimmten – auch wenn seine Identität unbekannt war – zu schützen.

Die Werkspforte, nun Tatort, war die kürzeste Verbindung zwischen dem Betrieb und einer Wohnsiedlung, in der hauptsächlich

Werksangehörige mit ihren Familien lebten. Wir ermittelten alle männlichen Bewohner dieser Siedlung, die im Walzwerk arbeiteten. Anhand der Schichtpläne wurde nun klar, dass keine der erfassten Personen am Morgen des 6. Dezember vorzeitig ihren Arbeitsplatz verlassen hatte. Wenn der Täter nicht im Wohngebiet zu finden war und auch durch die Schichtpläne nicht auffiel, wo sollte man weitersuchen?

Ein guter Ansatzpunkt, um Informationen zu erhalten, ist immer eine Gaststätte. Wir fanden eine solche, die besonders von Betriebsangehörigen besucht wurde, im Kulturhaus des Werkes. Dieses lag dem Tatort gegenüber unweit des Haupteingangs und war durch einen Nebeneingang von der Hauptstraße aus zu erreichen. Die angegliederte Gaststätte war auch für die Öffentlichkeit zugängig und stets gut besucht.

Wir bildeten eine Gruppe, die rund um den Gaststättenkomplex ermitteln sollte. Mein Kollege Peter übernahm deren Leitung. Sie befragten zunächst den Wirt nach den Gästen am Abend des 5. Dezembers. Seine Stube war gut besucht gewesen. Er nannte erste Namen, die meisten waren Werksangehörige. Von einem zum anderen hangelnd, war sich die Ermittlergruppe nach zirka einer Woche sicher, alle Gäste dieses Abends namentlich erfasst zu haben. Besonders an eine Gruppe Jugendliche erinnerten sich auffallend viele Zeugen. Der Wirt hatte sie zu Gaststättenschluss regelrecht hinauswerfen müssen.

Mit unserer Ermittlungsarbeit war der Dezember schon zur Hälfte verstrichen. Ob wir wohl Weihnachten bei unseren Familien sein konnten? Wir rückten unseren Dienstschluss, der sowieso nie vor 21 Uhr lag, noch weiter hinaus.

Bei einem der allabendlichen Rapporte hatte Peter als Leiter des Gaststättenkomplexes eine vielversprechende Spur zu bieten. »Es geht um einen Achtzehnjährigen aus der Werkssiedlung. Zuerst gab es da nur kleine Widersprüche in den Aussagen. Mir kamen schon bei der Vernehmung gewisse Zweifel. Er wollte die Nacht bei einer Freundin verbracht haben. Als ich das Mädchen aber getrennt von ihm befragte, widersprach sie ihm in den Uhrzeiten. Ich bin mir jetzt noch nicht mal sicher, ob der Junge überhaupt im

Elternhaus seiner Freundin übernachtet hat. Ich denke, hier sollten wir ansetzen!«

Als nächstes würden wir das Alibi des Jugendlichen überprüfen. Während ich die Mutter aufsuchte, führte Peter das Gespräch mit der Freundin.

»Wo soll Thomas jewesen sein?«, fragte mich die Mutter mit großen Augen.

»Wir haben die Aussage, dass er bei einer Freundin übernachtet habe.«

»Thomas und eene Freundin? Das wär ja ne schöne Neuigkeit! Und übernachten? Also det stimmt so nicht. In der Nacht vom fünften zum sechsten, haben Se jesagt? Nee, da war der die janze Nacht zu Hause.«

Ich nahm dieses zweite Alibi so hin und wartete auf Peters Ergebnis. Gegen Mittag glichen wir unsere Aussagen ab.

»Du, also bei der Freundin kann der Kerl nicht gewesen sein. Seine Mutter sagt eindeutig, dass er die ganze Nacht zu Hause war.«

»Dann möchte ich nicht wissen, wann bei der die Nacht anfängt. Der war doch bis Mitternacht noch in der Kneipe!«

Ich lachte leise.

»Also die Freundin ist nun plötzlich keine Freundin mehr«, begann Peter.

»Wie das?«

»Sie ist jetzt nur noch eine gute Bekannte. Sie hat angegeben, dass sie nur von ihm nach Hause gebracht worden ist. Wenn du mich fragst, hatte er eindeutige Absichten, aber offensichtlich hat sie ihn abgewimmelt. Irgendwann sei er dann gegangen. Es könnte so gegen 1 Uhr gewesen sein.«

»Das sind ja schöne Neuigkeiten.«

»Ja, und wenn du mir jetzt erzählst, dass die Mutter ihm für die ganze Nacht ein Alibi geben wollte, dann weiß sie ganz genau, dass er erst spät heimgekommen ist. Die versucht ihn zu decken.«
Genau das dachte ich auch.

Schnell analysierten wir, wie sich die Situation nun darstellte. Wie war unser Mann, nachdem er abgeblitzt war, nach Hause gekommen? Wir kamen zu dem Schluss, dass es nur zwei Möglichkeiten gab. Unsere Kronzeugin wohnte in der Nähe des Kulturhauses, unser Verdächtiger in der Werkssiedlung. Das heißt, beide Punkte lagen einander fast gegenüber, und dazwischen das Walzwerk. Auf dem Weg nach Hause musste der Jugendliche praktisch um das halbe Werksgelände herum. Er war zwar nicht betrunken, aber nach Aussage der Zeugin ziemlich angeheitert. Wir versuchten Variante I: Johannes, unser Kriminaltechniker, lief mit einer Stoppuhr den Weg vom Wohnsitz der Kronzeugin bis zur Haustür des Verdächtigen in der Werkssiedlung ab; hinzu etwas langsamer, auf dem Rückweg in schnellerer Gangart. Als wir seine Daten auswerteten, waren wir uns einig, dass die Wegstrecke zwischen 45 und 60 Minuten in Anspruch nahm. Nun kam Variante II: Von der Haustür der Kronzeugin durch das Werksgelände bis zum Tatort, dort durch die Pforte, in die Werkssiedlung und zu seinem Wohnhaus. Johannes brauchte für diesen Weg 20 bis 25 Minuten.

Variante II war zweifellos zu später Stunde und alkoholisiert die angenehmere Alternative. Wir alle hielten es für sehr wahrscheinlich, dass der Jugendliche diese Abkürzung genommen hatte. Auch der Rest passte nun so gut ins Bild, dass ich den Mann zur Vernehmung laden konnte und gleichzeitig mit Anordnung des Staatsanwaltes eine Hausdurchsuchung genehmigt bekam.

Inzwischen befragte Peter unsere Kronzeugin noch einmal, nun eindeutig unter dem Aspekt, über den Tatverdächtigen zu sprechen. Er wollte wissen, ob der Jugendliche zu Gewaltausbrüchen neige. Waren ihr Schlägereien oder Wutausbrüche bekannt? Die Zeugin schilderte Thomas nicht unbedingt als gewalttätig, aber als impulsiv. »Besonders wenn die Jungs was getrunken haben, werden sie immer lauter. Thomas gerät dann leicht in Rage. Da braucht nur einer ein falsches Wort zu sagen, schon ist er auf der Palme. Aber deshalb gleich jemand umbringen? Nein, das glaube ich nicht.«

Im weiteren Gespräch trat ein belastender Punkt hinzu. Peter fragte sie, wie es denn nun dazu gekommen sei, dass sie zuerst behauptet habe, Thomas habe die Nacht bei ihr verbracht. Kleinlaut gab sie zu: »Das war noch, bevor Sie mich gefragt haben. Ich meine so ein, zwei Tage nach der Sache mit dem Pförtner.« Peter spitzte die Ohren. »Da kam der Thomas zu mir und sagte, wenn jemand fragt, soll ich sagen, er sei bei mir gewesen.«

Das war ja höchst interessant. Er hatte sie um das Alibi gebeten! »Und das ist Ihnen nicht merkwürdig vorgekommen, so kurz nach dem Mord an dem Pförtner?«

»Doch, schon. Aber der Thomas und ich, wir kennen uns doch schon lange. Und ich wollte ihn da nicht reinreiten. Vielleicht gab es ja einen anderen Grund.«

»Haben Sie ihn auf die Sache mit dem Pförtner angesprochen?«

Das hatte sie nicht getan.

Die vorläufige Festnahme und die Hausdurchsuchung liefen gleichzeitig ab. Um 6 Uhr wurde der Verdächtige in die Dienststelle gebracht. Gleichzeitig durchsuchten unsere Kriminalisten die Wohn- und Nebenräume auf Beweismaterial. Unter anderem richtete sich ihr Augenmerk auf verschmutzte, gar blutige Kleidungsstücke und eventuelle Hinweise auf andere Straftaten. Die Vernehmung wollte ich durchführen.

Während der Verdächtige erkennungsdienstlich behandelt wurde, fragte ich den Leiter der Zuführungsgruppe, wie sich der junge Mann bei der vorläufigen Festnahme verhalten habe. Der Kriminalist gab an, dass er sich ohne Widerstand habe mitführen lassen: kein Protest, nicht einmal die Frage »Warum«?

Inzwischen wusste ich auch, warum die Mutter auf meine Äußerung, der Junge habe die Nacht bei einer Freundin verbracht, so überrascht reagiert hatte. Er war verlobt. Die »Freundin« konnte also wirklich keine sein.

Gegen 9 Uhr begann die Vernehmung. Schon kurz nach Mittag hatte ich all seine Verteidigungsstrategien zerschlagen. Nachdem ich ihn so weit hatte, beschuldigte ich ihn, den Pförtner getötet zu haben. Ich führte alle unsere Indizien als Tatsachen ins Feld. Nachdem der Jugendliche merkte, dass wir alles wussten, gab er auf. Ich dachte nur eines: »Hurra! Weihnachten ist gerettet!«

Ohne große Unterbrechungen schilderte Thomas, was sich zugetragen hatte: »Ick war an dem Abend mit meinen Kumpels im

Kulturhaus, inner Kneipe da. Jegen Mitternacht wollte der Wirt zumachen und hat uns mehr oder weniger rausjeworfen. Da bin ick mit zu der Sonja. Ja, ick wollte halt was von der. Aber sie hat mir nicht, sie hat mir nicht reinjelassen. Da musst ick nach Hause, aber der Weg iss doch so weit. Und ick hatte Probleme wejen dem Alkohol. Ach, ick war einfach zu faul, den janzen Weg außen ums Werk zu latschen. Ick dachte bei mir, ick brauche doch bloß über den Zaun klettern und dann durchs Werk. Dann bin ick inner halben Stunde zu Hause. Det hab ick jemacht. Jing auch allet jut. Aber denn saß der dämliche Pförtner drin. Ick dachte noch: ausjerechnet der Krüjer und det heute. Er hat mir auch anjequatscht. Ick sollte mit in de Pforte kommen, weil ick doch keinen Ausweis mithatte. Dann wollte er den Betriebsschutz anrufen, und ick sollte so lange warten. Det hab ick nich einjesehen. Ick wollte doch nach Hause. Also bin ick einfach raus aus de Pforte.« Als ihn der Pförtner an der Flucht hinderte und festhielt, kam es zu einem Gerangel. Beide stürzten zu Boden. Auch dort wollte der Pförtner ihn festhalten. »Plötzlich hab ick dann ein Stein in der Hand jefühlt. Den hab ick jenommen und mehrfach druffjeschlagen. Auf den Kopp halt von dem Pförtner.«

Wie oft er zugeschlagen hatte, konnte er nicht mehr nachvollziehen. Ergebnis seiner Schläge war aber schließlich, dass der Pförtner leblos vor ihm lag. Dann rannte Thomas nach Hause. Im Waschhaus zog er seine Kleidung aus und versteckte sie hinter einem Bottich.

Ich hatte ein Geständnis! Anschließend bat er darum, noch einmal mit seiner Mutter und mit seiner Verlobten sprechen zu dürfen. Wir bestellten beide auf die Dienststelle. In meinem Beisein konnten sie mit ihm reden. Ich erinnere mich noch an beider Reaktionen: Die Verlobte sagte: »Warum die dir hierher jeholt haben, weeß ick inzwischen. Du bist det doch nich jewesen.«

»Kleene, ick war et.«

Die Mutter fand etwas derbere Worte: »Die Bullen haben dir det doch einjeredet! Du warst det doch nich!«

Auch hier widersprach Thomas: »Ick will dir ma wat sagen: Der hier«, und er wies auf mich, »der mir jejenübersitzt, der hat mir janz schau und fair behandelt. Du kannst schon ma zu Rechtsanwalt Giesecke jehn und fragen, ob der mir verteidigt.«

Deprimiert und fassungslos verließen beide nacheinander das Zimmer.

Am 21. Dezember war diese Straftat zumindest für uns schon wieder Geschichte. Der Beschuldigte saß in Untersuchungshaft, wir übergaben die Akten den Potsdamer Kollegen. Die Dankesreden kamen dann einen Tag später. Der Oberbürgermeister der Stadt hatte uns ins Rathaus eingeladen. Die gesamte Einsatzgruppe nahm an einer reichgedeckten Tafel Platz. Mehrfach wurde auf den gemeinsamen Erfolg angestoßen. Glücklich war ich auch über eine wohlgenährte Flugente, die ein ortsansässiger Kriminalist aus der individuellen Viehhaltung seiner Eltern spendiert hatte. Nun konnte das Weihnachtsfest wirklich kommen.

*

Trotz der Ablenkung durch meine Familie und die vielen Besuche ließ mir der ungeklärte Fall im Harz keine Ruhe. Ich dachte an die Eltern des verschwundenen Mädchens. Für sie musste die Weihnachtszeit, die man doch am meisten mit den Kindern, durch die Kinder genießt, eine schreckliche Zeit sein. Hinzu kam der Freitod des Onkels.

Liebe Christa,

die allerbesten Grüße aus dem Spreewald senden dir Uli, Rita und Martin. Wir bleiben nur eine Woche und sind am 2. Januar wieder da. Es waren so schreckliche Tage. Wir hätten Weihnachten zu Hause einfach nicht ausgehalten. Wir konnten doch nicht feiern wie immer. Wir konnten nicht ohne sie den Baum aufstellen, die Kerzen anzünden und Weihnachtsschallplatten auflegen. Aber das Fest ausfallen lassen ging auch nicht. Das konnten wir unserem Uli nicht antun. Also sind wir geflohen. Wir gehen hier viel spazieren. Die Landschaft ist recht trostlos, es liegt kein Schnee. Aber das bekommt uns irgendwie trotzdem recht gut, vielleicht, weil es in uns drinnen genauso trostlos aussieht. Ich hoffe, du kannst bei Oma ein wenig abschalten. Eigentlich wollten wir dir nur die Karte schicken, aber es ist dann doch ein Brief draus geworden.

Aber der Fall war noch nicht abgeschlossen. Im Frühjahr 1975 holte er uns wieder ein. Die mehr und mehr wärmende Sonne hatte die letzten Schneeflächen verschluckt. Allerorten erwachte die Natur aus der Starre des Winters. Unweit des Schlossparkes von W. durchstreifte an einem Vormittag ein Jäger mit seinem Hund ein schwer zugängliches Waldgebiet. Tiefe Senken, Felshänge und Schluchten kennzeichneten diesen Abschnitt. Aus einer mit dichtem Buschwerk bewachsenen Schlucht brachte der freilaufende Hund einen Knochen hervor und suchte weiter. Der Jäger folgte seinem Hund einen Abhang hinunter. Er musste aufpassen, dass er nicht auf den Laubmassen des letzten Herbstes ausrutschte. Immer tiefer ging es hinab,unter Büschen und herabhängenden Zweigen hindurch. Erst am Grund der Schlucht blieb der Hund stehen und verbellte die Stelle. Der Jäger kam einige Minuten später dort an. Vorsichtig verschaffte er sich einen Überblick. Hier unten hatte sich viel Laub angesammelt. Mit den Händen schob er die alten Blätter behutsam beiseite. Dabei stieß er auf einen menschlichen Schädel. Sofort fiel ihm ein, dass im letzten Sommer ein Mädchen vermisst und nicht gefunden worden war. Er ließ die Fundstelle, wie sie war, und kehrte schnell um. Noch in seiner Waldkleidung informierte er den zuständigen ABV.

Bereits am Nachmittag war die Kriminaltechnik vor Ort. Von unserer früheren Einsatzgruppe waren inzwischen alle Kriminalisten anderen Aufgaben zugeteilt. Nur Bond, der ja in der Region wohnte, war noch zuständig. In Windeseile wurden alle Mitarbeiter erneut informiert und in den Harz abberufen. Als Bond und ich zeitgleich an der Fundstelle eintrafen, stand der Rechtsmediziner noch über die Knochen gebeugt. Als er sich erhob, sah er Bond und mich und kam zu uns herüber. »Es handelt sich zweifelsohne um menschliche Überreste.« Hier an Ort und Stelle konnte er natürlich keine Diagnose abgeben, wie lange die Knochen schon im Wald lagen oder um wen es sich handelte. Die Gerichtsmedizin sammelte den Schädel, einen Oberschenkel- und einen Unterschenkelknochen sowie ein Schlüsselbein ein. Alles andere war nicht mehr auffindbar. Neben Schwund durch Tierfraß werden Leichen oder Leichenteile besonders durch Wildschweine verschleppt, manchmal kilometerweit. Auch von der Kleidung war nichts mehr vorhanden – bis auf eine weiße Sandalette.

Es klingelte an der Tür. Uli ging aufmachen. Rita und Martin saßen in der Wohnstube. Die Mutter nähte an einer Hose des Jungen. Der Vater beugte sich über die Schulaufgaben seines Sohnes. »Mama, Papa, es ist die Polizei.« Die Gesichter beider erstarrten. Der Augenblick, von dem sie nie gesprochen, den sie aber gefürchtet hatten, war gekommen. Sie blieben einfach reglos sitzen, gingen nicht zur Tür. Uli eilte schnell zurück und übernahm. »Kommen Sie doch rein«, sagte er. Zwei Polizisten betraten nacheinander den kleinen Korridor. Einer der beiden Männer war der ABV. Die Seiferts kannten ihn und auch den anderen Mann. Er hatte im Sommer die ersten Gespräche mit ihnen geführt, hatte wissen wollen, was für ein Mädchen Claudia ist – war. Und nun brachte er das Ende. War es in dem Beutel, den er in der Hand hatte? Was um Gottes willen brachte er da mit?

Die Mutter erhob sich und begann zu zittern. Völlig unkontrolliert zuckten die Schultern, als wäre ihr plötzlich schrecklich kalt. Die Lippen bebten. Sie presste sich die Hand vor den Mund, weil die Zähne in der gleichen Kälte klapperten, die den restlichen Körper ergriffen hatte. Dann wurden die Knie weich, sie konnte sich nicht mehr halten. Einer der Polizisten stützte sie noch rechtzeitig. Noch immer ohne zu reden führte er sie in den nächstliegenden Raum, die Küche. Dort ließ er sie langsam auf einem Stuhl Platz nehmen. Martin, der Vater, hockte sich neben seine Frau, legte den Arm fest um sie, zog sie an sich und versuchte, ihr so etwas Halt zu geben. Verstört war Uli an der Küchentür stehengeblieben und hielt sich am Türrahmen fest. Inzwischen hatte der ältere Polizist Ritas Arm losgelassen, zog sich einen Stuhl heran und nahm gegenüber dem Ehepaar Platz. Sein Kollege suchte sich einen freien Sitzplatz. Der Ältere räusperte sich. »Wir gehen davon aus, dass Ihre Tochter gefunden wurde.«

Der Vater atmete schwer auf. Was bedeutete, »sie gehen davon aus«? Hieß das, sie hatten etwas gefunden. Und dieses Etwas war so wenig, dass man nicht mehr erkennen konnte, dass es Claudia war? Es war nichts mehr übrig von seinem Mädchen? Im Kopf des Vaters formten sich Bilder, die er nicht wegwischen konnte. Schnell setzte der Polizist hinzu: »In einem Waldstück nahe des Schlossparkes wurde diese Sandalette gefunden. Wir möchten Sie nun bitten, sich das Kleidungsstück in Ruhe anzusehen und uns zu sagen, ob es Ihrer Tochter gehört hat.«

Er gab dem anderen Polizisten ein Zeichen, und dieser holte die ehemals weiße Sandalette aus dem Beutel. Als das Schuhwerk nur erst zur Hälfte heraus war, entfuhr der Mutter ein Schrei des Entsetzens. Sie hatte sich ihre Tochter so oft vorgestellt, wie sie an ihrem letzten Tag die Wohnung verlassen hatte. Die Sandaletten hatte sie erst eine Woche vor ihrem Verschwinden gemeinsam mit Claudia gekauft. Rita erinnerte sich. Sie waren beide in das kleine Schuhgeschäft des Ortes gegangen. Vor dem Regal mit Schuhgröße 37 waren sie stehengeblieben. Groß war die Auswahl nicht. Aber Claudia hatte sich sofort auf diese weißen Sandaletten gestürzt. »Die sehen schick aus, Mama. Die möchte ich!« Rita war skeptisch gewesen. »Weiße Schuhe! Die sehen keine zwei Tage so aus. Die musst du dauernd putzen. Willst du nicht lieber die dunkelroten hier? Oder die Blauen sind doch auch hübsch.« Claudia hatte ein enttäuschtes Gesicht gemacht. »Komm, wir probieren erst mal alle an«, hatte Rita versöhnlich vorgeschlagen. Claudia hatte sich die weißen Sandaletten geschnappt und war damit zum nächsten Stuhl geeilt. »Die sitzen perfekt! Guck mal!« Die Mutter hatte mit gerunzelten Brauen zugesehen, wie ihre Tochter vor dem Spiegel auf und ab stolzierte. »Nun probier doch auch die anderen an!« Claudia hatte ohne große Lust die beiden anderen Paar angezogen. Aber in denen stolzierte sie nicht, sondern watschelte vor dem Spiegel auf und ab. »Und, passen sie?« Ehrlich, aber ohne Freude hatte Claudia zugestimmt. Die Mutter überlegte. »Kann ich die weißen noch mal anprobieren?«, bettelte das Mädchen. Die Mutter ließ sie. Und nun begann das nächste Loblied: »Die sind viel bequemer. Und ich sehe darin doch auch viel besser aus. Und außerdem ist vorne am Zeh mehr Platz. Guck mal. Da kann ich noch reinwachsen.« Rita musste schmunzeln. »Aber du musst sie putzen! Ich warne dich, da sieht man jeden

Grasfleck. Und den kriegst du auch nicht so leicht wieder raus!«, sagte sie schon fast überredet. »Ich pass schon auf. Und ich putze sie auch, versprochen! Kann ich sie haben?« Die Mutter nickte. »Kann ich sie gleich anbehalten?« – »Zieh sie erst noch mal aus. Dann bezahlen wir, und danach kannst du sie gleich wieder anziehen. Einverstanden?« Claudia nickte eifrig.

Und nun lag diese Sandalette vor ihr auf dem Küchentisch. Sie war grau, die Schnalle hatte Rost angesetzt, und die ehemals helle Sohle trug die grünlichen Spuren von angewachsenem Moos. Mit zitternden Fingern, als hebe sie einen zarten Schmetterling von einer Blume, nahm die Mutter die Sandalette in ihre Hände. »Sie hatte nur die haben wollen. Unbedingt mussten es weiße sein! Ich habe ihr ja abgeraten, weil die so leicht schmutzig werden.« Sanft strich der Mann seiner Frau über den Rücken.

Die Polizisten bedankten sich. »Ich denke, auch die Gerichtsmedizin wird die Identität bestätigen. Es tut mir sehr leid. Mein herzliches Beileid«, sagte der Ältere. Der Jüngere nickte nur schüchtern, dann verließen beide die Wohnung.

Der Zahnstatus des Oberkiefers von dem Schädel, den wir gefunden hatten, musste die endgültige Gewissheit bringen. Zahnarztunterlagen, verglichen mit einigen Zähnen des Oberkiefers, waren schließlich der eindeutige Beweis. Es herrschte völlige Übereinstimmung. Claudia war gefunden. Was letztendlich zum Tod des Mädchens geführt hatte, konnte jedoch nicht eindeutig festgestellt werden. Der skelettierte Schädel wies an der linken Schläfenseite und dem Schädeldach Knochenabschürfungen auf. Möglicherweise war ein Sturz aus großer Höhe die Ursache.

Nach über einem halben Jahr der Suche und Unsicherheit konnten die sterblichen Überreste des Mädchens nun beigesetzt werden. Am 13. Februar wurde Claudia auf dem Friedhof ihrer Heimatstadt beerdigt. Ihre gesamte Schulklasse nahm Abschied von ihr. Auch aus der Stadt waren viele Leute gekommen, denen das Schicksal des Mädchens zu Herzen ging. Die Eltern und der Bruder taten den letzten schweren Schritt. Nun konnten sie das Kapitel abschließen. Sie hatten Gewissheit darüber, was aus ihrer Tochter geworden war, und sie hatten einen Ort zum Trauern. Oftmals beginnt mit dieser Sicherheit der Prozess der Verarbeitung, der hilft, über den Verlust hinwegzukommen.

*

Eines war aber nach wie vor ungeklärt: Wie war das Mädchen zu Tode gekommen? Gab es einen Täter zu ermitteln? Wir begannen wieder mit dem persönlichen Umfeld. Wir waren nun relativ sicher, dass der Tag des Verschwindens auch der Todestag war, da sie in keiner großen Entfernung zu dem Ort gefunden wurde, wo man sie das letzte Mal lebend gesehen hatte. Ich ging mit Bond das gesamte Ergebnis der Ermittlungen durch, die er in unserer Abwesenheit geführt hatte. Er war dabei auf einen dreizehnjährigen Schüler aus der Parallelklasse gestoßen. Aufmerksam war er geworden, weil mehrere Personen angaben, den Jungen öfters mit der Vermissten gemeinsam in der Stadt gesehen zu haben. Bond und ich stürzten uns auf diese neue Spur. Bond beschrieb mir den Jungen. »Aber glaub mir, der sieht nicht aus wie dreizehn. Man könnte den glatt auf fünfzehn schätzen.« Ich ließ mir die Adresse geben und vereinbarte mit seiner Mutter einen Termin für den nächsten Tag. Mit diesem Jungen musste ich unbedingt sprechen!

Am darauffolgenden Tag trafen beide, Mutter und Sohn, in der Dienststelle ein. Die Mutter sagte aus, dass ihr Sohn sich, insbesondere nach der Beerdigung des Mädchens, entgegen seiner sonstigen Art sehr kleinlaut verhielt und in sein Zimmer zurückzog. Am Vorabend habe es ein sehr langes Gespräch zwischen ihr und dem Jungen gegeben. Zuerst wollte er nichts sagen. Da die Mutter aber spürte, dass es etwas gab, was ihn bedrückte, ließ sie nicht locker. Irgendwann habe er dann zugegeben, sich am Tod des Mädchens schuldig zu fühlen.

Ich war überrascht, ließ mir von der Mutter genau berichten, was sie von ihrem Jungen erfahren hatte. Das war für die Klärung des Falles ausreichend. Natürlich wollte und musste ich das alles aus seinem eigenen Munde hören. Vom Referat Jugendhilfe des Rates des Kreises wurde für den Nachmittag ein Vertreter zur

Befragung hinzugezogen. Der Junge berichtete uns den Hergang: »Claudia und ich gingen seit den großen Ferien miteinander. Das hatte sich eben bei der Abschlussfeier so ergeben. Wir hatten da so einen Lieblingsplatz, an dem wir uns immer getroffen haben. Das ist am Rand des Parks, wo es so ein bisschen urwüchsig ist und der Wald beginnt. Wir waren öfter mal zusammen Eis essen, in den Ferien. An diesem Tag trafen wir uns im Schlosspark. Dann sind wir an unseren Platz gegangen. Wir haben …«, jetzt stockte er, »naja, wir haben uns zuerst geküsst. Das hatten wir schon oft gemacht und uns gegenseitig gestreichelt. Aber ich hatte ihr schon beim letzten Mal gesagt, dass ich es mal mit ihr ausprobieren wollte. Aber Claudia wollte nicht. Und da hatte ich es mir für dieses Mal fest vorgenommen. Dieses Mal wollte ich es mit ihr machen. Ich dachte, dass sie es im Grunde auch wollte und sich nur nicht traute. Also griff ich ihr zuerst unter das Kleid. Und dann habe ich ihr gesagt, dass wir es jetzt tun sollten. Aber sie hat meine Hand weggestoßen und gesagt, dass sie nicht will. Ich versuchte es noch einmal, aber da hat sie sich von mir losgemacht und ist weggerannt. Ich bin aufgesprungen und wollte ihr nach. Ich habe gesehen, wie sie sich nach mir umgedreht hat. Und dann war sie plötzlich weg! Einfach verschwunden. Also bin ich ihr nachgerannt. Wo sie verschwunden war, befand sich ein felsiger Abhang.« Dem Jungen begann die Nase zu laufen. Seine Mutter gab ihm ein Taschentuch. Er war kurz davor loszuweinen. »Ich bin dann dahin. Und da ganz unten, auf dem Grund der Schlucht, da habe ich Claudia liegen sehen!« Wieder schneuzte er sich. »Ich dachte, um Gottes willen! Und dann bin ich runtergeklettert. Als ich unten ankam, lag sie so komisch da. Und sie hatte die Augen offen. Sie war tot, ganz offensichtlich!« Nun schüttelte es ihn, und er heulte wirklich. »Die ganze Zeit wollte ich es sagen. Als Sie sie gesucht haben und so. Aber ich habe mich einfach nicht getraut. Ich hatte solche Angst davor, die Sache einzugestehen. Ich hatte Angst, dass Sie denken, ich … ich hätte sie umgebracht!«

Die Mutter versuchte, den Jungen zu beruhigen. Nach einigen Minuten fügte er noch hinzu: »Ich bin dann wieder nach oben geklettert. Dort habe ich eine ihrer Sandaletten gefunden. Die habe ich dann noch in die Schlucht geworfen.«

Warum fügte er dieses letzte Detail hinzu? Warum erwähnte er die Sandalette? Einen Menschen kann man im Entsetzen und in der Panik, auch aus Angst vor den Konsequenzen möglicherweise liegen lassen. Aber warf man dann die Sandalette hinterher, wie man ein Stück Müll entsorgt? Meine Zweifel standen nicht zur Disposition. Der Junge konnte, egal wie, strafrechtlich nicht zur Verantwortung gezogen werden, denn das Strafrecht begann ab vierzehn Jahren wirksam zu werden. Zur Tatzeit war der Junge erst dreizehn. Der Fall war gelöst.

Die alleinerziehende Mutter zog wenige Wochen später mit ihrem Sohn aus der Kleinstadt im Harz fort. Beide begannen irgendwo an einem anderen Ort ein neues Leben.

KANADA IST EINE REISE WERT

Die Frau klappte das Buch zu. »Gute Nacht, ihr Mäuse«, sagte sie.

»Du, Omi …«

»Ja, mein Kleiner?«

»Wann kommt Mutti wieder zu uns?«

Die alte Frau schluckte trocken. »Das weiß ich nicht. Aber ich weiß, dass sie zurückkommt, eines Tages.«

»Oma, das erzählst du uns seit Jahren«, entgegnete der Große. »Die kommt nicht mehr. Die hat uns längst vergessen!«, murmelte der Achtjährige.

Die Großmutter wehrte erschrocken ab. »Nein, Florian. Das stimmt nicht. Eure Mutter hat euch nicht vergessen. Bestimmt hat sie bald eine neue Wohnung gefunden, dann kommt sie und holt euch nach. Sie bereitet alles vor, damit es euch bei ihr gut geht.«

»Erzählst du mir von Mutti?«, fragte der Kleine.

Die alte Frau rückte sich auf der Bettkante zurecht. »Eure Mutti ist eine sehr schöne Frau. Sie ist groß, hat kurze schwarze Haare. Sie legt sie immer in Wellen nach hinten. Das sieht wirklich schick aus. Eure Mutti ist schlank und trägt hübsche Röcke und Blusen. Es gab niemanden, dem sie nicht gefallen hat. Und freundlich ist sie. Ihren Gästen liest sie die Wünsche von den Augen ab. Alle sind gern wiedergekommen. Herr Mücke hat sie gern eingesetzt, weil alle Gäste ihretwegen kamen.«

»Aber wir wohnen bei dir doch gut, Oma. Es ist jetzt viel besser als im Kinderheim.«

»Ja, das weiß ich. Aber für eure Mutti war das damals eine schwere Zeit. Sie hatte sehr zu kämpfen nach der Scheidung von eurem Vater.«

»Aber sie hätte uns doch behalten können.«

»Das war nicht so einfach. Sie hat als Kellnerin gearbeitet. Auch bis spät abends. Da musstet ihr doch schon im Bett sein. Und wer hätte euch ins Bettchen bringen sollen?«

»Na du, Oma.«

»Aber zu dieser Zeit habe ich doch im Neubauviertel gewohnt und selbst noch gearbeitet. Nein. Im Heim wart ihr gut aufgehoben.«

»Nein, waren wir nicht. Dahin will ich nie wieder zurück. Versprichst du mir, Omi, dass wir immer bei dir bleiben können?«

»Na sicher! Aber wenn eure Mutti wieder da ist, dann geht ihr zu ihr.«

»Und warum ist sie verschwunden?«, maulte der Große dazwischen.

Die Großmutter holte tief Luft. »Das weiß ich nicht so genau. Ich weiß nur, dass sie nach dem Geburtstag von Herrn Mücke weggegangen ist …«

*

»Da bist du ja endlich, Hildegard. Ich warte schon seit zwanzig Minuten.« Energisch drehte sich die rundliche Frau zur Seite und schritt los. Der Marktplatz von Zeitz war voller Menschen. Es war ein warmer Frühlingstag. Man nahm sich Zeit, durch die Stadt zu bummeln. An einer Ecke des Marktes hatte der Wirt Tische und Stühle auf das alte Pflaster gestellt. Einige Gäste saßen bei einem Bier, zwei gut gekleidete Damen bei einem Glas Wein.

»Ja, tut mir leid. Ich weiß, dass wir für um fünf verabredet waren, aber Wolfgang hat mir eine Szene gemacht. Angeblich ist mein Rock zu kurz. Damit hat es angefangen. Gestern schon. Er wollte nicht, dass ich heute zur Feier gehe. Er ist so schrecklich eifersüchtig, hat mich angeschrien, wenn ich jetzt zum Geburtstag gehe, brauche ich gar nicht wieder nach Hause zu kommen.«

»Und? Was hast du gemacht?«

»Ich hab ihm den Verlobungsring vor die Füße geworfen! So weit kommt's noch, dass ich mir vorschreiben lasse, was ich zu machen habe! Lass uns gehen!«

Die beiden Frauen liefen quer über den Marktplatz. Vor dem Schaufenster des HO-Textilgeschäftes blieb die schlanke Hildegard plötzlich stehen. »Ist das toll!«, sagte sie und stieß ihrer Kollegin in die Seite. Im Schaufenster standen drei mit Abendkleidern drapierte Puppen. Ein schwarzweißes Kleid zog Hildegards Blicke auf sich.

»Ja, das ist wirklich der letzte Schrei. Also ich kann so was nicht anziehen, aber dir müsste es stehen. Ja, da ist wirklich schön«, sagte die Freundin. »Probier's doch mal an!«

»Meinst du wirklich? Aber wir müssen doch zum Geburtstag.«

»So viel Zeit ist schon noch. Und du kennst doch den Spruch: Je später der Abend …«

»… desto schöner die Gäste. Ja, hach, das Kleid ist einfach zu schön. Hm. Ich weiß nicht. Aber, wenn ich es recht bedenke. Anprobieren kann ich es ja mal.«

»Na los denn!« Und damit zog die Freundin Hildegard in das Geschäft. Mit missmutigem Blick auf die späten Kunden holte eine Verkäuferin das gewünschte Kleid aus dem Lager. Die schlanke Frau hielt es sich voller Begeisterung vor den Körper. »Ich probier's an!«, rief sie der Verkäuferin zu und lief zur Umkleidekabine.

Während ihre Begleiterin vor der Kabine wartete, kommentierte Hildegard das Kleidungsstück. »Das ist ganz leicht und anschmiegsam. Wirklich bequem … Warte, ich bin gleich drin. Ah. Es sitzt perfekt.«

»Na dann komm schon raus. Zeig mal.«

Hildegard trat aus der Kabine.

»Umwerfend!«, kommentierte Regina.

»Meinst du nicht, dass es etwas kurz ist?«

»Nicht die Bohne. Heutzutage muss man doch zeigen, was man hat!«

Sehr zufrieden mit sich und ihrem Äußeren betrachtete sich Hildegard. »Es ist nur wegen Wolfgang. Wenn ich jetzt noch so ein kurzes Kleid anbringe, dann gibt es wirklich Ärger. Und wann soll ich das schon anziehen? Auf Arbeit vielleicht?«

»Wieso? Kellnerinnen tragen doch schwarzweiß.« Regina lachte. »Am besten ziehst du es jetzt gleich an. So ein fünfzigster Geburtstag ist immerhin ein Anlass für dieses Abendkleid.«

»Überredet! Ich frage mal die Verkäuferin, ob das geht.«

Mit etwas eleganteren Schritten ging sie auf die Verkäuferin zu. »Kann ich es gleich anbehalten?«

»Na, wenn Sie meinen«, entgegnete die Verkäuferin, war dann aber doch so nett, den Belegzettel vom Kleid abzuschneiden.

Die beiden Frauen folgten der Verkäuferin zur Kasse. Klickend tippte sie den Preis ein. »Das macht dann hundert Mark, bitte.«

Hildegard wurde etwas blass. »Huch. Oh. So viel Geld habe ich im Moment gar nicht dabei.« Hilfesuchend sah sie ihre Begleiterin an. »Könntest du nicht …?«

Regina atmete tief durch. »Wie viel hast du denn mit?«

Hildegard öffnete ihr Portemonnaie und suchte darin herum.

»Fünfzig Mark«, antwortete sie nach einem Augenblick etwas kleinlaut.

Regina kramte ihre Geldbörse aus der Handtasche. »Na, das passt gerade. Ich habe auch noch fünfzig Mark mit. Dann bin ich aber blank!«

»Ich denke, wir werden heute Abend kein Geld brauchen. Das geht alles auf das Geburtstagskind. Und morgen gebe ich dir die fünfzig Mark sofort wieder. Einverstanden?«

Die andere zog nickend einen roten Fünfzig-Mark-Schein heraus und reichte ihn der Verkäuferin.

Hildegard hielt der Verkäuferin ihre bisher getragene Bluse und den schwarzen Rock hin und fragte freundlich: »Können Sie mir meine alten Sachen einpacken?«

Mit einem erneuten mürrischen »Wenn Sie meinen!« kam die Verkäuferin dem Wunsch nach.

Leicht und beschwingt verließen die beiden Frauen das Geschäft. Glücklich strich sich Hildegard über die Hüften und sah ihre Begleiterin herausfordernd an. »Wie sehe ich aus?«

»Scharf! Ich werde heute auf dich aufpassen müssen!«

Als sie das Lokal betraten, hatte die Feier schon begonnen. Die Tische waren zu einem U zusammengestellt, und am Kopf der Tafel saß Peter.

»Regina, Hilde, kommt ihr endlich! Wir warten sehnsüchtig auf euch.«

Er war aufgesprungen und beiden entgegengegangen, nahm Hilde bei den Schultern und ließ einen bewundernden Blick über sie gleiten. »Du siehst heute unwiderstehlich aus.« Hilde lächelte.

»Das Kleid haben wir eben erst gekauft«, erklärte Regina.

»Ah, deshalb seid ihr so spät! Naja, meine beiden Schönen, es sei euch verziehen!«

Sie gratulierten beide dem Jubilar und suchten sich einen Platz in der Nähe des Tresens. Einige von Peters Gästen kannten sie, es waren Gäste der HO-Gaststätte, in der beide kellnerten, und auch einigen der Ehefrauen waren sie schon auf den Betriebsfeiern begegnet.

Hilde sah sich um. Unter dem Fenster, wo sonst immer Tisch Nummer 4 stand, hatte sich eine kleine Kapelle aufgebaut. Gleich neben ihrem Platz am Tresen waren die Blumensträuße abgestellt. Meist Sommerblumen aus den heimischen Gärten. Einige eingepackte Flaschen Schnaps, auch Danziger Goldwasser darunter, und Pralinen – die üblichen Geschenke lagen dabei. Man hatte Kaffee und Kuchen schon beendet und sich in Grüppchen zusammengesetzt, um zu schwatzen.

Nach dem Abendessen bereitete sich die Kapelle vor, und gegen acht Uhr erklangen erste Ohrwürmer wie »Rosamunde« oder »Hello, Mary Lou«.

»Darf ich bitten?« Neben den beiden Kellnerinnen stand Peter, der Gastwirt und Jubilar.

»Tanzt man nicht zuerst mit der Gattin?«, fragte Regina mit leichtem Vorwurf.

»Die mag dieses Lied nicht besonders. Also, was ist? Hilde, darf ich bitten?«

Der massige Wirt zog seine Tanzpartnerin eng an sich, was seiner Frau nicht entging. Als ihr dann auch noch einer der Gäste ein scherzhaftes »Na Renate, pass mal auf deinen Mann auf!« zuwarf, verschwand das freundliche Lächeln, um das sie sich bemühte, schlagartig von ihrem Gesicht.

Die anderen Gäste nahmen die Eröffnung gern an, und bald wiegten sich die meisten der Anwesenden – so weit der Platz des Lokals es zuließ – im Tanz.

Immer wieder wurden beide Kellnerinnen aufgefordert. Besonders Hildegard musste sich kurze Verschnaufpausen erkämpfen, in denen sie an ihrem Wein nippte. Mit etwas Neid beobachtete

Regina, wie gefragt Hilde bei den Männern war. Andererseits kannte sie ihre Kollegin gut genug, um zu wissen, dass diese die Anerkennung zwar genoss, aber nichts Ernstes damit verband. Hilde war, das mussten sowohl sie als auch ihr Chef Peter zugeben, neben der guten Küche einer der Gründe, warum man sich um Kundschaft in ihrer HO-Gaststätte nicht zu sorgen brauchte.

»Puh«, sagte Hildegard nach dem »Honolulu Strandbikini«. »Jetzt muss ich erst mal was trinken.«

»Soll ich dir ein Glas Sekt holen?«, fragte Hartmut, einer von den Stammgästen.

»Nein, danke. Ich habe wirklich Durst. Ich hole mir eine Selters.«

»Aber zu so einer Feier trinkt man doch keine Selters!«, beharrte Hartmut, der sich gerade den fünften Braunen einschenkte.

»Ich schon. Ich muss morgen wieder arbeiten.«

»Na komm schon!« Der Mann ließ nicht locker, griff nach Hildes Handgelenk und versuchte, sie auf einen Stuhl neben sich zu zerren. Hildegard machte sich los, versuchte aber freundlich einzulenken: »Lass mal, ich geh mir 'ne Selters aus der Küche holen.«

Gegen Mitternacht hörte die Kapelle auf zu spielen. Es wurde für einen Augenblick ruhiger im Raum, aber da allgemein recht viel Alkohol genossen worden war, wurden die Stimmen immer lauter.

Die Ehefrauen begannen zum Aufbruch zu rüsten. Auch die Frau neben Hildegard gab ihr Bestes. »Komm, wir wollen los.«

»Was heißt da, wir wollen? Ich will noch nicht.«

Die Frau stand mit der Jacke über dem Arm neben Hartmut. »Komm jetzt. Es reicht. Du hast genug!«

»Woher willst du wissen, wann ich genug habe? Ich habe noch Durst. Du auch, Gerhard?«

Es war das gleiche Spiel, das Hilde und Regina aus ihrem Alltag kannten. Gerhard drängte sich nun auch noch zwischen die beiden Kellnerinnen und strich der einen über das Haar und der anderen über den Rücken. Angesichts dieser Annäherungsversuche hielten sie es für besser, sich zurückzuziehen.

»Ich gehe jetzt. Kommst du mit?«, fragte Hildegard Regina.

»Natürlich. Sonst wird einer der Kerle noch zudringlich. Außerdem ist es für einsame Frauen nachts immer besser, zu zweit durch die Straßen zu gehen.«

Hildegard nickte. »Ich hole unsere Sachen. Du kannst dich schon mal von Peter verabschieden.«

Dieser Abschied zog sich hin. Immer wieder umarmte der Wirt die beiden weinselig: »Es war doch ein schöner Abend, nicht?«

Er hielt links Hildegard im Arm, rechts Regina, zog sie abwechselnd an sich und nannte beide »meine Mädchen«.

»Und? Für morgen alles klar?«

»Ja doch, Peter. Wir sind Punkt elf da.«

Endlich gelang es beiden, sich ihm zu entziehen. Hildegard gab Regina ein Zeichen: »Nach draußen!«

Vor der Tür atmeten sie auf. »Besoffene Männer! Immer dasselbe!« Dann lachten sie. »Sonst war's doch ein schöner Abend.«

»Ja«, bestätigte Regina. »Sonst war es ein schöner Abend.«

Sie liefen durch die menschenleeren Straßen der Stadt. Es war ein angenehm warmer Frühlingsabend. Einige Straßen vor Hildegards Wohnung trennten sie sich.

»So. Ich bin fast da. Also, bis morgen dann.«

»Ja, bis morgen. Und denk an die fünfzig Mark.«

»Ach, ja. Natürlich.« Hildegard fiel wieder ein, dass ihr Verlobter das neue Kleid gar nicht kannte. Auch an den Streit vom Nachmittag musste sie denken. »Na hoffentlich wartet Wolfgang nicht auf mich.«

»Warum?«

»Na wegen des Kleides hier.«

»Ach, du wirst das schon hinkriegen. Ich will jetzt aber ins Bett. Wir sehen uns morgen.«

Hildegard winkte ihrer Kollegin und lief dann die Straße hinunter.

Am nächsten Tag stand Peter mit dickem Schädel hinter dem Tresen. »Es ist schon viertel zwölf. Hilde ist noch nicht da. Regina, ihr seid doch gestern zusammen los. War da was?«

»Nein. Wir sind bis kurz vor ihre Wohnung, dann haben wir uns verabschiedet.«

»Na, vielleicht ist sie nicht aus den Federn gekommen.«

Aber Regina schüttelte den Kopf. »Das sieht ihr nicht ähnlich. Bei dir könnt ich das verstehen. Du hast ganz schön getankt gestern, aber wir beide haben nicht viel getrunken.«

»Da seid ihr selber schuld!«, lachte der Gaststättenleiter.

»Wir sind wegen der ganzen Tanzerei doch gar nicht dazu gekommen. Außerdem wollte sie mir heute die fünfzig Mark wiedergeben.«

»Naja, vielleicht wird sie gleich auftauchen.«

Als Hildegard bis zum Ende ihrer Schicht nicht gekommen war, begann Peter, sich Sorgen zu machen. Beim Abschließen des Lokals sagte er zu Regina: »Weißt du, ich werde mal bei Hilde vorbeischauen. Vielleicht ist sie krank. Dann wissen wir wenigstens für morgen Bescheid.«

»Und erinnere sie an ihre Schulden!«

»Ach, jetzt mach mal halblang. Erst will ich wissen, warum sie nicht zur Arbeit kommt.«

Vor den Häusern der Genossenschaft parkte er seinen Trabant Kombi 601. Hildegard wohnte im vorletzten Eingang in der ersten Etage links. Peter kannte die Wohnung von einigen Besuchen. Er klingelte. Niemand öffnete, niemand zeigte sich am Fenster. Die Vorhänge waren aufgezogen. Also war am Morgen jemand zu Hause gewesen. ›Oder sie wurden gar nicht erst zugezogen‹, dachte Peter. Mehr als klingeln konnte er nicht. Sollte er Steinchen ans Fenster werfen? Aber nicht am helllichten Tag. Dafür gab es doch Klingeln.

Nachdenklich stieg Peter in sein Auto und fuhr nach Hause. Auch am nächsten Tag kam Hildegard nicht zur Arbeit. Wieder versuchte der Gaststättenleiter, sie zu Hause zu erreichen, aber wie am Vortag machte niemand auf.

»Du, Regina. Da stimmt was nicht. Es sieht Hildegard nicht ähnlich, einfach so wegzubleiben. Da muss doch was gewesen sein.«

»Nein, Peter. Da war nichts. So lange ich bei ihr war, gab es nichts Besonderes. Vielleicht hat sie sich mit ihrem Wolfgang gestritten.« Regina verschwand mit schmutzigem Geschirr in die Küche. »Vielleicht ist sie auch nach Kanada«, rief sie durch den Flur.

»Wieso Kanada?«

Als Regina zurückkam, antwortete sie: »Ach, nur so. Wir haben mal rumgealbert, dass es doch schön wäre, hier mal rauszukommen. Und da hat Hilde halt gesagt: Wenn mich der Hafer sticht, dann könnt ihr mich alle mal. Dann fahre ich nach Kanada. Da hat man Ruhe!«

»Ach, Quatsch! Ich mache mir wirklich Sorgen. So einfach kommt man hier nicht raus! Ich fahre heute noch mal rüber. Aber wenn sie wieder nicht aufmacht, dann gehe ich zur Polizei!«

»Mich wundert nur, dass der Wolfgang sie nicht sucht. Oder ist der auch weg?«

»Was weiß ich?«

*

Im Spätsommer 1971 war ich, gerade von einer Achillessehnenruptur genesen, wieder im Dienst, anfangs aber mehr mit Büroarbeiten beschäftigt. Wenn keine neuen Morde angefallen waren, sprach ich von »Saure-Gurken-Zeit«. Beim Erstellen einer Analyse für die Morduntersuchungskommission stieß ich in einem Aktenschrank auf eine ganze Reihe von Ordnern mit alten, eingestellten Vorgängen über Gewaltstraftaten. Zwischen diesen Akten fiel mir eines Tages ein umfangreicher Ordner in die Hand, in dem alle Materialien zu einer Vermisstensache aus dem Jahr 1967 aus der Stadt Zeitz abgeheftet waren.

Ich nahm die Akte ohne Auftrag mit in mein Büro und begann zu lesen. Darin ging es um das Verschwinden einer Kellnerin nach der Geburtstagsfeier ihres Vorgesetzten. Die siebenunddreißigjährige Mutter von zwei Kindern war am 26. Mai 1967 nicht nach Hause zurückgekehrt. Die Kinder waren in einem Heim untergebracht, da die Mutter nach der Scheidung alleinstehend war und sich wegen ihrer Arbeit als Kellnerin nicht ausreichend um die

Kinder kümmern konnte. Merkwürdig an dem Verschwinden war, dass der Lebenspartner, ein Herr Wolfgang Lämmchen, sie erst eine Woche später, am 2. Juni 1967, als vermisst gemeldet hatte. Voll Interesse las ich Seite um Seite, Protokoll um Protokoll. Viel war in dieser Sache 1967 ermittelt worden. Sogar das Ministerium für Staatssicherheit hatte sich eingeschaltet, weil vermutet worden war, die Vermisste könne sich nach Kanada abgesetzt haben.

Je länger ich jedoch die Akte studierte, desto mehr Mängel in der Ermittlung bemerkte ich. So gab Herr Lämmchen bei seiner Vermisstenanzeige an, die Frau sei am 28. Mai 1967 mit 2000 Mark gemeinsamen Geldes verschwunden. Das war zwei Tage nach dem Zeitpunkt ihres wirkliches Verschwinden!

Als ich die Zeugenvernehmung von Regina Schulz las, fiel mir auf, dass zwar sie und die Vermisste auf dem Weg zu einer Geburtstagsfeier in einem Kaufhaus ein Abendkleid kauften, dass aber zu diesem Kauf im Detail nichts nachzulesen war, schon gar nicht die Beschreibung. Für diesen Aspekt hatte sich offensichtlich keiner der früheren Ermittler interessiert.

Ebenso wenig Augenmerk war auf den Lebenspartner gelegt worden. Es fehlten zum Beispiel Angaben darüber, welche Personen er in diesem Zeitraum kontaktiert hatte. Vielleicht war man der Ansicht gewesen, wenn er Hildegard Kunze als vermisst meldete, scheide er als Täter aus? Was hatte Wolfgang Lämmchen in der Zeit zwischen dem 26. Mai und dem 2. Juni gemacht? Mit wem hatte er verkehrt? Warum meldete er so spät die Abwesenheit seiner Verlobten? Nichts davon hatten meine Vorgänger herausgefunden.

Da alle Nachforschungen im Sande verliefen, wurde in der Folge die Mordkommission Halle in der Bezirksbehörde der deutschen Volkspolizei informiert. Sie sollte einen Mitarbeiter zu Ermittlungen nach Zeitz schicken. Irgendwann kam zur Sprache, dass Hildegard Interesse an Reisen und fremden Ländern zeigte und öfters von Kanada sprach. Diese Hinweise hatten offensichtlich dazu geführt, dass die Kreisdienststelle des Ministeriums für Staatssicherheit Zeitz ebenfalls in die Ermittlungen einstieg. Trotz der umfangreichen Ermittlungen zum Verbleib von Hildegard kam es zu keinen brauchbaren Ergebnissen. Schließlich wurde der Vorgang eingestellt.

Hildegards Kinder verblieben im Heim, die Großmutter Marta hielt die Verbindung zu ihnen. Ich klappte die Akte zu in der Überzeugung, dass die Vermisste Kanada nie gesehen hatte.

Ich sprach anschließend mit dem Leiter der Mordkommission über die offensichtlichen Mängel in der Ermittlung. In Absprache mit dem Dezernatsleiter erhielt ich freie Hand, die Vermisstensache Hildegard Kunze neu aufzurollen.

Ich hatte vor, alle bis dahin bekannten Zeugen noch einmal zu befragen. Letztlich hatte sich zu diesem Zeitpunkt mein Bauchgefühl schon bestätigt, dass Wolfgang Lämmchen wissentlich falsche Aussagen zum Verschwinden seiner Verlobten gemacht hatte.

Besonders die Sache mit dem Abendkleid ließ mir keine Ruhe. Damit wollte ich beginnen.

Ich fuhr nach Zeitz und suchte zunächst die HO-Gaststätte auf, in der Hildegard Kunze gearbeitet hatte. Es war am frühen Nachmittag, die Mittagsgäste hatten das Lokal bereits verlassen. Ich nutzte die kurze Pause vor dem nächsten Ansturm und fragte nach Regina Schulz. Eine stramme Frau Mitte der Vierzig kam auf mich zu.

»Schwarz, Polizei Halle, Dezernat zwei«, stellte ich mich vor. »Ich beschäftige mich noch einmal mit dem Verschwinden Ihrer Kollegin Hildegard Kunze.«

»Oh, das ist aber schon eine Weile her.«

»Ich weiß. Können Sie mir noch einmal schildern, wie das damals abgelaufen ist?«

Frau Schulz erzählte mir, was ich aus der Akte bereits wusste. Schließlich fragte ich sie nach dem, was mich besonders interessierte. »Wissen Sie, mir ist aufgefallen, dass von einem Abendkleid die Rede war …«

Frau Schulz sprang sofort darauf an. »Ach, das Kleid. Ja, das war eine Sache. Also, als wir uns an dem Abend getroffen haben, sind wir an dem Schaufenster da vorbei. Und Hilde blieb davor wie angewurzelt stehen. Naja, da habe ich vorgeschlagen, einfach mal reinzugehen und das Teil anzuprobieren. Das hat sie dann auch gemacht. Es saß wie für sie maßgeschneidert. Die hatte wirklich eine tadellose Figur. Dabei hat die genauso viel gegessen wie ich!« Mit einem bedauernden Blick sah sie an sich herunter. »Nun ja, manchem ist es eben gegeben. Nur als es ans Bezahlen ging, ja …« Sie machte eine Pause.

»Ja?«, hakte ich nach.

»Na, sie hatte eben nicht genug Geld dabei. War auch ziemlich teuer, das Ding, wenn Sie mich fragen. Aber bei Kleidern, da hat die Hilde nicht aufs Geld gesehen.« Dann räusperte sie sich. »Schlimme Sache. Wenn Sie mich fragen, ist damals was passiert. Ich meine mit Hilde. So einfach wegzugehen, das traue ich ihr nicht zu. Böse Zungen haben da viel behauptet. Bis hin zu einem anderen Mann, mit dem sie nach Kanada auf und davon ist. Aber, nein. Auch wenn sie's mit den Männern hatte, das hätte sie nicht getan. Mit dem Wolfgang bekam sie doch gerade ihr Leben in den Griff. Und ich denke, wenn da noch jemand gewesen wäre, hätte sie mir mal was erzählt.«

Ich lenkte das Gespräch vorsichtig auf das Kleid zurück. »Sie haben dann etwas Geld zu dem Kauf dazugegeben?«

»Etwas ist gut! Fünfzig Mark habe ich dazugelegt!« Diese Tatsache beschäftigte die Kellnerin offenbar heute noch, denn ihr stieg die Röte in die Wangen.

»Beschreiben Sie mir doch mal dieses außergewöhnliche Abendkleid!«, ermunterte ich die Zeugin.

»Es war eben der letzte Schrei. Streng schwarzweiß wirkte es sehr elegant. Es hatte einen weiten Ausschnitt und oben herum einen sehr breiten schwarzen Kragen, der auf den Schultern auflag. So ähnlich wie bei Audrey Hepburn in Frühstück bei Tiffany. Die hatte so ein ähnliches Kleid an. Und die Hilde, die war ja schlank mit der entsprechenden Portion Holz vor der Hütte – Sie verstehen?« Ich nickte belustigt.

»Ach ja, das Einzige, was ihr nicht so gefiel, war, dass es etwas kurz war. Ihr Verlobter, der Wolfgang, der sah so etwas nicht gern.«

Dann wollte ich noch wissen: »War es gemustert? Gestreift, irgendwie abgesetzt?«

»Nein, es hatte durchgängig so kleine Karos. Ja, schwarzweiß-kariert war es.«

Damit hatte ich vorerst alle Informationen, die ich brauchte. »Vielen Dank, Frau Schulz. Das reicht mir im Moment. Wenn es weitere Fragen gibt, melde ich mich wieder.«

Sie nickte. »Meinen Sie, dass Sie Hilde jetzt finden?«

»Ich denke, ich werde herausfinden, was damals geschehen ist«, antwortete ich, ohne allzu viel zu versprechen.

Als ich das Lokal verlassen wollte, rief sie mir hinterher: »Das Geld krieg ich immer noch!«

Nachdem ich die Beschreibung des Kleides hatte, suchte ich die nächste Zeugin auf. Eine Frau, die bisher wenig bis gar keine Informationen hatte liefern können. Dabei war ich mir beinahe sicher, dass sie den Schlüssel zu dieser Vermisstensache besaß.

Dorthin ließ ich mich jetzt bringen. Mein Fahrer parkte vor den Wohnungsblöcken der Genossenschaft in Zeitz. Ich drückte auf die Klingel der Wohnung vorletzter Eingang, erste Etage, links. Die Haustür stand offen. Bald hörte ich die Tür aufgehen und jemand rief: »Kommen Sie nur.« Der Fahrer wartete im Auto. Ich stieg sechs Stufen hinauf. In der Wohnungstür stand eine hagere Frau in den Sechzigern, mit einer blaugemusterten Nylonschürze bekleidet, die grauen Haare in Dauerwelle gelockt und ordentlich frisiert. Hinter ihr hörte ich Kinderstimmen. Als ich mich vorstellte, wischte sie verlegen die Hände an der Schürze ab und reichte mir die Rechte.

»Kommen Sie doch rein.« Wir gingen durch den kurzen Flur an Bad und Küche vorbei ins Wohnzimmer. Wir nahmen Platz, und nachdem ihr meine Identität klar geworden war, trat ein erwartungsvolles Leuchten in ihr Gesicht. »Sie suchen wieder nach Hilde?«

»Ich ermittle noch einmal neu, ja.«

»Das ist gut. Das freut mich wirklich sehr.«

Wir sprachen über die frühere Ermittlung.

»Ja«, sagte sie, »es haben damals viele Leute nach ihr gefragt. Ein Oberleutnant der Kriminalpolizei, sogar die Staatssicherheit.

Obwohl, ich habe nicht genau verstanden, warum die sich für meine Tochter interessiert haben.«

Ich erläuterte ihr kurz den Grund.

»Ach, das ist doch Quatsch! Sicher hat sich Hilde für andere Länder interessiert. Sie hat die Caterina Valente gehört und davon geträumt, einmal nach Italien zu fahren. Aber wer träumt nicht mal davon. Und Kanada, ach, das war doch nur so ein Spleen. Ich hatte ihr zu Weihnachten einen Bildband geschenkt. Und der hat ihr so gefallen, dass sie manchmal im Spaß sagte, Kanada ist eine Reise wert. Aber sie hatte nie im Ernst vor abzuhauen. Und so einfach kommt man ja auch nicht raus.«

»Was mich jetzt sehr interessiert, ist: Seit wann wohnen Sie in der Wohnung Ihrer Tochter?«

Sie rutschte auf dem Sessel hin und her. »Ich habe so gewartet, dass sie wiederkommt. Aber sie tauchte nicht auf. Irgendwann kam dann mal der Wolfgang und sagte, er würde bald ausziehen, sich eine andere Wohnung nehmen, eine, die näher an seiner Arbeit läge. Und er wollte wissen, was er mit Hildes Sachen machen sollte. Stellen Sie sich vor, DER hat MICH das gefragt. Dabei gehörte ihm in der Wohnung fast nichts. Der ist gekommen wie ein Schneider, ist hier eingezogen, damals, bevor sich beide verlobt haben, mit nischt! Ehrlich, der hatte nischt! Und fragt mich, was er mit Hildes Sachen machen soll? Da bin ich etwas laut geworden. Ich hab ihm gesagt, dass es ihre Sachen sind und ihn nichts angehen. Er könne nehmen, was er mitgebracht habe, der Rest bleibt, wie er ist!«

»Und da haben Sie sich entschieden, hier einzuziehen?«

»Ja, ich hatte doch nur ein Zimmerchen im Neubauviertel. Das hier ist viel bequemer. Aber darum geht es nicht. Wenn Hilde wiederkommt, dann bestimmt in ihre alte Wohnung. Und wo soll sie hin, wenn die nicht mehr ist?«

Ich nickte verständnisvoll. »Wann sind Sie hier eingezogen?«

Sie überlegte einen Augenblick. »Das muss im Winter 1967 gewesen sein.«

»Und die Kinder?«

»Zuerst habe ich sie besucht, im Heim. Aber als die Suche nach Hilde eingestellt wurde, habe ich mir gedacht, es wird Zeit, sie aus dem Heim zu nehmen. Ich hatte ja jetzt die große Wohnung und damit Platz. Und dann war ich auch gerade Rentnerin geworden. Hilde, wissen Sie, wollte nicht, dass ich mich einmische. Ich hätte die Kinder nicht ins Heim gegeben. Aber sie ließ sich da nicht reinreden. Weil Hilde nun wegblieb, dachte ich, jetzt kann ich mich nicht länger raushalten. Es sind doch meine Enkel. Also bin ich zum Jugendamt gegangen und habe den Antrag gestellt. Und die freuen sich immer, wenn Kinder wieder in ihre Familien können. Ein bisschen problematisch war es wegen meines Alters. Aber schließlich habe ich sie bekommen. Sie sind wirklich mein Sonnenschein. Besonders der Kleine. Er sieht meiner Hilde so ähnlich.« Ihr ganzes Gesicht leuchtete bei dem Gedanken.

Es trat eine Pause ein. Ich nutzte sie, um zu meinem Anliegen vorzudringen: »Inzwischen haben Sie sicher einige von Hildes Sachen verkauft, Sie brauchen ja Platz, auch für die Kinder.«

Das Gesicht der Frau fiel in sich zusammen. Tränen traten in ihre Augen. Verlegen tastete sie an ihrer Schürze nach einem Taschentuch. Sie schnäuzte sich. »Ich, ich kann doch von Hildes Sachen nichts weggeben«, brachte sie schließlich mühsam hervor. »Hilde kann doch jeden Tag vor der Tür stehen. Sie kommt doch wieder!«

Mich erschreckte dieser Ausbruch, aber er ist eine typische Reaktion auf das Verschwinden eines geliebten Menschen. Mit der Hoffnung auf ein Wiedersehen an einem unbestimmten Tag verdrängt man die Endgültigkeit des Verlustes aus dem Blickfeld; manchmal so weit, dass der Verlust an sich gar nicht mehr wahrgenommen wird. Mich brachte die Tatsache, dass Hildegards Sachen noch vollständig vorhanden waren, einen bedeutenden Schritt voran.

»Können Sie mir vielleicht ihre Kleider zeigen?«

Die Frau war froh, von dem schrecklichen Thema abgelenkt zu werden, und stand auf.

»Hilde hat so schöne Kleider. Alle ganz schick! Die sind da im Schrank.« Sie ging voran. »Hier im Schlafzimmer.«

Ich folgte ihr. Sie öffnete die beiden Flügel des mächtigen dunklen Möbels, nahm Bügel um Bügel heraus und breitete die Kleidungsstücke auf dem Bett aus. Zum Vorschein kamen schwarze, lange Hosen, Blusen, Jackettjacken. Hildegard Kunze liebte offenbar elegante Kleidung. Noch mehr Jacken, auch Pullover und irgendwo, mittendrin, etwas Schwarzweißkariertes.

Ich legte dieses Kleidungsstück frei und hätte am liebsten einen Luftsprung gemacht: Es handelte sich um ein schwarzweißkariertes, kurzes Kleid mit einem ausladenden schwarzen Kragen – das Abendkleid!

Ich bat darum, das Kleid mitnehmen zu dürfen. Die alte Frau hatte nichts dagegen.

Sie fragte mich beim Hinausgehen nicht, ob wir ihre Tochter nun finden würden. Wahrscheinlich hatte sie Angst vor einer Antwort. Dennoch hinterließ mein Besuch in dieser Wohnung einen Hoffnungsschimmer, den ich von den blassen Wangen der alten Frau ablesen konnte.

Mein nächster Weg führte mich in das HO-Geschäft für Bekleidung. Einen Augenblick blieb ich vor dem breiten Schaufenster stehen. Hier also hatte die ganze Geschichte ihren Anfang genommen. Ich trat durch die Schwingtür. Die Verkäuferin im Erdgeschoss hatte zwar nicht viel zu tun, kam aber auch nicht auf mich zu. Gelangweilt beobachtete sie mich.

Schließlich fragte ich: »Kann ich bitte den Verkaufsstellenleiter sprechen?«

Das Gesicht der Verkäuferin wurde lang. »Eine Reklamation?«

Misstrauisch beäugte sie das Paket in meinem Arm. Da sie nicht wissen musste, was mich herführte, sagte ich streng: »So etwas in der Art.«

»Na hoffentlich hat er Zeit«, murmelte sie im Weggehen mit einem bösen Blick auf mich.

Wenig später erschien sie mit einem Mann im Anzug an ihrer Seite. Beide blickten mich vorsichtshalber skeptisch an, wahrscheinlich um deutlich zu machen, dass Reklamationen wenig Erfolgsaussichten hatten. Ich ließ mich davon nicht beeindrucken.

»Kann ich mit Ihnen reden?«, fragte ich knapp. Er wartete auf meine Frage. »Ich glaube nicht, dass es gut ist, hier darüber zu sprechen«, sagte ich mit einem Seitenblick auf die mürrische Verkäuferin.

»Gehen wir in mein Büro.«

Ich folgte ihm zwischen Socken und Krawatten hindurch, setzte mich in seinem Büro ungebeten in den Stuhl gegenüber dem Schreibtisch und stellte mich erst dann als Kriminalpolizist vor. Der Ausdruck im Gesicht meines Gegenübers wechselte von streng überheblich hin zu fragend und blieb schließlich bei besorgt stehen.

»Was kann ich für Sie tun?«

»Im Frühjahr 1967 wurde dieses Kleid bei Ihnen gekauft. Um genau zu sein, am 26. Mai 1967. Kann man das noch nachvollziehen?«

Jetzt kam Bewegung in den Mann. »Selbstverständlich. Wir müssen sämtliche Warenein- und -ausgänge aufbewahren. Ich muss lediglich im Archiv im entsprechenden Jahr suchen. Das werden wir gleich haben.« Er verschwand nach draußen. Offenbar gab er den Auftrag, die entsprechende Akte zu holen, an eine der müßigen Verkäuferinnen weiter. Bald darauf war er im Büro zurück. Sein Blick fiel auf mein Paket. »Ist dies das Kleidungsstück, um das es sich handelt?«

Ich nickte und packte das Abendkleid aus.

Fachmännisch befingerte er es. »Sehr gute Qualität, nicht wahr? Die Kundin hat es offensichtlich nicht oft getragen«, stellte er fest und machte daraus eine Frage. Ich beantwortete sie nur für mich: Sie ist nicht mehr dazu gekommen!

»Ich erinnere mich an diese Charge. Wir hatten davon einige in verschiedenen Größen. Sie hatten allerdings – der Qualität entsprechend – einen, sagen wir, exklusiven Preis.«

Ich stimmte zu. »Einhundert Mark.«

Er wirkte überrascht. »Tatsächlich? Ich hätte gedacht, es wäre teurer gewesen.«

Nun betrat eine gutgekleidete Dame das Büro und übergab einen dicken Ordner. Der Verkaufsstellenleiter schlug ihn auf seinem Schreibtisch auf, blätterte zu einem Trennblatt, das offensichtlich die Wareneingänge im Mai 1967 markierte. »Da ist es:

Zehn Abendkleider Sophie, Charge Nr. 102034, zweifarbig schwarz-weiß, aus Mischgewebe, in den Größen achtunddreißig bis zweiundvierzig. Eingang: 15. Mai 1967. Verkauft am …« Jetzt wurde es spannend. »20. Mai 1967, 26. Mai, 27. Mai, 30. Mai gleich zwei Mal, ja, und der Rest dann im Juni.«

Da hatte ich es! »Darf ich mal sehen?« Ich hielt es kaum noch aus, stellte mich neben den Mann und sah ihm über die Schulter. Mit dem Zeigefinger wies er auf das Eingangsdatum. Beigefügt gab es sogar eine Zeichnung des Kleides. Dann blätterte er weiter und zeigte die Verkaufsbelege. Das war es! Ich hatte einen Beweis. Einen handfesten Beweis!

Ich bedankte mich bei ihm, packte mein Abendkleid wieder ein und verließ das Textilgeschäft.

Nun würde ich mich Wolfgang Lämmchen zuwenden. Laut seinen Aussagen war die Vermisste am Abend des 26. Mai nach der Geburtstagsfeier nicht wieder nach Hause zurückgekehrt. Wie aber war ein Kleid, das die Vermisste erst an diesem Tage gekauft hatte, in ihren Kleiderschrank gekommen? Das sollte er mir nun erklären!

Mit den bis dahin gewonnenen Erkenntnissen und nun auch einem objektivem Beweis stellte ich bei der Staatsanwaltschaft einen Haftantrag. Das war im Januar 1972. Diesem wurde stattgegeben und gegen Lämmchen Haftbefehl erlassen.

Die neue Adresse des Mannes zu ermitteln war nicht schwer. Am nächsten Tag begannen Mitarbeiter, die unmittelbare Umgebung von Wolfgang Lämmchen zu observieren, um herauszufinden, wann der beste Zeitpunkt für einen Zugriff war. Der Beobachtete hatte einen Hund, mit dem er morgens, bevor er sich zur Arbeit aufmachte, vor die Tür ging. Die Kollegen hielten das für den passenden Zeitpunkt, Herrn Lämmchen zu verhaften.

Wir postierten uns gegen sechs Uhr dreißig an der Ecke gegenüber seines Wohnhauses. Es war noch dunkel und ziemlich kalt. Hätten wir nicht um die Ecke gestanden, hätten uns die Atemwolken unter der Laterne verraten. Da bog auch schon eine Gestalt um die Ecke. Günther ging auf den Mann zu. »Wolfgang Lämmchen?« Der Angesprochene nickte. »Kriminalpolizei, Sie sind verhaftet!«

Er machte keine Anstalten zu entkommen, sah uns nur verwundert an. Selbst der Hund reagierte nicht. Er stellte sich schützend vor seinen Herrn, da er Gefahr für ihn spürte, aber das war auch alles. Ein Hundeführer nahm dem Mann das Tier ab. Wir verstauten Lämmchen in unserem Dienstwagen, auf der Rückbank flankiert von zwei Mitarbeitern der Volkspolizei. Von der Verhaftung wurde er direkt nach Naumburg in das dortige Kommissariat überführt, da Zeitz kein eigenes Kommissariat unterhielt.

Am gleichen Tag wurde der Verdächtige zum ersten Mal vernommen. Der gutaussehende, hochgewachsene Mann sprach in typisch sächsischem Singsang, der jedes Wort zerkaut. Er wiederholte zunächst seine Aussagen, die er bereits am 2. Juni 1967 zu dem Vermisstenvorgang seiner Verlobten gemacht hatte. Ich machte ihn darauf aufmerksam, dass er sich diese Version schenken könne. Einige Zeit widersprach er. Dann aber schilderte der Beschuldigte einen anderen Ablauf:

»Die Frau Kunze ist am 26. Mai abends nach der Geburtstagsfeier nach Hause gekommen. Ich weiß nicht, was da passiert war. Aber immer wieder sagte sie, dass ihr Leben keinen Sinn mehr habe.«

»Was meinte sie damit?«

»Naja, die Kinder hatte sie ins Heim gegeben. Und nun fühlte sie sich als schlechte Mutter. Sie war unzufrieden mit der Arbeit, den Gästen. Und dann sagte sie, sie wolle keinem mehr zur Last fallen. ›Es wäre das Beste, sich gleich umzubringen!‹, sagte sie.«

»Sie äußerte Selbsttötungsabsichten?«

»Ja, sie sprach davon, sich vor den Zug zu stürzen oder Tabletten zu nehmen.«

»Wie reagierten Sie?«

»Ich ging nicht darauf ein. Ich dachte, sie sei betrunken.«

»Wie ging es dann weiter?«

»Als ich am nächsten Tag gegen Mittag nach Hause kam, habe ich Frau Kunze im Schlafzimmer vorgefunden. Sie war tot.«

Ich ließ mir erklären, woran er das festgestellt habe und wie er weiter verfahren sei. Herr Lämmchen tischte mir eine unwahrscheinliche Geschichte auf: Er habe die Leiche in einen Teppich gewickelt, anschließend sei er damit auf einem Motorrad zu einer Müllhalde bei Zeitz gefahren. Dort habe er den Teppich mit Diesel übergossen und angezündet. Das Paket sei bis auf ein Aschehäufchen verbrannt und die Leiche von Frau Kunze somit vernichtet.

Das war ja wirklich hanebüchen. Keine Leiche verbrennt zu einem Aschehäufchen, noch dazu unbemerkt. Kurz und gut, ich glaubte Wolfgang Lämmchen seine neue Version nicht.

In der Vernehmung am nächsten Tag teilte ich ihm gleich zu Beginn meine Zweifel mit und verlangte von ihm, sich zu meinen Vorwürfen, er sei am Tod der Frau schuldhaft beteiligt, zu äußern. Tatsächlich gab er zu: »Die von mir gemachten Angaben zu der Nacht vom Donnerstag zum Freitag entsprechen nicht den Tatsachen. Ich war mit meinem Gewissen noch nicht im Reinen. Ich hatte nicht vor, die Amtspersonen in die Irre zu führen, sondern habe aus Angst erneut falsche Angaben gemacht.«

Er behauptete nun, dass das Opfer ihm erklärt habe, sich nicht wieder binden zu können. Ihn habe diese Mitteilung wie ein Schlag ins Gesicht getroffen, denn bis dahin seien sie sich einig gewesen, zusammenleben zu wollen. Nun habe sie das Gegenteil behauptet und davon geredet, ihre Kinder aus dem Heim zurückzuholen. Die Konsequenz für ihn wäre gewesen, aus dem Leben von Hildegard Kunze zu verschwinden. Auch habe sie ihm eröffnet, dass sie das gesamte gemeinsame Geld vom Konto abgehoben habe. Sie brauche es für ein Leben mit ihren Kindern – ohne ihn. Und sie habe ihm gesagt, dass sie die Kinder nicht freiwillig hergegeben habe. Man habe sie ihr weggenommen, weil sie vorbestraft sei. Er habe diese Eröffnung mit einer Ohrfeige quittiert.

Lämmchen atmete kurz durch. Bei der weiteren Schilderung sank mein Gegenüber immer weiter in sich zusammen. In seine Sätze schlichen sich Pausen. Er kämpfte mit sich, suchte die richtigen Worte. Richtige Worte, die mich überzeugen sollten, dass er nur so handeln konnte, wie er es letztlich getan hatte. Worte, die seine innere Aufruhr begründen konnten, in deren Folge er seine Hände um den Hals der Frau legte und zudrückte.

»Das konnte ich nicht fassen, vorher war doch alles gut zwischen uns. Ich wollte wieder ein Familienleben haben. Wie sich das so gehört.«

Ich fragte, was dann passiert sei.

»Sie hat gesagt, ich soll ruhig sein, nicht so rumschreien. Ich habe ihr erst eine runtergehauen. Als das mit den Kindern kam, das war für mich wie ein rotes Tuch. Da hat's ausgesetzt bei mir. Ich habe geschrien: Das kann nicht wahr sein. Und da ist es dann dazu gekommen. Und als ich wieder bei Sinnen war, da nahm ich wahr, dass ich Frau Kunze gewürgt hatte.«

Seine Stimme wurde brüchig, er sprach nicht mehr in zusammenhängenden Sätzen. Ab und zu musste ich nachfragen. Die detailgetreue Erinnerung an jenen Abend bewegte ihn sehr. Das sah und hörte ich. Er gab an, aus dem Zimmer gegangen zu sein, nachdem die Frau leblos auf dem Bett gelegen habe. Anschließend habe er Wiederbelebungsversuche gemacht, die allerdings zu keinem Ergebnis mehr führten. Wie er den Rest dieser Nacht verbracht hatte, konnte er nicht mehr sagen. Er wusste nur, dass er morgens gegen acht das Haus verließ. Ihm seien vielfältige Gedanken durch den Kopf gegangen. Ihm grauste davor, nach Hause zurückzukehren, denn er wusste, was ihn dort erwartete. Er habe überlegt, wie er die Folgen seines Handelns von sich abwenden könne. Die Angst vor den Konsequenzen brachte ihn dazu, alles zu vertuschen.

Ihm sei auch die Idee gekommen, die Leiche so zu verbrennen, wie er es in der ersten Vernehmung angegeben hatte, aber es sei ihm klar gewesen, dass ein Feuer viel zu auffällig gewesen wäre.

Gegen Abend des 27. Mai habe er dann einen Entschluss gefasst: Er wickelte seine Verlobte in eine Zeltplane, stopfte Handtasche und Bademantel mit hinein und verschnürte alles. Dieses Paket legte er anschließend quer über ein Motorrad und brachte es zu einem Tagebau. Dort warf er die Leiche in eine der Loren, die zum Verfüllen des Tagebaus eingesetzt wurden. In der Gewissheit, dass diese Lore am nächsten Tag automatisch mit Bauschutt gefüllt und dann in den Tagebau befördert würde, war er nach Hause zurückgekehrt.

Nach dieser Vernehmung hatte er mich zumindest so weit überzeugt, dass ich seine Angaben als Geständnis wertete. Aber das Ablegen der Leiche in einer leeren Lore, die Sorglosigkeit, den Dingen anschließend ihren Lauf zu lassen, das nahm ich ihm nicht ab.

Ein weiterer Vernehmungstermin wurde angesetzt. Noch einmal beteuerte er, dass Hildegard Kunze ihn provoziert habe.

Ich fragte: »Und sind das so gravierende Äußerungen der Frau gewesen, in jener fraglichen Nacht?«

»Ja. Sie wollte alles wegwerfen. Hat mich herausgefordert. Wie soll ich es ausdrücken?«

»Sprechen Sie so, wie Sie's denken.«

»Herausfordernd irgendwie, beleidigend und dass sie mich überhaupt nicht braucht. Und ich weiß auch nicht. Ich konnte das alles gar nicht fassen, weil vorher ja keine Auseinandersetzung stattgefunden hatte. Es war immer nur wegen der Kinder. Daher war alles unbegreiflich, was sie mir da sagte. Ich hatte ihre Wohnung ja eingerichtet. Und sollte nun auf einmal überflüssig sein.«

Ich sagte ihm offen ins Gesicht, dass ich ihm nicht glaube, die Leiche einfach in einen Waggon geworfen zu haben, ohne sicherzugehen, dass sie dort niemand entdeckte. Und endlich kam als dritte die Variante zur Sprache, die mir am wahrscheinlichsten erschien: Er habe die Leiche zum Tagebau Phönix-Nord gebracht. Den Tagebau kannte er von seiner Arbeit als Busfahrer, er transportierte die Schichtarbeiter. Er gab an, die Leiche dort abgelegt und anschließend mit alten Matratzen, die er vor Ort vorfand, bedeckt zu haben.

Dieser Tagebau wurde 1967 gerade geschlossen und verfüllt. Lämmchen konnte genaue Angaben zum Füllmaterial machen, das er am Ablegeort vorgefunden hatte. Mich überzeugte die Detailgenauigkeit seiner letzten Angaben. So etwas dachte man sich nicht aus.

Insbesondere zwei Rundsäulen waren so markant, dass sie einen Anhaltspunkt für weitere Ermittlungen boten. Diese Rundsäulen stammten aus Abrisshäusern, mit deren Schutt der Tagebau verfüllt wurde. Sie waren groß, so groß, dass man jede auf einem LKW transportieren musste. Ganz sicher würde sich ein Arbeiter an diese Elemente erinnern.

Unsere nächste Aufgabe war also wieder kleinschrittige Ermittlungsarbeit. Wir mussten herausbekommen, welche Firmen 1967 an der Verfüllung des Tagebaus Phönix-Nord beteiligt waren. Mit deren Hilfe konnten wir die Arbeiter finden. Und diese wiederum würden uns die Angaben von Lämmchen bestätigen – oder auch nicht.

*

Von der Revierleitung Altenburg erfuhren wir, dass der VEB BKW Phönix die Verkippung des Restloches durchgeführt hatte. Inzwischen gehörte der Betrieb zum VEB Braunkohlekombinat Regis. Immerhin konnte man uns dort den Namen des seinerzeit zuständigen Bergbauingenieurs nennen und eine dicke Akte mit den Verzeichnissen der beteiligten Firmen aushändigen. In der Akte fanden wir auch eine Dokumentation über die abschnittweise Verfüllung des Tagebaus sowie einen Ablaufplan, durch welchen sich der Zeitraum des Verfüllens nachvollziehen ließ.

Gleich zu Beginn der Akte fanden wir die Angaben, die belegten, dass der Tagebau zu Beginn des Jahres geschlossen worden war und die Verfüllung im Frühjahr 1967 begonnen hatte.

Bis zu diesem Punkt war die Aussage von Lämmchen nachvollziehbar und beruhte auf Tatsachen. Aber das betreffende Areal war groß. Gut drei Hektar umfasste der Verfüllungsabschnitt in diesem Frühjahr. Wenn Wolfgang Lämmchen die Wahrheit sagte, konnte sich die Leiche überall auf diesen 30 000 Quadratmetern befinden. Mich beschäftigten daher die beiden erwähnten Rundsäulen, und ich wollte die Fahrer finden, die diese Säulen transportiert hatten und sich bestimmt an die Umstände erinnern konnten. Die Liste der Transportbetriebe bestand nicht nur aus einheimischen Unternehmen, auch Betriebe aus Leipzig und Karl-Marx-Stadt waren vertreten. Man stelle sich die riesigen Flächen der

Kohlereviere im Raum Bitterfeld, Halle, Leipzig, Mansfeld, Zeitz vor. Nie wieder seit der Eiszeit war die Landschaft so großflächig, so gravierend und tiefgründig verändert worden wie in den dreißiger bis achtziger Jahren des 20. Jahrhunderts!

Wir hatten nun fünf Adressen und teilten uns die Arbeit.

Zwei Wochen später trafen meine Kollegen und ich zu einer Auswertung zusammen. Nacheinander legte jeder seine Ergebnisse auf den Tisch. Mein Besuch im Tagebau Espenhain, wo ich mit einer der Leipziger Transportfirmen gesprochen hatte, war ohne Ergebnis geblieben. Aber mein Kollege Günther hatte mehr Glück gehabt. Er war bei einer Karl-Marx-Städter Firma gewesen und legte uns ein Protokoll vor. Dort arbeitete Paul Ebert, der sich erinnerte, im Frühjahr 1967 – den genauen Zeitpunkt konnte er nicht angeben – besagte Rundsäulen im Tagebau gesehen zu haben.

Ich pfiff leise durch die Zähne. Die Rundsäulen waren es also wert gewesen, die Spur aufzunehmen.

Den Joker aber legte mein Kollege Hans-Peter auf den Tisch. Als die Reihe an ihn kam, seine Resultate zu präsentieren, spitzte er erwartungsvoll den Mund. »Ich habe mich beim VEB Transport und Lager Zeitz umgehört. Die meisten der Arbeiter sind seit ihrer Lehrzeit im Betrieb und stammen aus dem Raum Meuselwitz, Zeitz, Regis. Ich konnte mehrere Personen ermitteln, die im fraglichen Zeitraum an der Verfüllung des Tagebaus beteiligt waren.« Alle sahen ihn gespannt an. Hans-Peter nahm einen Schluck aus seiner Kaffeetasse, dann legte er das Protokoll vor. »Hier habe ich die Zeugenaussage eines gewissen Heinz Richter. Er gibt an, Verschüttmaterial zum Tagebau gefahren zu haben, darunter auch die Säulen. Und er musste mir auch gleich noch die Geschichte erzählen, was es mit ihnen auf sich hatte.«

Die Aussagen von Wolfgang Lämmchen stimmten demnach! Erleichtert hörten wir uns noch an, was Heinz Richter über die Rundsäulen erzählt hatte, denn er erinnerte sich genau, weil diese Bauelemente viel Aufwand verursacht hatten. Sie stammten aus einer lange Zeit leerstehenden Gründerzeitvilla am Stadtrand von Zeitz. Im März/April 1967 sei endlich der amtlichen Beschluss ergangen, die einsturzgefährdete Villa abzureißen. Der Bauleiter der Abrissfirma habe zunächst erwogen, die beiden riesigen Säulen in kleinere Einheiten zu zerlegen. Letztlich fehlte es dafür an Gerät, so dass man sich entschloss, die Teile im Ganzen in den Tagebau zu verkippen.

Das also waren die von Wolfgang Lämmchen beschriebenen Rundsäulen. Für mich bedeutete die Aussage des Fahrers, dass diese dritte Version nun einen Beweis erhalten hatte. Mit diesem wandte ich mich an die Staatsanwaltschaft. Dort musste entschieden werden, ob man den Tagebau noch einmal öffnen und nach der Leiche von Hildegard Kunze suche würde. Genau genommen war das abzusuchende Areal mehrere hundert Quadratmeter groß.

Die Staatsanwaltschaft Halle war nicht befugt, Erdbewegungen in solchem Ausmaß anzuordnen, um nach einer im Jahre 1967 abgelegten Leiche zu suchen. Daher wandte man sich an die Generalstaatsanwaltschaft in Berlin, setzte sie über die Ermittlungen in Kenntnis und warf die Frage auf, ob es finanziell vertretbar sei, den Ort des Geschehens wieder aufzubaggern. Wie zu erwarten befand auch die Generalstaatsanwaltschaft in Berlin den Aufwand für zu groß und den dazu im Verhältnis stehenden Nutzen bei weitem zu gering. Das Ansinnen wurde abgelehnt, wonach ich einen sogenannten Schlussbericht zwecks Anklageerhebung an den Bezirksstaatsanwalt richtete.

*

Im Oktober 1972, fünf Jahre und fünf Monate nach dem Verschwinden von Hildegard Kunze, fand vor dem Bezirksgericht Halle die Hauptverhandlung statt. An diesen Verhandlungen nahmen die Ermittler in der Regel nicht mehr teil. Unsere Arbeit war getan. Meistens erwartete uns nach dem Schlussbericht sowieso schon der nächste Fall.

Eine entscheidende Rolle für die Bestimmung des Strafmaßes spielt immer, wie geplant ein Täter vorgeht. Hinweise darauf kann man entgegen manchen Geständnissen an der Leiche ausmachen. Im Falle von Wolfgang Lämmchen hatten wir aber keine

Leiche. Wir hatten nur seine Aussagen zum Tathergang. Sein Verhalten im Gericht war kooperativ. Auch seine Aussagen, die er in meiner Vernehmung gemacht hatte, ließen auf eine Tötung im Affekt schließen. Der Tatvorwurf eines Mordes war nicht nachzuweisen. Aus diesem Grunde kam das Gericht überein, Wolfgang Lämmchen wegen Totschlags zu acht Jahren Freiheitsentzug zu verurteilen. Er trat die Strafe sofort an.

Glück für Lämmchen war die Generalamnestie im Oktober 1972. Unter diesen Erlass fielen unter anderem Totschlagshandlungen. Der Beschuldigte wurde Ende November 1972 aus der Haft entlassen. Die Begründung für die Freilassung stützte sich auf die nicht widerlegbare These, dass Wolfgang Lämmchen seine Verlobte nicht aus Vorsatz, sondern im Affekt getötet hatte. Er saß nicht länger als einen Monat in Haft. Ob damit Hildegard Kunze Gerechtigkeit widerfuhr, sei da–hingestellt. Für mich war es eine Genugtuung, nach fünf Jahren den Fall doch noch gelöst zu haben.

*

»Oma, liest du uns noch etwas vor?« Der Große hielt ihr erwartungsvoll das Buch hin. Die alte Frau griff danach, legte es in ihren Schoß, öffnete es aber nicht. Sie sah einfach auf ihre Hände und schwieg. »Oma, liest du uns vor?«, hakte der Junge nach. Die Großmutter schreckte aus ihren Gedanken hoch. Unbewusst strichen ihre Hände über den Buchrücken. »Als eure Mutter noch klein war, habe ich ihr auch immer vorgelesen. Genauso wie euch beiden jetzt. Es kommt mir vor, als wäre es noch gar nicht lange her. Und jetzt ist sie … ist sie …« Die Frau konnte nicht weitersprechen.

»Weißt du, was meine Lehrerin gesagt hat?«, fragte der Kleine. Die Frau blickte von dem Buch auf. »Wir sind doch da. Du hast doch uns. Und ein kleines bisschen sind wir doch auch unsere Mutti, oder nicht?«

Die Frau schluckte. Dann umarmte sie den Kleinen, drückte dem Großen einen Kuss auf die Wange und verließ schnell das Zimmer.

WILLKOMMEN IM NEUEN LEBEN!

Im Mai des Jahres 1975 bekam ich eine dünne Akte auf den Tisch. Es handelte sich um den Vermisstenvorgang Juliane Wäldchen. Ich war damals als Untersuchungsführer der Mordkommission Halle tätig und dafür verantworlich, alle Informationen zum jeweiligen Fall zusammenzutragen, um daraus neue Ermittlungsgänge abzuleiten. Für diesen konkreten Fall wurden mir vier weitere Kriminalisten als Ermittler zur Verfügung gestellt.

Die Akte selbst gab nicht viel her. Darin enthalten waren einige nichtssagende Protokolle des zuständigen Volkspolizeikreisamtes / Kriminalpolizei und ein Beschwerdebrief der Eltern an das Ministerium des Innern in Berlin. Aus der Akte ging hervor, dass die Bezirksbehörde Leipzig zeitweilig in diesen Fall involviert war, ohne dass brauchbare Ergebnisse zu verzeichnen waren. Letztlich wurde vom Ministerium des Innern Hauptabteilung Kriminalpolizei festgelegt, dass die Hallenser Mordkommission ermitteln sollte. Was war aus Juliane geworden?

*

Juliane stopfte ihre Unterlagen in ihre schwarze Ledertasche. Dabei fielen die Mitschriften von dem kleinen Stuhl des Hörsaals II in Halle-Kröllwitz. »Mist!«, zischte sie durch die Zähne. Beim Bücken rutschte ihr eine braune Haarsträhne aus dem Zopf. Etwas fahrig strich sie sie hinter das Ohr zurück. Dann fiel auch noch das Blaupapier aus dem Schreibblock und verteilte sich unter die nächsten fünf Stühle. Juliane fluchte leise weiter. Und das alles nur wegen Sabine, die vorgab, Kopfschmerzen zu haben und nicht zur Vorlesung gehen zu können. Juliane schrieb für ihre Zimmerbewohnerin mit. Als sie das Blaupapier aufsammelte, beschmierte es die gelbe Hose. Auch das noch! Wenn es schon mal schnell gehen sollte, passierte garantiert etwas! Es war Sonnabendnachmittag, das Wochenende stand vor der Tür. Und es war nicht irgendein Wochenende. Ab jetzt sollte sich ihr Leben ändern!

Doris stand schon am Ausgang des Hörsaals, hatte ihre Tasche unter den Arm geklemmt und stemmte die andere Hand in die Hüfte.

»Kommst du auch bald?«, fragte sie ihre Kommilitonin etwas vorwurfsvoll. »Wir sind schon wieder die Letzten!«

Jetzt hatte Juliane alle Unterlagen beisammen und kam mit schnellem Schritt.

Beide Studentinnen besuchten die Pädagogische Hochschule, um in nicht allzu ferner Zukunft als Lehrerinnen zu arbeiten. Ihre Fachrichtungen waren Physik und Mathematik.

Gemeinsam liefen die jungen Frauen den Flur hinunter zum Ausgang, überquerten den Hof und gingen an der Turnhalle vorbei in Richtung Haupttor. Das Internat, dem beide jetzt zustrebten, lag zweihundert Meter von den Unterrichtsräumen entfernt.

»Renn doch nicht so!«, beschwerte sich Doris. »Du hast es aber wirklich eilig. Hast du etwas Besonderes vor?«

Doris war von der Natur mit einer großen Portion Neugier ausgestattet. Juliane zögerte mit ihrer Antwort ein wenig zu lange.

»Nein. Nichts Besonderes. Ich will nur schnell nach Hause. Das ist doch normal, oder nicht?«

Doris sah hämisch, wie Julianes Wangen sich leicht röteten. »Erzähl mir nichts! Da steckt doch ein Mann dahinter!«

Die Röte auf Julianes Wangen vertiefte sich und erfasste auch die Ohren.

»Wie oft soll ich dir noch sagen, dass ich keinen Freund habe?«, sagte sie mit zu zittriger Stimme, als dass man ihr hätte glauben können.

»Juliane, Mädchen! Du bist zwanzig. Da ist es ganz normal, einen Freund zu haben.«

»Für mich eben nicht!« Juliane lief noch einen Schritt schneller, um den unangenehmen Fragen von Doris zu entkommen.

Inzwischen hatten die beiden jungen Frauen das Internat erreicht. Kaum hatte Juliane ihre Tasche abgestellt, fing Doris wieder an.

»Komm! Erzähl mir von deinem geheimnisvollen Verehrer.«

Sabine lag im Doppelstockbett oben und schlief offensichtlich, denn man konnte ihre tiefen, regelmäßigen Atemzüge hören.

»Sabine fährt nicht nach Hause, oder?«, fing Juliane an, um vom Thema abzulenken. Sie stand vor ihrem Schrank und packte eine kleine Reisetasche.

»Nein. Die bleibt, wegen Heinz. Du weißt schon«, sagte Doris und setzte einen vielsagenden Blick auf. Juliane verzog spöttisch den Mund. Heinz ging auch in ihre Seminargruppe und wohnte im Internat eine Etage höher.

»Genau genommen wartet sie nur darauf, dass wir beide hier verschwinden. Dann hat das Pärchen sturmfrei.«

»Ja, ja. Und ich schreibe für sie die Vorlesung mit, weil sie Kopfschmerzen hat.«

»Das kannst du nicht verstehen.« Doris saß jetzt auf einem schmalen Sessel an dem runden Tischchen neben der Tür. Mit Ironie in der Stimme setzte sie hinzu: »Du bist ja nicht verliebt. Woher solltest du also wissen, was die beiden unter der Woche leiden …«

Jetzt wurde es Juliane doch zu viel. »In Ordnung. Du hast gewonnen«, sagte sie, ohne mit dem Packen aufzuhören. »Da du ja doch nicht aufhörst: Ja, ich habe einen Freund.«

Doris schnalzte mit der Zunge. »Unsere Jule. Wir alle denken, was für ein fleißiges, braves Mädchen. Und so zurückhaltend. Ständig nur das Lernen im Kopf. Keine Zeit für die Männer. Und dann das!«

Wie eine enttäuschte Mutter stemmte Juliane die Hände in die Hüften. »Tja. Das habt ihr nicht gedacht.«

»Im Ernst«, sagte Doris. »Darüber gesprochen haben wir schon ab und zu. Und einige meinten auch, dass das nicht sein kann – ich meine, so wie du aussiehst. Besonders der Holger meinte das.« Juliane wurde jetzt wirklich rot. »Aber zugetraut haben wir es dir dann auch wieder nicht. Du bist doch die, welche alle Hausaufgaben macht, lieber nicht mit ins Kino kommt, wenn morgen eine Leistungskontrolle ist. Die nie fehlt. Die immer pünktlich ist. Fast schon zum Gruseln mit dir.«

Juliane lachte nervös. »So ein Bild habt ihr von mir?«

Doris nickte unverblümt und machte dabei große Augen. Juliane musste lachen. Dabei rutschte wieder ihre braune Haarsträhne hervor.

»Ja, und?«

»Was und?«, fragte Juliane und begann sich umzuziehen. Mit der gelben Hose konnte sie nicht wieder auf die Straße. Der Fleck von dem Blaupapier saß genau auf dem Oberschenkel, und man sah ihn aus zehn Metern Entfernung. Sie entschied sich für eine schwarze Strumpfhose und einen braunen wollenen Rock darüber. Der kurze Rock brachte ihre langen, schlanken Beine zur Geltung, auch wenn sie wegen des kühlen Novemberwetters in der dicken Strumpfhose steckten.

»Erzähl schon!«, verlangte Doris und schien alle Zeit der Welt zu haben. »Wer ist er? Wie sieht er aus? Wohnt er in der Nähe?«

»Das werde ich dir doch nicht erzählen!« Juliane lachte.

»Du bist gemein!« Doris' Schmollmund wirkte überzeugend.

»Na gut. Er ist groß und sportlich.«

»Das klingt gut. Warum hast du ihn bis jetzt verheimlicht?«

»Naja, es soll halt nicht jeder wissen.«

»Aha«, meinte Doris altklug. »Er ist verheiratet.«

Juliane sah ihre Mitbewohnerin mit großen Augen an. »Wie kommst du denn darauf?«

»Immer wenn die Männer verheiratet sind, soll es kein anderer wissen, damit die liebe Ehefrau auch ja keinen Verdacht schöpft.«

»Aber so ist es nicht«, verneinte Juliane kategorisch. »Er liebt nur mich. Seine Frau ist ihm völlig egal. Da läuft gar nichts mehr.«

»Ach, Julchen. Das sagen sie alle.«

Juliane warf eine Dose Creme in ihre Kulturtasche. »Ich weiß ja nicht, wen du so kennst, aber er ist anders. Und von diesem Wochenende an wird auch alles anders!«

Doris setzte sich aufrecht in den Sessel. Jetzt wurde es spannend. »Wieso von diesem Wochenende an?«

»Weil wir ganz groß ausgehen.« Das Rückgrat der jungen Frau straffte sich.

»Das hat doch aber nichts zu sagen. Nur weil ihr ausgeht, bleibst du doch die Geliebte.«

»Ach, Doris. Du kennst ihn nicht. Er hat seine Frau so satt. Sie übersieht ihn glatt. Seine Gefühle interessieren diese Frau gar nicht mehr. Immer wenn er müde von der Arbeit nach Hause kommt, nervt sie ihn mit dem ganzen Hauskram, dem Kind. Alles unwichtiges Zeug. Dafür, dass er für die Familie sorgt, sich aufreibt, bekommt er keinen Dank. Er ist so zärtlich, weißt du! Und gebildet. Nicht so wie die Jungs da oben in der nächsten Etage.« Sie nickte in Richtung Decke. »Das sind doch Kinder. Wen interessiert denn, ob es in der Kneipe xyz nach zehn kein Bier mehr gibt? Er kennt sich aus in der Oper. Er würde so gern regelmäßig ins Theater gehen. Aber seine Frau, die kommt da nicht mit. Und sie lässt ihn auch nicht. Stell dir vor: Ständig spioniert sie ihm nach, will wissen, wo er so lange war und warum er so spät nach Hause kommt. Sie ist doch nicht seine Mutter! Ich meine, er ist erwachsen! Da sollte man doch tun dürfen, was man möchte!«

Doris schmunzelte amüsiert. Solch einen Gefühlsausbruch hatte sie bei ihrer Kommilitonin lange nicht erlebt.

Juliane war fertig angezogen. Zu dem Rock trug sie eine gelbliche Bluse und darüber eine ebenfalls braune Strickjacke, die an der Hüfte endete. Jetzt hatte sie ihr Schminktäschchen in der Hand und war auf dem Weg in den Waschraum des Stockwerks.

»Du bist wirklich verliebt«, stellte Doris fest. »Herzlichen Glückwunsch.« Aber bevor Juliane entschwinden konnte, hatte Doris doch noch eine Frage. »Du machst dich ja schick! Das muss was Großartiges sein. Wo fahrt ihr denn nun hin?«

Juliane lehnte sich neben die Tür und hielt eine Hand auf der Klinke. »Wir haben Zeit bis morgen Abend! Stell dir vor! Nicht nur die paar Stunden, um spazieren zu gehen, einen Kaffee zu trinken. Wir bleiben über Nacht!«

Es war ihrer Stimme anzuhören, dass das für Juliane tatsächlich ein Wunder sein musste. Doris kicherte in sich hinein. Da waren die anderen Mädchen der Seminargruppe wirklich weiter.

»Er hat morgen ein Treffen in Dresden. Beruflich. Da nimmt er mich mit.« Doris fragte lieber nicht mehr nach, denn jetzt erzählte Juliane von sich aus. »Und, stell dir vor: Wir übernachten im Interhotel Newa!« Sie kostete jede Silbe dieses Namens aus. Es klang bei ihr nach unbekanntem Luxus, nach Prestige, kurz: nach den Märchen aus tausendundeiner Nacht.

»Dann musst du aber noch was Nettes für abends einpacken«, meinte Doris.

Juliane bewarf sie mit einem Handtuch, das sie sich blitzschnell von der Lehne des nächsten Sessels gegriffen hatte. Dann ging sie in den Waschraum, stellte ihre Utensilien auf dem Waschbecken ab und musterte sich im Spiegel. Doris war ihr gefolgt.

»Soll ich dir die Haare machen?«, fragte sie hilfsbereit. »Warte, ich hole den Lockenstab. Das geht in Nullkommanix.«

Als Doris mit dem Stab zurückkam, hantierte Juliane bereits mit dem Makeup. Und während die eine sich schminkte und die andere ihr bei der Frisur half, redeten sie weiter über die Liebe.

»Er hat mir versprochen, dass er am Freitag seiner Frau mitteilt, dass er sich scheiden lässt. Verstehst du? Heute weiß die das schon. Heute Abend fangen wir beide ganz von vorn an! Seine Frau ist vorbei. Das ist Geschichte. Das wird unser Tag, verstehst du?« Doris sah im Spiegel Julianes Augen leuchten. »Das mit der Scheidung wird ein bisschen dauern, schon wegen des Kindes.«

Doris seufzte auf. Ein Kind war auch noch im Spiel! Hoffentlich verrannte sich ihre Freundin da nicht.

»Nur noch er und ich. Das Versteckspiel hört jetzt auf. Wir müssen nicht mehr fluchtartig ein Lokal verlassen, nur weil jemand Bekanntes plötzlich hereinkommt und uns sehen könnte. Ich kann ihn meinen Eltern vorstellen! Ab jetzt wird alles gut.« Juliane lachte erleichtert. Ihre braunen, mittellangen Haare kringelten sich in spiralförmigen Locken den Hals entlang. Hinten fielen sie federnd auf die schmalen Schultern.

»Du siehst perfekt aus!«, sagte Doris in den Spiegel, und beide Frauen lachten. »So, und jetzt spute dich, sonst kommst du noch zu spät. Es ist schon um drei. Und man fährt ja auch fast zwei Stunden. Fahrt ihr mit dem Auto oder mit dem Zug?«

»Mit dem Auto natürlich!« Juliane lächelte stolz. Keiner ihrer Kommilitonen hatte ein Auto!

Juliane beeilte sich, alles zusammenzuraffen, zog die schwarzen Stiefel und den braunen Wollmantel an und lief zur Tür.

»Viel Spaß!«, wünschte ihr Doris. »Und wir sehen uns im neuen Leben!«, scherzte sie noch.

Dann schloss Juliane die Tür hinter sich. Doris ging ans Fenster. Die Kommilitonin lief mit ihrer Reisetasche in Richtung Haupttor. Doris' Blick folgte ihr bis dorthin. Sie sah, wie Juliane auf einen großen Mann zulief. Er war in der Tat einen halben Kopf größer als sie. Sie warf sich in seine Arme, und er drehte sich mit ihr wie mit einem kleinen Kind. Doris sah beide lachen. Dann nahm der Mann Juliane die Tasche ab, und sie bogen von dem Tor nach rechts ab, wo Doris sie nicht mehr sehen konnte. »Unser Julchen. Wer hätte das gedacht«, sagte sie noch einmal vor sich hin. Dann rüttelte sie Sabine wach, um ihr die Neuigkeiten zu erzählen.

*

Rolf und Brigitte wussten, dass ihre Tochter an diesem Wochenende im Internat bleiben würde. Sie hatte von der Shakespeare-Aufführung am Sonnabend erzählt. Mit ihren Mitbewohnerinnen wollte sie ins Theater des Friedens gehen. Und nur für den Sonntag lohnte es nicht, nach Hause zu kommen, und vielleicht hatte sie für den Tag schon andere Pläne. Die jungen Leute mussten unter sich sein. Und insgeheim wünschten sich beide ja auch, dass die Tochter jemanden kennenlernen würde. Alt genug dafür war sie. Andererseits war ihnen bewusst, dass Juliane viel zu strebsam war, um wegen eines Mannes ihr Studienziel aus den Augen zu verlieren.

»Eigentlich hätte ich gern gewusst, ob ihr die Aufführung gefallen hat«, sagte am Montagabend Brigitte zu ihrem Mann.

»Du willst immer alles sofort wissen. Warte bis Sonnabend. Dann wird sie es dir schon erzählen«, antwortete der Vater in seinem Sessel.

Juliane war ihre einzige Tochter und stellte den Lebensmittelpunkt des Ehepaares dar. Brigitte hatte es mit Stolz erfüllt, wenn ihre Jule wegen ihres Fleißes ausgezeichnet wurde. Sie war zwar nicht von der ersten Klasse an eine der Besten gewesen, hatte sich aber stets gesteigert. Ab der achten Klasse begann sie darauf hinzuarbeiten, in die Erweiterte Oberschule zu kommen, um dann irgendwann Lehrerin werden zu können.

Dass es gerade Mathe und Physik waren, die sie interessierten, verdankte sie wohl ihrem Vater. Er war Freizeitfunker und hatte sich mit seiner Tochter oft über physikalische Probleme ausgetauscht. Aus dieser Leichtigkeit im Umgang mit den Naturwissenschaften resultierte immer mehr Interesse. Konnten Julianes Freundinnen dem Unterricht manchmal nur schwer folgen, erklärte sie ihnen bei den gemeinsamen Hausaufgaben anschaulich und mit vielen Beispielen, worum es ging. Rolf liebte an seiner Tochter, dass sie mit einfachen Worten und passenden Beispielen anderen vermitteln konnte, was sich auf der Erde abspielte. Er war es auch, der ihr gesagt hatte: »Du solltest Lehrerin werden. Besser als du kann es bestimmt keiner!« Und in Julianes Gehirn war dieser Satz wie Teer getropft und hatte sich dort festgesetzt.

Die Eltern erwarteten ihre Tochter am Sonnabend gegen vier. Sie war ja gewissenhaft, räumte immer erst auf, bevor sie ins Wochenende fuhr, und schaffte daher erst den Zwei-Uhr-Zug. Vom Bahnhof hatte sie noch zwanzig Minuten zu laufen. Und je nachdem, ob sie schnell lief oder bummelte, war sie vor oder kurz nach vier zu Hause. Brigitte hatte Kaffee gekocht und Kuchen gebacken und gegen halb vier angefangen, den Tisch zu decken. Um fünf rief sie Rolf in die Küche. »Lass uns jetzt Kaffee trinken. Sonst wird es zu spät.«

»Aber Jule ist noch nicht da«, widersprach Rolf.

»Bestimmt hat sie den Zug verpasst«, beruhigte ihn seine Frau. »Und bevor sie mit dem nächsten eintrudelt, ist mein Kaffeedurst weg. Ich lasse ihren Teller stehen.«

Als Juliane auch mit dem nächsten Zug nicht kam, wurden die Eltern etwas unruhig. »Sie hätte uns doch sagen können, dass sie dieses Wochenende auch in Halle bleibt«, murrte Brigitte enttäuscht und räumte Teller und Kaffeetasse zurück in den Schrank.

Aber Rolf fand das nicht so schlimm. »Du weißt doch nicht, was die jungen Leute vorhaben. Vielleicht gehen sie heute Abend ins Kino. Unter der Woche nimmt sich Jule dafür keine Zeit.«

Brigitte war etwas besänftigt und nickte. Abends im Bett waren ihre Gedanken wieder bei der Tochter. »Hoffentlich geht es ihr gut.«

»Nun mach dir mal keine Sorgen. Juliane ist zwanzig. Und bald ist sie Lehrerin, hat dann eine eigene Familie. Vielleicht ist es ganz gut, wenn wir uns langsam daran gewöhnen, sie ihren Weg alleine gehen zu lassen.«

»Aber den geht sie doch schon. Trotzdem kann sie nach Hause kommen«, widersprach die Mutter.

Rolf strich ihr über die etwas füllig gewordene Seite. »Ach Brigitte! Hab einfach Vertrauen. Sie weiß, was sie macht. Sie wird uns nicht enttäuschen. Und ein wenig Geheimnis gehört in die Jugend. Später hat sie dazu keine Gelegenheit mehr.« Brigitte nickte leise. Dann schlief sie ein.

In der nächsten Woche warteten beide auf ein Telegramm mit einer Erklärung. Jeden Tag kamen sie von der Arbeit nach Hause und sahen erwartungsvoll in den Briefkasten. Es fand sich viel Post darin. Aber keine Benachrichtigung, dass ein Telegramm in der Poststelle auf sie wartete. Keine Nachricht ihrer Tochter war darunter. Brigittes Unruhe wuchs. Von Tag zu Tag. Rolf versuchte sie allabendlich zu beruhigen. »Am Sonnabend ist sie gegen vier da. Da wett ich mit dir. Und dann wird sie uns schon erzählen, was sie gemacht hat.«

»Aber sie kann doch vorher ein Telegramm schicken. Sie weiß doch, dass ich mir Sorgen mache!« Auf Brigittes Stirn zeigte sich eine Sorgenfalte. Oder war es gar eine Zornesfalte? »Kannst du nicht am Sonnabend zum Zug gehen und sie abholen?«

Rolf sah seine Frau fragend an. »Und dann? Ist sie dann früher zu Hause?« Brigitte schüttelte resigniert den Kopf.

Rolf seufzte. »Wenn es dir so wichtig ist, gehe ich eben hin. Es ist ja Wochenende. Da habe ich Zeit.«

Rolf wartete auf dem zugigen Bahnsteig auf die Ankunft des Zuges aus Halle. Es war Dezember. Und es fiel eisig kalter Nieselregen. Er hätte sich auch in das Bahnhofsgebäude stellen können, aber seine Unruhe war zu groß. Er erwartete die Scheinwerfer der

Lokomotive. Bald sah er sie hinter der Kurve auftauchen. Der Zug rollte ein. Rolf trat ein Stück zurück und ließ die Ankommenden aussteigen. Viele waren es nicht. Mit einem Blick sah er, dass Juliane nicht darunter war. Er musste einmal hart schlucken und hatte das Gefühl, einen Stein im Magen zu haben.

Rolf beschloss, auf den nächsten Zug zu warten. Inzwischen war es völlig dunkel geworden. Über dem Eingang des Bahnhofsgebäudes brannte eine nackte Glühbirne in einem Glaskolben. Er war ganz allein. Nicht einmal der Schalterbeamte saß noch im Fahrkartenverkauf. Der Wind strich ungehindert über Schienen und Pflaster und rüttelte an den Zweigen der Büsche. Nach einer Stunde kam der nächste Zug. Aber der Ablauf war der gleiche wie vor einer Stunde. Rolf fror. Und ihn traf die Erkenntnis, dass, auch wenn er hier auf den letzten Zug warten würde, Juliane nicht darin sitzen würde. Seit drei Wochen hatte er seine Tochter nicht gesehen! Drei Wochen! Ohne ein Lebenszeichen! Dann drängte sich ein Gedanke in sein Bewusstsein, der ihn bis ins Innerste erschütterte: Polizei! Sie, Brigitte und er, mussten die Polizei einschalten. So lange ohne Nachricht, das war nicht seine Tochter. Mit schweren Schritten machte er sich auf den Weg nach Hause und überlegte dabei, was er Brigitte sagen konnte.

*

Erst ein halbes Jahr nach dem Verschwinden der Studentin wurde meine Abteilung mit der Aufklärung beauftragt. Julianes Name tauchte ein letztes Mal in der Anwesenheitsliste eines Seminars vom 28. November 1974 auf. Anschließend hatte sie das Studentenwohnheim verlassen und war seitdem spurlos verschwunden.

Wir begannen daher unsere Recherchen in Halle, genauer gesagt am Pädagogischen Institut in Kröllwitz. Julianes Eltern hatten angegeben, dass die junge Frau seit der Aufnahme ihres Studiums im September dort im Internat wohnte. Es war nicht schwer, im Hohen Weg herauszufinden, welches ihr Zimmer gewesen war. Es handelte sich um eines der üblichen Vierbettzimmer mit einem Schrank und Arbeitsplatz für jeden Studenten sowie einem gemeinsamen Tisch. Ihre Zimmergenossinnen wohnten sogar noch zusammen im Studentenwohnheim. Das Bett von Juliane war frei geblieben.

Auch mit den anderen Kommilitonen der Seminargruppe führten wir Gespräche. Natürlich erinnerten sich alle an Juliane und an ihr plötzliches Verschwinden im letzten Winter. Besonders die Mitbewohnerinnen Doris und Sabine konnten sich gut an die Vorgänge erinnern. Es herrschte Einigkeit, dass Juliane eine fleißige und engagierte Studentin war. Sie hatte mit den anderen gemeinsam gelernt oder für sie mitgeschrieben. »Wenn mal jemand seine Hausaufgaben nicht gemacht hatte, bei Juliane bekam man sie garantiert«, sagte Heinz, der Freund ihrer Mitbewohnerin Sabine.

Wem Pflichtbewusstsein nachgesagt wird, der verlässt nicht ohne wichtige Gründe einen begehrten Studienplatz. Nach unseren ersten Gesprächen konnten wir ausschließen, dass sie vor Problemen im Studium oder vor Streitigkeiten mit anderen Studenten geflohen war. Daher bestärkte sich für uns die Variante der Kollegen aus P. Deren Ansicht nach war es wahrscheinlich die Liebe, die Julianes Verschwinden verursacht hatte. Aber war sie einfach mit einem Mann weggegangen, ohne etwas zu sagen? Das entsprach weder dem Bild, das die Eltern von ihrer Tochter hatten, noch dem der Mitstudenten. »Jule? Nein. Bei ihr kam zuerst das Seminar. Und dann die Hausaufgaben. Und wenn das alles erledigt war, dann konnte sie mal abschalten und vielleicht auch mit ins Kino kommen«, sagte Sabine.

»Wir wussten ja lange nicht einmal, dass sie überhaupt einen Freund hatte«, gab Heinz in einem der Gespräche an. »Dabei war sie ein attraktives Mädchen. Es war schwer vorstellbar, dass sie niemanden haben sollte. Wir haben uns natürlich über die Mädchen unterhalten, Sie wissen schon. Aber an Jule hat sich keiner von uns so richtig rangetraut. Sie war irgendwie so unnahbar.«

»Seit wann wussten Sie denn überhaupt, dass Juliane einen Freund hatte?«, fragte ich.

»Lassen Sie mich mal nachdenken. Ich glaube«, er machte eine Pause, »ich glaube, das hat Doris erst hinterher erzählt, ich meine, nachdem Jule verschwunden war.«

Ich hakte nach. »Doris? Die Frau aus ihrem Zimmer im Wohnheim?«

»Ja, Doris hat mit Jule zusammen gewohnt. Am besten fragen Sie die mal. Der hat sie vielleicht mehr erzählt.«

Ich begab mich auf die Suche nach Doris. Es war gerade Seminarpause, und viele der Studenten nutzten das schöne Wetter, um sich ein wenig den Frühling um die Nase wehen zu lassen. Unter der Kastanie im Hof standen mehrere Studenten zusammen. Ich ging auf die Gruppe zu und fragte sie nach Doris. Eine mittelgroße junge Frau mit blondierten Haaren trat vor. »Das bin ich. Möchten Sie jetzt mit mir sprechen?«

Hatte sie auf eine Aufforderung gewartet oder gehörte es zum guten Ton, mit der Kriminalpolizei gesprochen zu haben?

Ich nickte und fragte freundlich: »Kennen Sie einen Ort, wo wir uns in Ruhe unterhalten können?« Die anderen zogen schiefe Gesichter. Offensichtlich amüsierten sie sich über die Tatsache, dass jetzt Doris dran war. Wir gingen zurück ins Internat in den Aufenthaltsraum mit dem Fernseher.

Doris ließ sich auf einen der Stühle fallen. »Was wollen Sie wissen?«

»So viel Sie mir sagen können.«

Die junge Frau lächelte. »Es wird Zeit, dass mal jemand nachfragt. Hier an der Uni, meine ich.«

Ich war etwas überrascht. »Hatte sich denn vorher niemand für Julianes Verschwinden interessiert?«

»Mit uns hat noch niemand gesprochen.« Ich fand das ziemlich schlampig von den Kollegen aus P. und konnte verstehen, dass die Eltern sich an das Ministerium des Innern gewandt hatten, nachdem sich ein halbes Jahr niemand ernsthaft um ihre Tochter gekümmert hatte.

»Gut. Sie und Juliane haben gemeinsam in einem Zimmer gewohnt. Hat sie Ihnen vielleicht etwas darüber erzählt, dass sie einen Freund hatte?«

»Das habe ich am letzten Tag aus ihr herausgequetscht. Freiwillig hätte sie mir nichts erzählt. Aber dieser Tag muss für sie etwas Besonderes gewesen sein. Sie hat sich so auf das bevorstehende

Wochenende gefreut, dass sie es einfach jemandem erzählen musste. Sonst war sie eher verschlossen.«

»Sie sagen also, dass Juliane an diesem Tag alles andere als schlecht gelaunt war?«

»Auf jeden Fall. Es war schon fast ein Höhenflug. Sie hat ihre besten Sachen eingepackt.«

»Demnach wollte sie verreisen?«

Doris nickte eifrig. »Sie hatte eine Verabredung für das Wochenende. Ihr Freund wollte sie mit nach Dresden nehmen.«

Das war doch immerhin eine Spur: Die Vermisste plante eine Reise nach Dresden und noch dazu mit ihrem Freund.

»Hat sie Ihnen auch gesagt, wo die beiden in Dresden unterkommen wollten?«

Doris beugte sich nach vorn. Sie hatte offensichtlich tatsächlich etwas von größter Wichtigkeit zu sagen. »Das war ja das Nächste: Im Interhotel Newa! Die beiden planten ein Luxuswochenende! Ich habe sie damals richtig beneidet. Wer möchte das nicht auch mal? So'n bisschen im Schampus baden ...«

Jetzt war die Spur heiß! Wir mussten lediglich die Gästeliste des Hotels am betreffenden Wochenende überprüfen, dann hatten wir den Mann. Ich war schon kurz davor, das Gespräch zu beenden, fragte aber noch: »Was dachten Sie, als Juliane nach dem Wochenende nicht zurückkehrte?«

Das Gesicht der Studentin verfinsterte sich. »Naja, zunächst dachte ich noch: Willkommen im neuen Leben!«

Ich sah sie verständnislos an. »Ach, wissen Sie, wir haben, als sie da ihren Koffer packte und mir von ihren Plänen erzählte, ein bisschen rumgealbert. Sie sagte, dieses Wochenende wäre für sie der Beginn eines neuen Lebens.«

»Warum das?«

»Ihr Freund war verheiratet. Er hatte ihr versprochen, sich scheiden zu lassen und naja – das wollten sie an diesem Wochenende eben feiern.« Sie holte nur kurz Luft. »Und da habe ich zu ihr zum Abschied gesagt: Wir sehen uns im neuen Leben. Wissen Sie – diesen Satz habe ich nicht mehr aus dem Kopf gekriegt – nachher dann. Es hat mir keine Ruhe gelassen.«

»Sie glauben also nicht mehr, dass sie ein neues Leben mit dem Mann angefangen hat?«

Doris räusperte sich. Sie sah jetzt ganz blass aus. »Nein. Auch wenn er ihr ein sorgenfreies Leben hätte bieten können, ihr war das hier wichtig. Hier verwirklichte sie sich selbst. Sie …« Doris konnte ein Schluchzen nicht unterdrücken, räusperte sich noch einmal. »Sie hatte doch Ziele.«

Es war genug. Ich wusste jetzt, wie wir weiter verfahren würden. Und diese Studentin war im Moment mit den Nerven am Ende. Ich bedankte mich und beendete das Gespräch.

Auch ohne den Ausbruch von Trauer dieser jungen Frau war mir nach dem eben Gehörten eines sofort klar: Juliane würden wir nicht lebend wiederfinden. Aus der Vermisstenanzeige Juliane Wäldchen war für mich soeben der Mordfall Juliane Wäldchen geworden. Es war nicht nur unwahrscheinlich, es war schier unmöglich, dass die junge Studentin irgendwo fern ihrer Familie, die ihr wichtig war, und ohne weiter ihre Lebensziele zu verfolgen das Hausmütterchen oder die Geliebte eines noch nicht geschiedenen älteren Mannes spielte. Wenn sich jemand, besonders im Alter zwischen achtzehn und fünfundzwanzig Jahren, auf eine Beziehung mit einem verheirateten Mann einlässt, dann ist ein Spannungsverhältnis vorprogrammiert. Wenn dann diese Geliebte von einem geplanten Liebeswochenende – das noch dazu die Enthüllung der Affäre voraussetzt – nicht zurückkehrt, dann kann der Gedanke an einen Mord nicht mehr von der Hand gewiesen werden.

Noch am selben Nachmittag meldete ich die Ergebnisse unserer Befragung dem Leiter der Mordkommission, meinem Vorgesetzten. Ich wollte als Nächstes nach Dresden fahren, um das Interhotel Newa zu überprüfen. So hätten wir nicht nur den Mann, sondern auch den Beweis, dass er zur Zeit des Verschwindens mit Juliane zusammen gewesen war. Der Rest wäre eine Frage des Verhörs, meinte ich. Mein Vorgesetzter teilte diese Ansichten und schickte unsere Arbeitsgruppe nach Dresden.

Zugleich wurde ein Leipziger Kollege beauftragt, zu den Eltern zu gehen und diese nach dem unbekannten Freund zu befragen.

Es stellte sich heraus, dass Juliane ihren Eltern nichts von ihm erzählt hatte. Das verwunderte mich nicht weiter. Juliane hielt sich an ihre Abmachung mit dem Unbekannten, dass ihre Beziehung wegen seiner Frau geheimzuhalten war. Dass sie es nicht einmal ihren Eltern erzählt hatte, zeigte mir den großen Einfluss, den der Mann offensichtlich auf die junge Frau ausübte.

Als wir uns in Dresden einquartierten, war ich mir sicher, dass wir nicht länger als acht Tage bleiben würden. Es konnte nicht lange dauern, das Material zu sichten.

Wir begannen am nächsten Morgen. Jeder Hotelgast der DDR musste bei einer Übernachtung einen sogenannten Meldeschein mit Angaben zu seiner Person ausfüllen. Diesen gab es als Original mit zwei Blaupapierdurchschlägen. Das Original und eine Kopie ging an die Meldestelle der Volkspolizei. Dort wurden sie archiviert. Bald würden wir einen Namen haben und eine Adresse.

Wir setzten uns in die uns zugewiesenen Diensträume des VPKA Dresden und überprüften das Material für den 28. bis 30. November. Damit, dass wir die Meldezettel bald durchgesehen haben würden, behielten wir recht, wussten aber im Laufe desselben Tages auch: Im Interhotel Newa war Juliane an diesem Wochenende nicht gewesen!

Vielleicht hatte Juliane vor ihrer Freundin nur geflunkert? Vielleicht wollte sie die Kommilitonin neidisch machen? Vielleicht war das Interhotel Newa dem Mann schließlich zu teuer geworden und er hatte eine andere Unterkunft gefunden? Wie viel Wahrscheinlichkeit steckte überhaupt in dem Hinweis, dass die beiden zum fraglichen Zeitpunkt in Dresden gewesen waren? Zumindest die letzten beiden Fragen ließen sich nur durch Fleißarbeit beantworten. Wir mussten sämtliche Übernachtungsmöglichkeiten in Dresden überprüfen! Wirklich alle.

Das versprach eine Sisyphos-Arbeit zu werden. Die Stadt war immer gut von Touristen besucht. Zugleich war dieses Wochenende, auf das sich Juliane so gefreut hatte, unsere einzige Spur.

Auch wenn die Stimmung der Arbeitsgruppe nun in den Keller rutschte, wir mussten uns Klarheit darüber verschaffen, wo die

Vermisste und ihr unbekannter Verehrer an diesem Sonnabend übernachtet hatten! Ich entschied, dass wir die Überprüfung durchführen würden, auch wenn es länger dauerte, als wir geplant hatten. Ich begann mit vier Kollegen. Den ganzen Tag über brachten uns Mitarbeiter der Kommission wahre Berge von Meldescheinen aus dem Archiv. Zettel um Zettel nahmen wir in die Hand und suchten nach Juliane. Weil die Meldezettel mit Blaupapier kopiert wurden, sahen unsere Hände am Abend aus, als hätten wir nichts anderes getan als Blaubeeren pflücken. Immer neue Kisten mit Scheinen kamen in die für uns reservierten Räume. Nach acht Stunden konzentrierten Lesens der handschriftlich ausgefüllten, oft schwer erkennbaren Durchschläge taten uns Augen, Schultern und Rücken weh. Wir gaben nicht auf. Aber wir hatten Juliane noch nicht gefunden.

Am nächsten Tag setzten wir unsere stupide Arbeit fort. Namen und wieder Namen. Ich holte mir schon die dritte Tasse Kaffee. Neben mir pfiff Hans-Peter durch die Zähne. »Was ist?« Es klang nicht danach, als ob er Juliane gefunden hatte. Aber etwas hatte er gefunden. »Sieh mal, wen ich hier habe.«

Er reichte mir einen Zettel über den Schreibtisch. Ich las den Namen und konnte mir ein Lächeln nicht verkneifen. Das war eine hochrangige Persönlichkeit der Partei. »So, so. Aber mit seiner Ehefrau war der nicht hier.«

»Nee«, sagte Hans-Peter. »Die ist ja auch schon über vierzig. Schau mal auf das Geburtsdatum seiner Begleiterin.«

»Einundzwanzig. Selbst seine Sekretärin ist älter«, meinte Günther lachend im Hintergrund.

Für solche kleinen Abwechslungen waren wir alle dankbar. Günther machte einen zweiten Seitenspringer aus. »Mit einer Schauspielerin, glaube ich. Sieh mal.« Er kam hinter seinem Schreibtisch hervor und ging zu Hans-Peter. »Das ist keine Schauspielerin. Die ist Sängerin. Die kam letztens erst im Kessel Buntes.« Wir fanden auch noch einen Politoffizier und einen General der NVA. Dresden war offensichtlich das Paris der DDR und bot mit seinen Barockbauten wohl das passende Bühnenbild für amouröse Abenteuer.

Natürlich waren wir froh, dass die Zettelberge kleiner wurden. Aber mit jedem abgearbeitetem Papier schwand unsere Hoffnung, etwas über Juliane zu erfahren. Nach drei Tagen ununterbrochenen Lesens von Namen stand fest: Juliane war am besagten Wochenende im November 1974 nicht in Dresden gewesen. Unsere Spur verlief im Sand. Es gab theoretisch die Möglichkeit, dass die beiden nicht nach Dresden, sondern an einen anderen Ort gefahren waren, doch die Summe all dessen, was wir inzwischen herausgefunden hatten, und Analogien zu anderen Fällen machten es noch wahrscheinlicher, dass Juliane nie am Ziel der Reise angekommen war.

»Und was machen wir jetzt?«, fragte Hans-Peter am Abend des dritten Tages.

»Na, wir fahren zurück«, antwortete ich. »Uns bleibt ja nichts anderes übrig.«

»Sieh es positiv!«, sagte Günther. »Es geht nach Hause.«

»Aber wir haben sie nicht gefunden!«, beharrte Hans-Peter.

»Weil sie nicht in Dresden war«, ergänzte ich.

»Oder weil du sie übersehen hast«, stichelte Günther bei seinem Kollegen.

»Ich habe alles genau überprüft. In meinem Stapel war sie nicht.«

Günther wandte sich an mich. »Fangen wir jetzt wieder von vorne an?«

»Nein«, entgegnete ich. »Wir wissen, wann sie verschwunden ist und dass sie mit ihrem Freund ein schönes Wochenende haben wollte. Was wir nicht wissen ist …«

»… wer ihr Freund war«, beendete Günther meinen Satz. Er kam hinter seinem Schreibtisch hervor und streckte sich.

»Genau. Den müssen wir jetzt finden.« Ich sprach nur aus, was allen klar war.

»Also zurück nach Halle ans Pädagogische Institut?«, fragte vorsichtshalber noch einmal Hans-Peter.

»Zurück ans Pädagogische Institut«, bestätigte ich.

*

Deprimiert kehrten wir nach Halle zurück. Den Eltern von Juliane konnten wir noch keine Ergebnisse liefern. Ich hielt sie über unsere Ermittlungen auf dem Laufenden. Und ich hatte ihnen gesagt, was ich allen Eltern sage, die ein Kind vermissen: »Ich verspreche Ihnen, dass wir alles in Bewegung setzen, um herauszufinden, wo ihr Kind ist. Das kann einige Tage dauern, aber auch Wochen oder Monate. Ich werde Sie über alles Neue informieren. Es kann leider auch passieren, dass wir einen Punkt erreichen, an dem wir nicht weiterkommen. Auch darüber werde ich dann mit Ihnen reden.«

Wir setzten nun von Halle aus unsere Ermittlungen fort. So konnten wir abends wenigstens nach Hause. Es ist als Ermittler der Polizei schwierig, das Privatleben im Griff zu behalten. Wir wurden zu den unmöglichsten Zeiten gerufen, Planungen mit der Familie mussten mehr als einmal über den Haufen geworfen werden. Manche Einsätze brachten es mit sich, dass die Familie über längere Zeit alleine klarkommen musste. Oft wurde ich auch in andere Städte berufen, um dort bei den Ermittlungen zu helfen, was ebenfalls eine Trennung für manchmal recht lange Zeit bedeutete. Ich war also froh, nach einer Woche wieder in Halle und damit bei meiner Familie zu sein.

Wir intensivierten unsere Befragungen der Lehrerstudenten. Jetzt ging es darum, etwas über den geheimnisvollen Freund zu erfahren. Doris hatte unmittelbar vor Julianes Verschwinden mit ihr gesprochen. Vielleicht wusste sie noch mehr über ihn.

Ich suchte Doris und fand sie in der Bibliothek über einem Stapel Bücher sitzend. Als sie kurz aufsah, erkannte sie mich. Ich winkte ihr zu. Sie hatte verstanden, klappte ihr Buch zu und stand auf. Ihre Materialien ließ sie auf dem Platz liegen. Ich begrüßte sie flüsternd. Dann gingen wir auf den Flur.

»Sie schon wieder«, begann sie.

»Ja«, sagte ich. »Sie können mir bestimmt noch weiter helfen.« Erwartungsvoll sah sie mich an. »An jenem Sonnabend, als Juliane nach Dresden gefahren ist, hat sie da die Straßenbahn genommen zum Bahnhof?«

»Nein.« Doris lächelte. »Ihr Freund hat sie abholt.«

Mein Herz machte einen Hüpfer. »Haben Sie den Mann gesehen?«, fragte ich hoffnungsvoll weiter.

»Nicht aus der Nähe. Nur von unserem Zimmer aus.« Ich wartete ab, was sie noch erzählen würde. »Das war doch eine tolle Neuigkeit: Unsere Jule hat einen Freund! Da bin ich ans Fenster gegangen und habe gewartet, bis sie aus dem Wohnheim kam. Sie ging mit ihrer Tasche bis zum Tor. Und dort hat er schon auf sie gewartet.«

»Wie sah er aus?« Meine Geduld ließ nach.

»Er war größer als sie. Einen halben Kopf. Sagen wir, so 1,75 bis 1,80.« Ich nickte ihr aufmunternd zu. »Tja, es war November und alle waren dick angezogen. Aber er hatte eine aufrechte Figur, nein, ich möchte es eher sportlich nennen. Ja. Er war mehr eine sportliche Erscheinung.«

»Können Sie das Alter schätzen?«, fragte ich.

»Zwischen fünfunddreißig und vierzig, würde ich sagen. Juliane sprach ja auch von einem älteren Mann.«

»Welche Haarfarbe hatte er?«

»Das kann ich Ihnen leider nicht sagen. Er hatte die Kapuze auf, weil es regnete.«

»Noch etwas, das Ihnen aufgefallen ist?«

Doris schüttelte den Kopf. »Nein, leider nicht.«

»Das ist immerhin etwas. Ich danke Ihnen sehr.«

Ich begleitete die Studentin zurück in die Bibliothek. Wir hatten jetzt eine Personenbeschreibung, wenn auch eine sehr vage.

Mit dieser Personenbeschreibung befragten wir weitere Studenten. Julianes Kommilitone Holger konnte sich nun erinnern, sie einmal in ein Auto steigen gesehen zu haben. Auf meine Frage antwortete er: »Ja. Das war im Herbst. Ich denke, September oder Oktober. Wohl eher Oktober, denn es war schon kalt. Da kam ich aus dem Wohnheim und wollte zur Straßenbahnhaltestelle. Vorn am Tor sah ich Juliane in Begleitung eines Mannes. Er war größer als sie und auch schon älter. Ich dachte: Vielleicht ihr Onkel, von dem sie mal erzählt hatte. Beide stiegen in einen hellblauen Skoda ein. Ich weiß das nicht mehr so genau. Kann auch ein Wartburg gewesen sein. Aber er war hellblau. Das sah irgendwie tröstlich aus an diesem verregneten Tag.«

Nun hatten wir zur Beschreibung ihres Freundes auch die seines Autos. Wir waren ein bedeutendes Stück vorangekommen. Aber gefunden hatten wir das Mädchen immer noch nicht.

Inzwischen war es Sommer. Juliane hätte jetzt ihr erstes Studienjahr beendet. Sie würde bald in die Semesterferien fahren, sich vielleicht bei ihrer Mutter in den Garten setzen und ein Buch lesen. Und wenn ihr das zu langweilig wurde, würde sie der Mutter helfen, die Kirschen zu ernten. Gemeinsam würden sie Marmelade daraus kochen oder einen Kirschkuchen backen. Bestimmt würde sie ehemalige Freunde aus der Schule treffen und mit ihnen ins Freibad oder ins Kino gehen. Sie würde Eis essen oder in einem Café in Leipzig elegant einen Kaffee trinken. Würde sie. Aber wahrscheinlicher war, dass sie all diese Dinge nie wieder tun würde.

Der Juni 1975 war ziemlich verregnet. An solch einem grau verhangenen Tag meldete sich das Ministerium für Staatssicherheit. Man wollte unseren Ermittlungsstand erfahren und bot uns an, an dem Fall mitzuarbeiten. Eine solche Zusammenarbeit war nicht ungewöhnlich. Fälle wie der von Juliane wurden von den übergeordneten Stellen im Auge behalten. Außerdem hatten die Eltern sich an das Ministerium des Innern gewandt und damit sicher auch die Aufmerksamkeit des MfS auf den Fall gezogen.

Im Fall von Juliane brachte uns die Zusammenarbeit mit dem MfS entscheidend weiter. Wir erhielten von den offiziellen Mitarbeitern der Staatssicherheit die Information, dass in einem Nachbarort von Julianes Heimatstädtchen ein Mann postlagernde Briefe von ihr abgeholt hatte.

Über den Hintergrund dieser Information erfuhren wir nichts. Wir bekamen sie einfach. Das Besondere an dem Postfach und dem Abholer war, dass er unserer Personenbeschreibung entsprach. Ein Mitarbeiter der Post hatte eine ähnliche Beschreibung gemacht, wie wir sie von Julianes Kommilitonin erhalten hatten.

Postfächer werden in der Regel in der Nähe des Wohnortes eingerichtet. Wir konnten also davon ausgehen, dass der Mann nicht weit weg wohnte. Obwohl es mehrere Männer in dem entsprechenden Alter und mit der beschriebenen Statur gab, fiel einer davon besonders auf: Peter Stahl.

Der Mann war Versicherungsvertreter. Er war verheiratet und hatte einen Sohn. Alle diese Daten unterschieden den Mann nicht von den anderen. Aber es gab eine Verbindung, die den Familienvater verdächtig machte: Als Vertreter der staatlichen Versicherung hatte er Julianes Eltern besucht und sie zu Hause beraten. Wir konnten davon ausgehen, dass er den Haushalt mehrfach aufgesucht hatte, mit anderen Worten: Juliane konnte ihm begegnet sein. Außerdem fuhr er einen hellblauen Skoda S100. Ich war mir sicher: Peter Stahl war der unbekannte Freund von Juliane, der Mann, den wir suchten.

An einem Freitagnachmittag suchte ich Julianes Eltern auf. Auf mein Klingeln öffnete mir Brigitte Wäldchen, Julianes Mutter. Sie wurde immer blass, wenn sie mich erkannte. Vielleicht war es ihr für eine kurze Zeitspanne gelungen, nicht an ihre Tochter zu denken. Und in diesem Augenblick stand ich vor der Tür, und all der Kummer war wieder da. Ich sah ihn in ihren Augen.

»Ich möchte noch einmal mit Ihnen sprechen.«

Sie fragte mich gar nicht, ob wir Juliane gefunden hatten. Wahrscheinlich fürchtete sie sich davor, dass ich Ja sagen könnte. Vielleicht war auch ihr inzwischen klar, dass sie ihre Tochter wahrscheinlich nicht lebend wiedersehen würde. Dennoch, ein Funke Hoffnung bleibt immer.

»Kommen Sie herein, bitte.« Sie begleitete mich ins Wohnzimmer, ließ mich auf dem Sofa Platz nehmen und verschwand in Richtung Küche.

»Ich koche Ihnen erst mal einen Kaffee«, sagte sie im Hinausgehen. Ob ich einen wollte, hatte sie nicht gefragt. Ich kenne diese Reaktion. Es geht darum, Zeit zu gewinnen, die Gedanken zu ordnen, das Aussprechen einer womöglich schlimmen Nachricht hinauszuschieben.

Während ich auf dem Sofa saß, konnte ich mich des Gedankens nicht erwehren: Genauso hat sie Peter Stahl auch hereingebeten. Sie hat ihn hier auf diesem Sofa platziert und ist in die Küche gegangen, um den Kaffee zu holen, bei dem sich alles besser besprechen lässt.

Ich sah mich im Wohnzimmer um. Vor mir stand der Wohnzimmertisch in Holzimitation, rechts und links flankierten zwei Sessel den Tisch. Vom Fenster hinter dem zweiten Sessel sickerte das trübe Licht dieses Tages schwer durch die dicken Gardinen. An der linken Wand neben der Tür hingen einige kleine Fotos. Gegenüber dem Sofa befand sich die Anrichte, im Glasteil waren Sammelteller aufgerichtet. Auf einem Gestell daneben stand der Fernseher.

Wie oft hatte Peter Stahl hier gesessen und auf die Anrichte gesehen? Ich stellte mir vor, dass die Eltern auf den Sesseln rechts und links Platz genommen hatten. Nach einigem Vorgeplänkel über die Gesundheit, die Arbeit, die Politik, vielleicht auch das Vorankommen der Tochter, hatte er wahrscheinlich seine Aktentasche geöffnet und einige Formulare herausgenommen, hatte die Kaffeetasse mit klirrendem Löffel beiseite geschoben und einen Schreibblock zwischen die Teller gelegt. Er hatte die Eltern beraten und ihnen Beträge und Erlöse vorgerechnet. Vielleicht war Juliane bei einem solchen Treffen dazugekommen? Hatte sie sich mit an den Tisch gesetzt? Ich konnte mir vorstellen, dass die Finanzen ihrer Eltern sie nicht besonders interessierten. Wahrscheinlich hatte sie sich nur von der Tür aus gemeldet und war in ihr Zimmer gegangen.

Meine Gedanken blieben stecken. Brigitte kam mit zwei Tassen und einer großen Porzellankanne herein. Sie schenkte uns ein und wartete, dass ich beginnen würde.

»Zunächst kann ich Ihnen nichts Neues sagen. Wir sind nicht vorangekommen. Aber wir suchen weiterhin den Mann, mit dem Juliane das Wochenende verbringen wollte.«

Brigittes Lippen wurden schmal. »Ich weiß nichts von einem Mann. Mir hat sie nichts erzählt. Ich wusste noch nicht einmal, dass es überhaupt einen Mann gibt.« Nervös griff sie zu ihrer Kaffeetasse und nahm einen großen Schluck. »Es wäre doch völlig normal gewesen, in ihrem Alter einen Verehrer zu haben. Ich hätte auch nicht erwartet, dass sie ihn uns gleich vorstellt. Aber sagen hätte sie es mir wenigstens können. Ich bin doch ihre Mutter!« Ihre

Stimme war bei den letzten Worten immer kläglicher geworden und zitterte am Ende. Sie räusperte sich und suchte fahrig nach einem Taschentuch.

»Wir überprüfen im Moment alle Männer, die Juliane kannte. An diesem Punkt müssen Sie uns weiterhelfen.« Ich hatte beschlossen, Peter Stahl nicht als Verdächtigen zu erwähnen. Wenn ich jetzt explizit nach ihm gefragt hätte, wäre der Frau alles klar gewesen. So aber musste mir Brigitte Wäldchen den Namen selbst nennen. Und dann konnte ich, ohne schlafende Hunde zu wecken, weiterfragen.

Sie begann mit den Nachbarn, dann folgten Arbeitskollegen aus ihrem Betrieb. Ich unterbrach sie. »Wir konzentrieren uns auf Männer zwischen dreißig und vierzig Jahren.«

»Oh, ja. Natürlich.« Sie war verwirrt.

»Ganz ruhig. Wir fangen noch einmal von vorne an.« Dieses Mal blieben mir die Rentner aus der Nachbarschaft erspart. Sie erwähnte Kollegen aus dem Betrieb ihres Mannes, Freunde der Schulfreundinnen. Peter Stahl erwähnte sie nicht. Offensichtlich lag der Versicherungsvertreter außerhalb ihrer Vorstellung. Ich musste nachhaken.

»Welchen Männern konnte sie hier zu Hause begegnen?«

Brigitte Wäldchen lachte auf. »Höchstens ihrem Vater!«

»Das heißt, es gibt keinen Postmann, keinen Handwerker, keinen Vertreter, der zu Ihnen nach Hause käme?«

Brigitte überlegte und trank einen weiteren Schluck Kaffee. »Doch, ab und an schon. Da kommt der Strommann. Der liest den Zähler ab. Aber der ist zu alt. Dann kommt die Volkssolidarität, aber das macht Frau Krause. Und unsere Versicherungen. Die macht Herr Stahl.« Ihre Augen blitzten einen Augenblick auf. »Naja, Herr Stahl ist wohl so Ende Dreißig. Ich habe da nie drauf geachtet. Aber der ist doch verheiratet. Und jetzt ist seine Frau wieder schwanger. Da kommt bald das zweite Kind. Er erzählt uns hier öfter von seinem Sohn. Goldig, sage ich Ihnen.« Brigitte lächelte.

»Und ist Juliane ihm hier begegnet?«

»Ja, natürlich. Das ließ sich doch nicht vermeiden. Herr Stahl kommt immer nach Feierabend. Weil wir ja sonst nicht können.

Und da ist Jule ja meistens auch zu Hause.« Dass sie in der Gegenwart gesprochen hatte, war der Mutter gar nicht aufgefallen. Aber ich wusste alles, was ich brauchte.

Auf meiner Rückfahrt überlegte ich. Wir hatten jetzt den Mann, auf den alles passte, was wir über Julianes Freund hatten herausfinden können. Und dennoch hatte der Mann, außer Juliane zu kennen, nichts getan, was ihn verdächtig machte. Im Gegenteil: Er war Familienvater, erwartete sein zweites Kind, arbeitete korrekt. Er hatte sich bei den Eltern keinerlei Fehlverhalten der Tochter gegenüber geleistet. Er war ein vorbildliches Mitglied unserer Gesellschaft. Trotzdem war ich mir sicher, dass nur er als Täter infrage kam.

Damit war ich beim nächsten Punkt: Täter! Was sollte der Mann denn getan haben? Juliane war verschwunden. Eine Leiche gab es nicht. Ich konnte ja noch nicht einmal beweisen, dass die Studentin wirklich tot war. Auch wenn es daran für mich keinen Zweifel gab. Wie sollte ich weiter verfahren? Ich erwog, einen Haftbefehl zu beantragen. Das würde mich in die Lage versetzen, Peter Stahl gezielt zu befragen. Früher oder später würde er gestehen. Aber wer sollte mir diesen Haftbefehl oder einen Haftantrag bei dem jetzigen Stand der Ermittlungen erteilen? Ich grübelte während der Autofahrt bis nach Halle. Beim Ankommen hatte ich einen Entschluss gefasst.

Seit einigen Jahren schon arbeitete ich mit der Staatsanwältin Goldmann zusammen. Wir hatten mehrere Fälle gemeinsam gelöst, und ihr war nicht entgangen, dass es mehr als einmal mein Instinkt gewesen war, der uns zur Lösung gebracht hatte. Staatsanwältin Goldmann hatte verstanden, dass ich mit meinem Bauchgefühl richtig lag, und gelernt – ebenso wie ich –, diesem Gefühl zu vertrauen. Ohne dieses Gefühl kann man die Hälfte der Kriminalistik vergessen, und die Fälle bleiben ungelöst. Frau Goldmann hatte die Erfahrung gemacht, dass ein stures Befolgen der Regeln nicht den Erfolg garantierte oder sogar dazu führen konnte, dass einem ein Täter durchs Netz ging. Und diese dingfest zu machen, war ihr – wie mir – so wichtig, dass sie bereit war, von der Einhaltung strikter Regeln abzuweichen. An sie würde ich mich am nächsten Morgen wenden und sie um einen Haftantrag bitten.

Gleich nach Dienstantritt ging ich zur Staatsanwaltschaft Halle in der Kleinen Steinstraße. An der Pförtnerloge gab ich an, zu wem ich wollte, stieg die breite Treppe in die zweite Etage hinauf, klopfte kurz und trat ein. Frau Goldmann saß hinter ihrem kleinen Schreibtisch, eingezwängt zwischen Aktenschränken und Regalen voll mit Büchern. Wir begrüßten uns kurz, und ich kam auf mein Problem zu sprechen.

»Es geht um die Vermisstenanzeige Juliane Wäldchen«, erklärte ich. Frau Goldmann war über den Fall informiert, ich brauchte nicht in alle Einzelheiten zu gehen. »Wir haben im Moment folgenden Ermittlungsstand: Juliane freute sich auf ein Wochenende mit einem verheirateten Mann mit Kind, der zwischen fünfunddreißig und vierzig Jahre alt war. Der Mann wurde als groß und sportlich beschrieben. Ein Mann gleicher Beschreibung holte Post aus Julianes Postfach ab. Sie hatte – so weit wir feststellen konnten – keinen weiteren Kontakt zu Männern Ende Dreißig. Der einzige, den sie aus dem Hause ihrer Eltern kannte, war der Versicherungsvertreter Peter Stahl. Außerdem fuhr er einen blauen Skoda. Peter Stahl erfüllt alle Kriterien.«

»Und das ist wirklich alles, was wir haben? Wir wissen ja noch nicht einmal mit Bestimmtheit, dass Juliane tot ist.«

»Das sagt mir aber mein Gefühl.« Sie sah mich skeptisch an. Ich musste sie irgendwie überzeugen. »Mehr können wir über Juliane nicht herausfinden. Wir sind an einem toten Punkt. Verstehen Sie?« Ich wurde eindringlicher. »Wenn es in diesem Fall weitergehen soll, dann nur über diesen Mann.«

»Aber ich kann keinen unbescholtenen Bürger verhaften lassen, nur weil er in groben Zügen dem Freund einer Vermissten ähnelt.« Da hatte sie ganz recht. Ich wusste das auch. Aber wenn ich Peter Stahl nicht befragte, würde das Kapitel für immer offen bleiben. Mit solch einem Ausgang konnte ich mich nicht zufriedengeben. Das ging gegen meinen Ehrgeiz und meine Überzeugung. Ich sah Brigitte Wäldchen vor mir, wie sie in ihrem Sessel saß und mich verzweifelt ansah. Sie brauchte – ebenso wie ich – Klarheit. Auch wenn das für sie bedeutete, sich endgültig mit dem Verlust ihrer Tochter abzufinden. Aus anderen Fällen wusste ich, wie wichtig es für Angehörige war, einen Ort der Trauer zu haben. Einen Ort, an den man gehen konnte, zu dem man Blumen bringen konnte. Gewiss, Julianes Eltern waren von diesem Punkt noch weit entfernt. Sie hofften entgegen jeder Vernunft, dass wir ihr Kind lebend finden würden.

»Auch wenn ich nicht mehr in der Hand habe, ich bin mir absolut sicher, dass er unser Mann ist. Und wenn es Sie überzeugt: Ich bin mir ebenso sicher, dass er der Grund für ihr Verschwinden ist. Frau Staatsanwältin, hier liegt ein Verbrechen vor.«

Sie saß hinter ihrem Schreibtisch und tippte sich mit den Fingerspitzen an die Lippen. Einige Minuten sagte sie nichts. Ich konnte erkennen, wie sie Konsequenzen gegeneinander abwog. Schließlich nickte sie stumm. Ich atmete auf. Diese Staatsanwältin, die meinem Instinkt vertraute, hatte den Mut, mir einen Haftantrag zu geben.

Heute wäre eine solche Vorgehensweise nicht mehr möglich. Schon deshalb nicht, weil der Verhaftete vor Beginn der ersten Vernehmung das Recht hat, mit einem Rechtsanwalt zu sprechen. Ein solcher hätte Peter Stahl in Sekunden klar gemacht, wie haltlos unsere Anklagepunkte waren und dass er auf der sicheren Seite blieb, wenn er einfach schwieg.

Erleichtert ging ich die breite Treppe der halleschen Staatsanwaltschaft hinunter. Nun hatte ich wieder Zutrauen, dass wir den Fall lösen konnten. Sobald der Mann in Haft war, würde ich mit der Vernehmung beginnen. Von diesem Zeitpunkt an lag es ganz allein an meiner Vernehmungsführung, aus diesem Mann die Angaben über die Vorkommnisse jenes 28. November herauszuholen. »Und dann sagst du mir auch, wo Juliane ist!«, drohte ich ihm, leise vor mich hinsprechend.

Dass trotz unseres spärlichen Ermittlungsergebnisses das zuständige Gericht in Leipzig dem Haftantrag folgte, war ein zweites Wunder in diesem langwierigen Fall.

Am 25. August 1975 wurde Peter Stahl zu Hause verhaftet. Ich war nicht dabei. Meine Kollegen Hans-Peter und Günther waren in die Heimatstadt von Juliane gefahren. In einem kleinen Haus am Stadtrand wohnte Julianes Verehrer mit seiner schwangeren Frau und einem vierjährigen Sohn.

»Du, der ist ohne Widerrede mitgekommen«, berichtete mir Hans-Peter. »Seine Frau hat sich nur gewundert, plötzlich die Polizei im Haus zu haben. Aber der Mann hat sie beruhigt und gemeint, es gäbe da nur etwas zu klären. Er wäre bald wieder da. Sie solle sich keine unnötigen Sorgen machen, dass sei schlecht fürs Baby. So ein miserabler Hund! Um das Ungeborene kümmert er sich, aber die Studentin hat er eiskalt auf dem Gewissen!«

»Nun mach mal halblang«, musste ich meinen Mitarbeiter stoppen. »Das muss er uns erst erzählen. Ohne Geständnis ist das eine Verleumdung. Dafür kann er dich verklagen.«

Hans-Peter nickte verärgert. »Ich weiß. Aber das holst du schon aus ihm heraus.« Dabei klopfte er mir auf die Schulter. Konnte ich das wirklich?

Unmittelbar nach der Verhaftung fuhr ich nach Leipzig. Das Vernehmungszimmer war ein karger Raum im Volkspolizeikreisamt Leipzig, in dem das Kommissariat II der Bezirksbehörde der Deutschen Volkspolizei Leipzig einquartiert war. Es gab im Raum nichts, woran sich der Blick festhalten konnte. Wände, deren einziger Schmuck Plakate von gesuchten Kriminellen waren. In der Mitte ein kleiner Tisch und einander gegenüber zwei nackte, harte Holzstühle. Es fiel aber viel Licht durch das große Fenster ohne Gardinen.

Peter Stahl saß bei meinem Eintreten bereits auf seinem Stuhl. Mit dem Blick zum Fenster konnte ich nur seinen Rücken erkennen. Doris hatte mit ihrer Beschreibung recht gehabt. Der Mann sah selbst im Sitzen athletisch aus. Er saß aufrecht, war nicht in sich zusammengesunken und wartete aufmerksam auf mich – seinen Vernehmer. Ich nahm ihm gegenüber Platz und hatte jetzt das Fenster hinter mir. Sonnenlicht fiel auf das ausdrucksstarke Gesicht des Mannes.

Ich stellte mich vor.

Er nickte und fragte dann: »Aus welchem Grund haben Sie mich verhaften lassen?«

»Juliane Wäldchen«, mehr sagte ich nicht.

Er verriet in keiner Weise eine innere Regung.

»Sie kennen die junge Frau?«

»Ja, natürlich. Sie ist die Tochter eines Ehepaars, das ich betreue.«

»Dann wissen Sie sicher auch, dass die junge Frau verschwunden ist.«

Er nickte. »Ich habe davon gehört. Die Eltern wollte ich darauf nicht ansprechen.«

»Warum nicht?«

»Weil es gute Kunden sind. Und ein solches Thema … Ich bitte Sie. Das wäre wirklich indiskret.«

»Haben die Eltern mit Ihnen über das Verschwinden ihrer Tochter gesprochen?«

»Frau Wäldchen hat einmal das Thema angefangen, aber ihr Mann unterbrach sie.«

»Wie oft haben Sie die Eltern seit Julianes Verschwinden besucht?«

»Ich weiß nicht genau, wann die junge Frau verschwunden ist.«

Peter Stahl war eine harte Nuss, das wurde mir schon nach der ersten halben Stunde der Vernehmung klar.

»Sie verschwand im November letzten Jahres.«

»Dann war ich zwei Mal bei dem Ehepaar Wäldchen.«

»Wann war das?«

»Einmal kurz vor Weihnachten. Ich bringe meinen Stammkunden immer eine kleine Aufmerksamkeit vorbei. Das zweite Mal im Frühling, im Mai. Wir sprachen über den Abschluss einer Hausratversicherung.«

»Kam dieser Abschluss zustande?«

»Bis jetzt noch nicht. Aber ich habe demnächst wieder einen Termin bei ihnen.«

»Wie war das mit Juliane, hat sich da etwas entwickelt?«

»Wie meinen Sie das?«

»Nun ja, sie ist eine hübsche, junge Studentin. Da kann man ja auch zweimal hinschauen.«

»Wollen Sie damit andeuten, dass ich eine Affäre mit ihr hatte?«

»Warum nicht?«

»Hören Sie: Ich bin verheiratet!« Und er setzte hinzu: »Glücklich!« Noch eine Pause. »Ich habe bald zwei Kinder.«

»Das haben andere auch. Und trotzdem lassen sie sich mit anderen Frauen ein.«

»Ich finde, das ist eine Unterstellung!«

»Haben Sie etwas mit dem Verschwinden von Juliane zu tun?«

Er lachte auf. »Die Unterstellungen werden ja immer persönlicher!«

»Und? Haben Sie?«

»Nein! Natürlich nicht!«

Ich bearbeitete Peter Stahl an diesem Tag fast sechs Stunden. Er ließ sich auf keine kompromittierenden Fragen ein und blieb dabei, lediglich der Versicherungsvertreter zu sein, der zu seinen Kunden ein rein geschäftliches Verhältnis pflegte. Mit dieser Aussage trennten wir uns bis zum nächsten Tag. Nach dieser ersten Vernehmung wurde der Haftbefehl verkündet und Peter Stahl in die Untersuchungshaft nach Halle überführt.

Am nächsten Morgen erwartete mich ein Ultimatum. Die Staatsanwältin Frau Goldmann rief mich an. Ihr Chef war aufgrund unserer Ermittlungslage durchaus nicht der Meinung, dass wir berechtigt seien, diesen Mann zu verhaften. Ich war weiterhin felsenfest davon überzeugt, den Mann vor mir zu haben, der für den Tod von Juliane verantwortlich war. Der Bezirksstaatsanwalt jedoch legte fest, dass Peter Stahl wieder freizulassen war. Er gab uns eine Frist von insgesamt fünf Tagen. Fünf Tage! Ich musste den Mann bis dahin so weit haben. Einen Tag hatte ich schon verloren. Mir blieben noch vier! Und Stahl musste uns selbst erzählen, was an jenem Novemberwochenende geschehen war! Beweisen konnten wir ihm ja nichts.

Der zweite Tag begann mit derselben Konstellation in der Untersuchungshaftanstalt Halle.

»Fangen wir noch einmal von vorne an. Sie sind Versicherungsvertreter bei Familie Wäldchen.«

»Das habe ich Ihnen doch schon gestern bestätigt.«

»Sie kennen die Familie wie lange?«

»Ich betreue das Ehepaar Wäldchen seit drei Jahren.«

»So lange kennen Sie auch Juliane?«

»Ja, sicher.«

Er setzte sich aufrechter, drückte den Rücken gerade und sah auf die Silhouette der Stadt.

»Ich verstehe nicht, was Sie von mir wollen? Ich habe mit ihrem Verschwinden nichts zu tun! Ich bin ihr nur in der Wohnung einige Male begegnet! Mehr nicht!«

»Aber Sie werfen schon mal ein Auge auf junge Frauen?««

»Ich bin verheiratet.«

»Das verhindert doch nichts.« Ich provozierte ihn bewusst.

»Bei mir schon. Ich liebe meine Frau. Und meine Kinder.« Er setzte Ausrufezeichen mit der Stimme.

»Erzählen Sie mir doch einmal, welchen Eindruck die junge Frau auf Sie gemacht hat?«

Er hob eine Braue. Fühlte er sich herausgefordert?

»Erstens war sie die Tochter meiner Kunden. Da hat jedes persönliche Interesse zu schweigen. Zweitens fand ich sie viel zu jung, zu unreif. Sie war zwanzig. Verstehen Sie doch! Ich hatte ganz andere Probleme, als mit einer Studentin zu flirten.«

»Dann schildern Sie mir Ihre eigene Situation. Ich möchte aber wissen, wie Sie Juliane einschätzen.« Ich blieb bewusst in der Gegenwart. Offiziell musste ich immer noch davon ausgehen, dass die Studentin am Leben war. Er holte tief Luft.

»Sie war eine intelligente junge Frau. Sie begriff schnell und konnte reagieren.«

»Woran merkten Sie das?«

»Manchmal nahm sie an meinen Beratungen teil. Sie hatte schnell verstanden, was ich den Eltern vermitteln wollte, und half mir dabei, ihnen die Sachverhalte deutlich zu machen. Nach dem, was ihre Mutter von ihr erzählte, war sie wohl auch sehr ehrgeizig und zielstrebig. Das kann ich aber nicht einschätzen.«

»Ist sie Ihnen sympathisch?«

Er kniff die Lippen zusammen. Ich wusste, was ihn störte. Ich kam schon wieder auf die Beziehungsebene zu sprechen. Aber ohne sich etwas anmerken zu lassen oder darauf näher einzugehen, sagte er: »Ja, sympathisch war sie mir.«

Wieder diese entwaffnende Ehrlichkeit. Es war zum Verzweifeln. Mehr bekam ich nicht aus ihm heraus. Noch hatte ich Zeit. Es waren erst eineinhalb Tage von den mir zugestandenen fünf vergangen. Ich hatte noch Gelegenheit, andere Strategien durchzuspielen. Auf eine davon würde er sich einlassen.

Nach einer kurzen Mittagspause setzten wir uns zur weiteren Vernehmung zusammen. Es ist unter normalen Umständen schon schwer, sich stundenlang ausschließlich mit einem fremden Menschen in einem kargen Zimmer aufzuhalten. Wenn der andere dann noch unangenehme Fragen stellt, entsteht psychischer Druck. Um wie viel dieser psychische Druck anschwillt, wenn Mord oder Totschlag unterstellt werden, kann sich nur ausmalen, wer einmal an solch einer Vernehmung teilgenommen hat. Bis zum Abend des zweiten Tages blieb ich dabei, ihn zu befragen. Ich unterstellte ihm nichts und konfrontierte ihn auch nicht mit meiner Annahme, dass Juliane tot war. Ich erreichte nichts außer Erschöpfung. Aber es war noch nicht aussichtslos. Ich hatte ja noch drei Tage.

Am Morgen unseres dritten Vernehmungstages änderte ich meine Strategie. Ich konfrontierte ihn mit Julianes Tod.

»Wissen Sie, was ich denke?«

Ich erhielt keine Antwort. Gleichgültig sah der Mann aus dem Fenster. Ich ließ mich nicht beirren.

»Ich denke, dass Juliane schon lange tot ist. Wahrscheinlich schon seit November letzten Jahres.« Wieder keine Regung. Es war, als redete ich gegen eine Wand. Dann rekonstruierte ich meine Sicht vom Ablauf der Ereignisse: »Ich sehe das so: Juliane und ihr verheirateter Freund planten ein Wochenende.« Ich betonte das Wort *verheiratet* – und erntete dafür nur einen finsteren Blick.

»Ja, es gibt verheiratete Männer, die sich an junge Studentinnen heranmachen«, murrte er mich an. Er hatte durchaus verstanden.

»Ich gehöre aber nicht dazu!«

Ich tat harmlos. »Lassen Sie mich doch einfach berichten, was wir wissen. Also: Der Mann – wir gehen weiter von dem großen

Unbekannten aus – hatte ihr etwas vom Interhotel Newa in Dresden erzählt. Nun plante sie nicht nur ein Liebes-, sondern auch noch ein Luxuswochenende. Können Sie sich vorstellen, welche Hoffnungen sich das Mädchen machte? Und zu allem Überfluss hatte der Mann ihr auch noch versprochen, sich von seiner Frau zu trennen. Dieses Wochenende sollte der Beginn des neuen gemeinsamen Lebens werden! Voller Überschwang packte Juliane ihren Koffer, mit Abendkleid und Schmuck – passend zum Ambiente.« Ich beobachtete ihn genau. Aber wenn es sich auch so zugetragen haben mochte, er tat mit keiner Miene kund, dass er den Ablauf der Ereignisse kannte. »Der Mann holte Juliane sogar vom Studentenwohnheim ab.«

»Ich nehme an, das alles haben Ihnen Freundinnen erzählt?«, fragte Stahl spöttisch. »Und wie ging die Geschichte weiter?«

Selbst diese Frage klang nur nach Provokation und nicht danach, zu erfahren, wie weit unsere Ermittlungen gekommen waren.

»Offensichtlich wollte sich der brave Familienvater doch nicht von seiner Frau trennen! Vielleicht war sie ja schwanger?« Ich stellte diese Frage ganz bewusst. Ich musste ihn provozieren! Ich musste irgendeine Regung aus ihm herauslocken! »Vielleicht überkam unseren Liebhaber da plötzlich eine Welle der Verantwortung, und er konnte sich von seiner Frau nicht mehr trennen?«

»Ich finde das ungeheuerlich, was ich mir von Ihnen anhören muss! Sicher gibt es solche Männer, aber noch einmal: Ich bin stolz auf meine Familie und ich will sie – wollte sie immer schon!«

Ungerührt setzte ich fort: »Und Juliane wollte sich nicht mehr als zweite Geige, als Gespielin abspeisen lassen. Da kam es meiner Meinung nach zum Streit.«

Böse knurrte er nur: »Sie haben eine blühende Fantasie!«

Ich brach ab. Es hatte an diesem Punkt keinen Zweck mehr. Von unseren fünf Tagen waren zweieinhalb verstrichen, und ich hatte an dem Mann keine Ecke gefunden, an der ich ansetzen konnte.

Am Nachmittag versuchte ich es wieder damit, ihn reden zu lassen und durch Zwischenfragen das Gespräch zu lenken. Aber er blieb bei seiner Version des treuen Familienvaters, der nur seiner Arbeit nachgeht und Kunden betreut. Gegen Ende des dritten Tages gab ich auch diese Strategie auf.

Am vierten Tag sahen wir beide blasser aus. Zusammengekniffene Augenbrauen und ein harter Zug um den Mund deuteten an, dass die Situation uns beiden zusetzte. An diesem Morgen würde ich schärfere Geschütze auffahren. Der andere ist bis zum Geständnis in solch einer Situation mein Gegner. Ich möchte, dass er gesteht. Das ist mein Beruf. Er möchte seine Haut retten. Das ist verständlich. Er weiß noch nicht, dass für viele Täter das Leben nach einem Geständnis einfacher ist.

Ich fragte ihn noch einmal: »Sie wissen also nicht, was aus Juliane geworden ist?«

Er verneinte.

»Ich bin mir aber ziemlich sicher, dass Sie der unbekannte Freund sind.« Ich setzte ihm jetzt die Pistole auf die Brust. Noch lachte er.

»Das ist wirklich absurd! Seit drei Tagen sitze ich hier und erkläre Ihnen stundenlang, dass ich keine Affäre mit Juliane hatte. Aber Sie glauben mir einfach nicht. Was kann ich denn noch sagen, damit ich Sie überzeuge.«

»Sie überzeugen mich nicht. Sagen Sie mir lieber, was Sie mit Julianes Briefen wollten. Stand dort etwas Kompromittierendes drin?«

»Wovon reden Sie? Wie sollte ich Briefe von Juliane haben?«

Ich geriet außer Fassung. »Sie sind ein Lügner, das sind Sie! Sie lügen mich seit drei Tagen an! Genauso wie Sie das arme Mädchen belogen haben. Ich habe Ihre Lügerei so satt! Sie wollen doch nur ihre schäbige Haut retten! Das ist alles. Was war mit den Briefen? Warum haben Sie sie abgeholt?«

Ich erhielt keine Antwort mehr. Sein Gesicht verschloss sich endgültig, und er verweigerte jede Antwort. Ich fragte nicht weiter. Ich hatte es genauso satt wie er. Nach einer halben Stunde Schweigen nahm ich den Faden wieder auf.

»Wann hat das mit Ihnen beiden angefangen? Einige Monate vorher? Ein halbes Jahr? Wie lange dauerte ihre Affäre?«

»Wir hatten keine Affäre.«

»Und wie erklären Sie es sich, dass die Zeugen Sie als Julianes Freund identifizierten?«

Peter Stahl blieb selbstsicher. »Sie konnten mich nicht identifizieren. Ich war nicht dort, wo auch immer das sein soll!«

»Und wie erklären Sie es sich, dass sowohl der Mitarbeiter der Post als auch die Mitstudenten eine Personenbeschreibung abgegeben haben, die – unabhängig voneinander – wie auf Sie passt?«

Er rollte die Augen, ballte die Fäuste. »Ich weiß nicht, wie oft ich noch sagen soll, dass ich Juliane nur im Hause ihrer Eltern begegnet bin! Wissen Sie was? Ich habe keine Lust mehr! Sie hören ja nicht zu! Was auch immer ich sage, Sie gehen davon aus, dass ich Julianes Freund bin. Scheren Sie sich doch mit Ihrer fixen Idee zum Teufel!«

Er hatte seinen Fluch leise durch die Zähne gezischt.

Ich redete stundenlang weiter, stellte Fragen. Manchmal wusste ich nicht mehr, was ich vor einer Stunde gefragt hatte, verlor gelegentlich das Konzept. Oft habe ich mich auch einfach eine halbe Stunde ans Fenster gestellt, rausgeschaut und nachgedacht, wie ich weitermachen könnte.

Am Ende diesen Tages versuchte ich eine versöhnlichere Strategie. Ich versuchte Brücken zu bauen: »Selbst wenn Sie nichts mit dem Tod von Juliane zu tun haben … Vielleicht wissen Sie, wo die Leiche von Juliane liegt. Sollte man nicht die Eltern erlösen? Ich bin sicher, dass Sie gesehen haben, wie Frau Wäldchen sich quält mit der Ungewissheit um ihre Tochter. Geben Sie wenigstens ihr die Möglichkeit, das Kapitel abzuschließen.«

Peter Stahl lachte auf. »Das würde ich liebend gern tun. Aber ich weiß es nicht.« Und dann betonte er jedes Wort: *»Weil ich nicht Ihr Mann bin!* Begreifen Sie das endlich!«

»Wissen Sie, Sie tun mir leid«, sagte ich daraufhin unvermittelt. »Ich weiß, dass Sie Juliane getötet haben. Und glauben Sie mir eines aus Erfahrung: Ihre innere Ruhe finden Sie nicht wieder. Sie könnten mit sich ins Reine kommen. Gestehen Sie, und alles wird gut.«

Aber es folgte keine Regung, nichts. Ich ließ ihn einfach sitzen und ging hinaus. Juliane würde wahrscheinlich nie gefunden werden. Wenn ich morgen nichts erreichte, würde nie jemand für den Tod der Studentin zur Rechenschaft gezogen werden. Mir schien, ich hatte versagt. Das Schlimmste war, dass dieses Versagen auch berufliche Konsequenzen haben konnte, wobei ich weniger an mich als an die Staatsanwältin Goldmann dachte, die mir den Haftantrag ausgestellt hatte.

Wie schon nach anderen langen und schweren Vernehmungen zog ich es, statt nach Hause zu gehen, an diesem Tage vor, ein Lokal aufzusuchen. Ich unterhielt mich mit dem Wirt über Nichtssagendes und trank neben Bier auch einige Schnäpse.

An diesem Abend hatte ich Streit mit meiner Frau. Ich war so zermürbt von den Vernehmungen, und mein Frust entlud sich nun ausgerechnet zu Hause. Ich hatte das Gefühl, physisch und psychisch nachhaltiger geschwächt zu sein als Peter Stahl. Entweder war er stärker als ich oder – unschuldig! Letzteres wollte ich aber trotz der hinter uns liegenden vier Tage einfach nicht glauben, auch wenn mich die Vernehmungen kein Stück vorangebracht hatten.

Ich hatte nur noch diesen einen Tag, um das Geständnis zu bekommen. Und meine Chancen standen denkbar schlecht. Nichts deutete darauf hin, dass Stahl heute anders argumentieren würde als bisher. Er musste nur noch diesen einen Tag durchhalten, dann hatte er es geschafft. Natürlich wusste er das nicht. Ich würde ihn aus der Haft entlassen müssen. Maximal acht Stunden Vernehmung, und Juliane würde für immer verschollen sein. Wahrscheinlich war es eher weniger Zeit, da der Bezirksstaatsanwalt nicht erst am Ende des Tages auf der Freilassung bestehen würde. Wie sollte ich vorgehen? Was konnte ich anders machen als die Tage zuvor?

Ich begannen die Vernehmung am fünften Tag genauso wie in den letzten Tagen. Ich bombardierte ihn mit den Fakten, verharmloste den Seitensprung, bat darum, mir zu sagen, wo das Mädchen war. Wir kamen nicht voran! Als allerletzten Versuch wollte ich das Mittagessen anwenden: In mehreren Vernehmungen hatte ich die Erfahrung gemacht, dass Täter nach längeren, zermürbenden Vernehmungen gestanden, wenn sie zuvor ein ausgiebiges Mittagessen erhalten hatten. Man kennt das von sich selbst: Nach einem guten Essen wird man müde, die Konzentration lässt nach, und eigentlich sehnt man sich nur danach, irgendwo ein Mittagsschläfchen zu machen. Tatverdächtige sind auch nur Menschen, und ihnen geht es selbst in angespannten Situationen genauso. Sie reagieren dann weniger aggressiv auf Vorhaltungen und sind eher zu Geständnissen bereit.

Vier Tage hatte ich jetzt ununterbrochen auf Peter Stahl eingeredet, ihm stundenlang Vorhaltungen gemacht. Er war zermürbt. Das sah man ihm an. Wenn jetzt eine ausgiebige Mahlzeit folgte, hatte ich ihn möglicherweise so weit!

Nach der Mittagspause kam Stahl verändert zur Vernehmung zurück. Er schien ruhiger, ausgeglichener. So, als ob er für sich einen Entschluss gefasst hatte. Im Gesicht war er etwas blasser als sonst. Als ich ihn nach dem Mittagessen fragte, war seine Stimme sanft und viel leiser, als ich es in den vier Tagen von ihm gewohnt war. Er saß wieder mit dem Gesicht zum Fenster, aber seine Miene wirkte entspannt. Er hatte die Hände auf dem Tisch gefaltet und knetete mit den Daumen die jeweils andere Hand.

Ich stellte erneut die Kardinalfrage: »Haben Sie etwas mit dem Verschwinden von Juliane zu tun?«

Es entstand eine Pause. Ich beobachtete ihn genau. Seine Haltung war aufrecht wie eh und je, aber irgendetwas hatte sich verändert. Er lehnte sich nicht an. Dennoch wirkte der Körper etwas zusammengesunken. Stahl sah nicht mehr aus dem Fenster. Er sah auf seine Hände, die immer noch auf der abgewetzten Tischplatte ruhten. Er drückte die Daumen gegeneinander. Die Kaumuskeln am Kiefer traten hervor, er biss die Zähne aufeinander. Dann schluckte er. Ich hatte nicht den Eindruck, dass er nachdachte. Er horchte in sich hinein. Sein Blick war nach innen gekehrt.

Ich wartete, ließ ihm Zeit mit der Antwort, da ich zum ersten Mal den Eindruck hatte, dass da etwas in ihm arbeitete. Dann sagte er plötzlich: »Ja.«

Ich musste vor Überraschung erst einmal Luft holen. Hatte er eben auf meine Frage mit *Ja* geantwortet? Ich jubelte innerlich. Aber meine Erleichterung durfte ich mir nicht anmerken lassen.

Schließlich hatte ich mit Gewissheit so getan, als sei er unser Mann. Zweifel an dieser Rolle durften in diesem Augenblick auf keinen Fall aufkommen. Ich hatte also keinen Unschuldigen bedrängt und ihm vier Tage seines Lebens gestohlen. Vor mir saß der Freund von Juliane, der Mann, mit dem sie ins Wochenende gefahren war, der Mann, der sie vor dem Wohnheim abgeholt hatte, der Mann, der wahrscheinlich ihr Mörder war. Aber so weit waren wir noch nicht. Der Fisch hing am Haken, aber aus dem Wasser war er noch lange nicht.

Vier Tage lang hatte ich bisher nur überlegt, wie ich Peter Stahl zum Reden bringen konnte. Was ich ihn danach fragen sollte, darüber hatte ich gar nicht nachgedacht! Mir fehlte jetzt ein Konzept. Blitzschnell musste ich mir Fragen ausdenken, eine Strategie entwickeln. Wir standen kurz vor einem Geständnis. Jetzt nur keinen Fehler machen! Peter Stahl hatte sich zwar innerlich entschlossen aufzugeben. Dennoch würde er versuchen, die Sache in einem möglichst günstigen Licht erscheinen zu lassen und Aspekte zu verschweigen oder zu vertuschen.

Entgegen meiner Überzeugung – und auch entgegen etlicher meiner Fragestellungen während der Vernehmung – fragte ich ihn, ob Juliane noch lebe und wo wir sie finden könnten. Jetzt musste *er* mir sagen, dass sie tot war.

»Juliane ist tot«, bestätigte er meinen Verdacht mit leiser Stimme.

Auch wenn ich das alles bereits fast sicher gewusst hatte, erleichterte es mich, von Peter Stahl diese Worte zu hören. Aber diese Gewissheit reichte leider nicht. Ohne eine Leiche fehlt der letzte Beweis einer Tat. Meine Strategie für das folgende Gespräch entwickelte sich also in diese Richtung.

»Sehen Sie, jetzt geht es besser, nicht wahr?«, fragte ich verständnisvoll. Dann machte ich weiter: »Wo können wir sie finden?«

Stahl hatte sich entschlossen zu reden. Er beschrieb den Ort: »Ich habe Juliane in einen der Canyons gebracht.«

»Canyons?«, fragte ich.

»Ich bin durch die Canyons durch, da wo die Abraumbagger standen.« Er gab eine Halde im Süden von Leipzig an.

Ich sah ihn erwartungsvoll an.

»Machen Sie sich keine Hoffnung. Sie können sie nicht finden! Sie liegt unter einer meterdicken Erdschicht begraben. Ich habe dafür gesorgt, dass sie für immer verschwindet!«

Das zerstörte im ersten Moment alle meine Illusionen. Ich hatte nicht nur gehofft, ein passables Ermittlungsergebnis abgeben zu können, vor allem wollte ich den Eltern ihre Tochter wiedergeben. Ich kommentierte Stahls Beschreibung des Fundortes nicht weiter. War da wirklich nichts zu machen?

Auf die Weiterführung der Vernehmung verzichtete ich. Peter Stahl hatte an diesem Tag genug zugegeben. Ich ließ ihn in seine Zelle zurückbringen. Am späten Nachmittag dieses Tages rief mich der Bezirksstaatsanwalt an. Offensichtlich war es bereits zu ihm durchgedrungen, dass Stahl der gesuchte Freund war.

»Da haben Sie aber Schwein gehabt!«, sagte er am Telefon. »Sie wissen, dass Ihre Frist gerade am Ablaufen war. Das war verdammt knapp, Oberleutnant Schwarz.« Ich nickte in den Hörer.

»Aber mein Gefühl war richtig«, entgegnete ich trocken.

Er lachte und sagte: »Wenn Sie das nächste mal einen Täter verhaften lassen, dann bitte mit mehr als dieser Handvoll Indizien.«

Ich lachte auch und gab zu, dass wir tatsächlich wenig in der Hand gehabt hatten.

»Viel Erfolg bei der weiteren Ermittlung. Hoffentlich finden wir jetzt die junge Frau«, setzte er hinzu.

»Nun finden wir sie bestimmt«, bekräftigte ich, obwohl mir nach Stahls Eröffnung genau das nicht mehr sicher erschien.

Auch am nächsten Tag ließ ich Stahl in Ruhe, machte aber einen Termin bei der Tagebau-Kombinatsleitung Leipzig Süd aus, um einen Fachmann zu konsultieren. »Wir haben da einen Fall«, erklärte ich dem Mann, »bei dem der Täter behauptet, die Leiche in einem der Tagebaue versteckt zu haben. Aber der Ablegeort wurde bereits verfüllt und eine Suche würde daher aussichtslos sein.«

Der Markscheider hörte mir aufmerksam zu und nickte ab und an. Als ich mit meinen Ausführungen fertig war, lächelte er. Mit sonorer Stimme erwiderte er: »Ich kann Sie beruhigen. Das, was Ihr Mann da schildert, ist völlig unmöglich. Sehen Sie: Die Kohleflöze, die hier zuletzt abgebaut wurden, lagen wesentlich tiefer als der Grundwasserspiegel. Als man vor einhundert Jahren mit der Förderung von Kohle in diesem Gebiet begann, lag sie quasi unter der Erdoberfläche. Diese Vorkommen sind längst abgebaut. Bei unserer heutigen Fördertiefe wären uns die Gruben im Nu vollgelaufen. Daher wurden Pumpsysteme entwickelt, die den Grundwasserspiegel unter die aktuelle Fördertiefe absenkten. Was wir heute dort machen, ist der umgekehrte Weg. Wir stellen die Pumpen ab. Dadurch hebt sich der Grundwasserspiegel langsam wieder auf das vorherige Niveau. Was ich versuche zu erklären, ist Folgendes: Wenn Ihr Täter versuchen sollte, in einer gefluteten Region eine Leiche zu deponieren, käme er dort selbst nicht lebend heraus. Wissen Sie, wie die Bodenbeschaffenheit dort aussieht? Erdrutsche und mooráhnliche Bedingungen. Das macht es unmöglich, sich dort zu bewegen!«

Diese Antwort klang besser, als ich erwartet hatte. Peter Stahl hätte mit dem leblosen Körper von Juliane Wäldchen beladen nicht nur Abhänge hinuntersteigen, unten angekommen, die Leiche verbergen und anschließend die rutschige Böschung wieder hinaufklettern müssen. Auch wenn Stahl sportlich war, ging ich davon aus, dass er diese übermenschliche Leistung nicht vollbracht hatte.

Am Tag darauf betrat ich das Vernehmungszimmer wesentlich zuversichtlicher, als ich es verlassen hatte. Ich versuchte angestrengt, mein Triumphgefühl nicht zu zeigen. Mit Peter Stahl hatte sich eine weitere Erfahrung zur Täterpsychologie bestätigt. Ich hatte schon mehrfach festgestellt, dass Täter, die eine Leiche beseitigt oder versteckt haben, nicht den wahren Ort benennen, um den wichtigsten Beweis der Straftat unauffindbar zu machen. Für diesen Punkt sprach ebenfalls, dass Stahl sein Leben ganz normal weitergeführt hatte.

»Wissen Sie«, sagte ich, »ich kann mir nicht vorstellen, dass Sie die Frau bis da hinunter getragen haben. War das nicht sehr anstrengend?«

Er sah mich an, als fühlte er sich auf den Arm genommen.

»Herr Schwarz«, er redete mich nun beim Namen an. »Ich treibe Sport. Ich bin gut trainiert. Außerdem hatte ich gerade meine Freundin umgebracht. Ich war außer mir. Ich stand völlig neben mir. Das da war einfach nicht ich. Vielleicht würde ich es heute nicht mehr schaffen. Aber in dieser Situation … Ich habe das alles gar nicht richtig registriert.«

Damit hatte er wohl recht. In derartigen Ausnahmesituationen sind Menschen zu Leistungen fähig, die sie sonst nie schaffen würden. Dennoch wusste ich, dass er log. Aber ich musste ihn dieser Lüge überführen. Ich würde ihn an den Ort, an dem Juliane angeblich lag, bringen. ›Wir werden ja sehen, ob du dann bei deiner Version bleibst‹, dachte ich bei mir. Laut aber sagte ich: »Gut. Dann sehen wir uns den Ort mal an.«

Er reagierte nicht darauf. Traute er mir einen Ortstermin nicht zu? War seine Version entgegen den Aussagen des Bergbauingenieurs richtig? Eine Fahrt zum Tagebau Böhlen würde es zeigen.

Ich organisierte einen Vor-Ort-Termin mit entsprechender Bewachung. Bis alle Genehmigungen eintrafen, vergingen vier Tage. Inzwischen hatten wir September. Es war noch warm an diesem Montag, als wir uns in einem Wartburg mit zwei Wachpolizisten zum Tagebau Böhlen aufmachten.

Als Peter Stahl mit uns im ehemaligen Tagebaugebiet stand, sagte er, dass er irritiert sei. »Ich kann Ihnen den genauen Ort nicht zeigen. Es sieht jetzt alles anders aus.«

Ich tat so, als wolle ich ihm helfen. »Wie sind Sie denn gefahren? Genau wie wir eben?«

»Ich denke ja.«

»Sind Sie auch rechts abgebogen?«

Er nickte.

»Wie weit sind Sie danach noch gefahren? Weiter als unser Auto jetzt steht? Weniger?«

Er konnte nicht antworten. Wir hatten eine festgefahrene Situation. Die Orientierungslosigkeit des Täters war nachvollziehbar und kein Beweis, dass er uns in Bezug auf die Fundstelle der Leiche belog.

Mir fiel ein, dass Peter Stahl ein Mann der Zahlen war. In seiner Tätigkeit als Versicherungsvertreter jonglierte er mit Beträgen. Es ging bei allen Kunden darum, mit dem geringstmöglichen Einsatz die höchsten Erträge zu erzielen. Er hatte sich durch seine Tätigkeit ein Häuschen in der Kleinstadt leisten können. Das schaffte man nicht durch Freigebigkeit. Es lag also nahe, dass Stahl mit seinem privaten Geld ebenso haushaltete, es nicht verschwendete. Vielleicht neigte er dabei sogar zum Geiz? Diese Eigenschaften wollte ich jetzt ausnutzen und tischte ihm meinerseits eine Lüge auf:

»Gut. Ich danke Ihnen. Da wir nun in etwa wissen, wo sich die Leiche befindet, werden wir nach ihr suchen. Sie verstehen? Die Eltern haben ein Recht darauf, dass ihre Tochter würdig beerdigt wird. Dazu werden wir den Tagebau wieder öffnen. Wir werden schweres Gerät benötigen. Fünfzig Leute, denke ich, werden genügen. Die Kosten werden in derartigen Fällen übrigens dem Täter in Rechnung gestellt. Ich denke, das sollten Sie wissen.« Dann begann ich, ihm die Kosten für einen solchen Einsatz vorzurechnen.

Mitten in der Rechnung unterbrach er mich: »Die Arbeiten können sofort eingestellt werden. Juliane liegt woanders.«

Das war es, was ich hören wollte. Ihm gegenüber tat ich jedoch erstaunt und fragte sogleich: »Sie wollen uns den wahren Ort nennen, an den Sie Juliane gebracht haben?«

»Ja.«

Wir fuhren schweigend zurück in die Haftanstalt Halle. In der nächsten Vernehmung erfuhr ich endlich, was genau damals geschehen war.

Peter Stahl begann seinen Bericht:

»Ich habe Juliane wirklich zuerst bei ihren Eltern gesehen. Sie ist mir nicht besonders aufgefallen. Ich war ja verheiratet. Juliane ging da noch zur Schule. Als sie mit dem Studium anfing, habe ich sie bei ihren Eltern nicht mehr angetroffen. Später sind wir uns dann in der Stadt begegnet. Sie hat mich erkannt, und wir kamen ins Plaudern. Das hat uns irgendwie beiden gefallen. Wir haben uns auf einen Kaffee verabredet. Und so hat sich das eben entwickelt. Das war im Sommer 1973. Wir haben uns auch mal getroffen, sind baden gefahren. Das tat mir wirklich gut. Nach zehn Jahren Ehe war Juliane – wie soll ich es sagen – erfrischend. Sie hat neuen Wind in mein Leben gebracht. Ich hatte plötzlich das Gefühl, wieder zu leben. Auf einmal erschien alles vorher grau, nichtssagend, eben Alltag. Es war alles so eingefahren gewesen. Aber Juliane, mit ihr konnte ich die Welt neu entdecken. Sie war so jung. Eigentlich hätte sie fast meine Tochter sein können.«

Stahl redete nicht mehr mit mir. Er hatte die Augen fast geschlossen und erzählte mehr für sich. Wahrscheinlich sah er den Sommer vor seinem inneren Auge ablaufen. Sein Gesicht strahlte jetzt eine Freude aus, die mich ahnen ließ, wie schön der Sommer für beide gewesen sein musste.

»Da ich meine Termine frei bestimmen konnte, hatte ich Zeit für sie. Manchmal setzten wir uns einfach ins Auto und fuhren ins Blaue. Unsere Ausflüge dauerten nicht so lange. Ich musste meine Arbeit trotzdem schaffen. Es durfte ja nicht auffallen. Aber für ein bis zwei Stunden einfach mal rausfahren oder nach Leipzig oder Halle zum Bummeln, dafür hat es gereicht. Wir sind herumgetollt wie kleine Kinder, und wir haben uns geliebt, wie man es nur am ganz am Anfang kann. Ja, das war es für mich zu dieser Zeit: ein Anfang.«

»Aber dabei blieb es nicht«, warf ich ernst dazwischen.

Er öffnete die Augen und sah mich an, als erwachte er aus einem Traum. Er räusperte sich.

»Nein, dabei blieb es nicht. Während ihres Studiums sahen wir uns seltener, und vom Pädagogischen Institut habe ich sie nur ein, zwei Mal abgeholt. Ich wollte nicht, dass man uns sieht. Juliane wollte das schon und litt darunter, dass die anderen sie immerzu fragten, warum sie keinen Freund habe. Sie hat mir das auf den Spaziergängen jedes Mal erzählt. Aber ich verbot ihr, von mir zu sprechen. Anfangs hörte sie auch auf mich. Aber dann wurde sie eigensinniger. Schließlich hat sie Konsequenzen gefordert. Sie wollte unsere Beziehung bekanntmachen, mich den Eltern vorstellen. Das war ein furchtbarer Gedanke. Ich kannte sie ja. Und ich wusste, was sie von mir denken würden. Sie hatten damit ja auch völlig recht. Nein, ihren Eltern durfte sie auf keinen Fall von mir erzählen … Juliane versprach mir Jugend, Abwechslung. Sie war gebildet, liebte Kultur. Meine Frau bekomme ich in kein Theater. Mit Juliane hätte ich mich sehen lassen können, wir wären viel ausgegangen.«

»Warum haben Sie sich nicht scheiden lassen? Das ist ein allseits erprobter Schritt in Dreiecksbeziehungen«, warf ich ein.

»Das verstehen Sie nicht. Dann hätte ich meiner Frau alles erzählen müssen.«

»Was war mit dem gemeinsamen Wochenende in Dresden?«

»Ja, das habe ich Juliane erzählt. Ich hatte eine Weiterbildung in Dresden. Die gibt es einmal im Jahr für die Versicherungsvertreter, in der Regel ein Wochenende. Dorthin wollte ich Juliane mitnehmen. Ich habe es mir romantisch vorgestellt. Wir hätten so viel Zeit wie nie zuvor gehabt. Einen ganzen Abend, die Nacht. Auch Juliane war von dieser Idee wie verzaubert. Sie hatte ihre große Abendgarderobe eingepackt. Ich fuhr zum Wohnheim und holte sie dort ab.«

Bis hierher stimmten also unsere Ermittlungen. Jetzt kam der Teil, von dem nur er und Juliane wussten.

»Was ist dann passiert?«

»Wir sprachen über das gemeinsame Wochenende, planten, was wir alles unternehmen würden. Wir träumten ein wenig. Ich fuhr auf die A14 Richtung Dresden. Irgendwie kamen wir auf unsere Zukunft zu sprechen. Da fing sie an mit ihrer Streiterei.«

Er hatte die Augen wieder geschlossen, aber sein Gesicht war finster. Die Augenbrauen zusammengezogen erzählte er weiter.

»Schließlich begann sie, mich zu bedrängen, meine Frau zu verlassen. Sicher, im Sommer hatte ich alles Mögliche geschworen. Aber ich dachte an meinen Sohn, ich konnte die beiden nicht allein lassen.«

»Gut, aber dann hätten Sie einfach mit Juliane Schluss gemacht.«

»Es war diese Situation. Sie saß im Auto neben mir. Ich konnte nicht anhalten. Wir waren ja auf der Autobahn. Als ich ihr sagte, dass ich bei meiner Frau bleiben würde, fing sie an zu schreien. Sie schrie mir ins Ohr. Sie wurde richtig hysterisch. Ich habe einen

Parkplatz gesucht. Da habe ich erst mal angehalten. Juliane hörte nicht auf, mir Vorwürfe zu machen. Ich versuchte es im Guten. Ich redete auf sie ein. Sie schrie immer weiter, fühlte sich verraten, benutzt, was weiß ich. Schließlich schrie ich zurück. Wir wurden beide immer lauter. Sie hat mich beschimpft. Solche Worte habe ich vorher noch nie von ihr gehört. Richtig beleidigt hat sie mich.«

Diese Wiedergabe der Geschehnisse regte ihn sichtlich auf. Er wurde lauter. Sein Atem ging schwer, als er fortfuhr:

»Ich habe irgendwann nicht mehr zugehört. Ich wollte nur, dass sie mit Schreien aufhört. Dann schlug sie mir ins Gesicht. Das war zu viel. Ich wehrte weitere Schläge ab. Ich weiß nicht mehr. Irgendwann waren meine Hände an ihrem Hals, und ich war so wütend. Ich habe zugedrückt und gedrückt. Ich kann Ihnen nicht sagen, wie lange das ging. Als ich wieder bei mir war, rührte Juliane sich nicht mehr. Leblos hing sie im Beifahrersitz. Sie war tot.« Seine Stimme veränderte sich. Er wurde jetzt leiser. Die Stimme kratzte. Er räusperte sich. »Ich bin dann noch längere Zeit im Auto sitzen geblieben, habe sie mir angesehen von der Seite, wie sie da saß. Es war so verdammt still im Auto. Ihre Haare hingen ihr nach unserem Streit etwas ins Gesicht. Ich habe sie ihr wieder hinters Ohr gestrichen, wie sie es immer getan hat. Aber die Haare wollten nicht halten! Noch einmal wurde mir bewusst, dass sie tot war. Ich hatte sie erwürgt. Auf einmal geriet ich in Panik. Was sollte ich mit ihr machen? Ich konnte sie doch nicht mitnehmen. All die Krimis gingen mir durch den Kopf, die ich schon mal gelesen hatte.« Er lachte plötzlich leise. »Als ob die einem helfen könnten in so einer Situation. Juliane musste verschwinden! Für immer! An einem Ort, von dem sie nie wieder auftauchen konnte. Nie wieder meine Ehe stören konnte.«

Ich wartete einige Minuten. Ließ ihn mit seinen Gedanken allein.

Dann fragte ich in die Stille: »Und wo ist sie jetzt?«

»Ich habe verschiedene Möglichkeiten durchgespielt in Gedanken«, antwortete er. »Auch die Sache mit dem Tagebau ging mir durch den Kopf. Ich war auf einem unserer Ausflüge mit Juliane mal dort gewesen. Aber dann verwarf ich die Idee als zu anstrengend.« Er war wieder ins Erzählen gekommen. »Ich habe mich dann für einen Steinbruch in der Nähe der A14 entschieden, den kannte ich vom Baden. Im Sommer war ich mit meiner Familie immer mal dorthin gefahren. Es gibt dort eine Klippe, von der ich Juliane hinabwerfen konnte. Das war einfacher, als sie in den Tagebau zu schleppen. Aber ich brauchte etwas, um sie endgültig zu versenken. Mir war klar, dass ich das an diesem Tag nicht mehr schaffen würde. In der Dämmerung bin ich dann losgefahren. Ich habe Juliane in einen ehemaligen Bunker gebracht. Am nächsten Tag wollte ich den Rest erledigen.«

»Wohin sind Sie anschließend gefahren?«

»Nach Hause, zu meiner Frau natürlich.«

Ich fand das keineswegs natürlich. Aber ich nahm es hin.

»Am nächsten Tag habe ich mir überlegt, wie ich Juliane auf den Grund des Sees versenken könnte. Ich entschied mich für einen Gullydeckel. Den konnte ich von einem Fabrikgelände besorgen. Mit einer Plastikschnur würde ich die Leiche daran befestigen und alles zusammen ins Wasser werfen.«

»Und so haben Sie es schließlich auch gemacht?«

»Ja. Ich habe den gusseisernen Deckel von dem Fabrikgelände geholt. Der war verdammt schwer. Mein Auto ging in die Knie mit dem Ding hinten drin. Dann habe ich die Plasteschnur aus dem Keller geholt. Wir hatten sie irgendwo mal mitgenommen als Wäscheleine, aber nie gebraucht. Im Dunkeln bin ich zum Bunker gefahren. Ich habe die Schnur am Gullydeckel befestigt und das andere Ende um Julianes Brust gebunden. Dann bin ich damit zum Steinbruch gefahren. Das war nicht mehr weit. Aber es war schwer, Juliane und den Gullydeckel zur Felswand zu bringen. Dafür habe ich mindestens eine halbe Stunde gebraucht. Von dort oben habe ich alles ins Wasser geworfen. Das war einfach, der Felsen fällt fast senkrecht ab.«

»Was haben Sie mit Julianes Abendgarderobe gemacht, mit ihren Sachen?«

»Die habe ich auf die Mülldeponie geworfen.«

»Alles?«

»Ja, natürlich alles. In jedem guten Krimi scheitert der Mörder daran, dass er sich von irgendeinem Besitz des Opfers nicht trennen kann. Dadurch wird er dann überführt.«

Ich musste schmunzeln.

»Das sollte Ihnen nicht passieren?«

»Das ist mir nicht passiert. Ich konnte ja nicht wissen, dass jemand so halsstarrig an seinem Glauben festhalten kann wie Sie! Es gab doch wirklich nichts, woran Sie sich hätten halten können!«

Ich antwortete nicht.

Peter Stahl hatte so viele Details geschildert, dass ich davon ausging, seine Beschreibung kam der Tat sehr nahe. Aber er hatte mich schon einmal an den falschen Fundort geschickt. Ich blieb daher vorsichtig.

An einem kalten Novembertag fuhren wir zum zweiten Lokaltermin. Lange Zeit geschah nichts. Hielt er uns wieder zum Narren? Er sprach so plötzlich in die Stille hinein, dass ich zusammenzuckte: »Dort, die nächste Ausfahrt. Die müssen wir nehmen.«

Nach einer kurzen Fahrt durch den Wald standen wir vor dem mit Wasser gefüllten, stillgelegten Steinbruch. Stahl nahm einen Weg seitlich an der Böschung entlang, nach etwa fünfzig Metern standen wir vor dem Bunker, in dem er die Leiche zwischengelagert hatte. Bemooster Beton und eine verrostete Stahlplatte mit einer Öffnung. Im Halbdunkel des Tages konnte man einige Stufen sehen, die hinabführten. »Hier habe ich sie über Nacht liegen gelassen, bis ich am nächsten Tag wiedergekommen bin.« Wir stiegen in den Bunker mit Taschenlampen hinab. Er zeigte uns die Ecke, in die er Juliane gelegt hatte. Er war nicht weit in den Bau hineingegangen. Der Ort befand sich fast unmittelbar hinter den Stufen. Ich nickte.

Anschließend brachte er uns zu der 10 Meter hohen Felswand.

»Hier habe ich sie runtergeworfen«, sagte er.

Ich wollte noch einmal sichergehen. »Ich habe Ihnen bereits gesagt, dass wir Ihnen die Kosten des Bergungstrupps in Rechnung stellen, wenn Sie uns an den falschen Ort geführt haben sollten! Ist es also wahr, dass Juliane hier unten liegt?«

Er nickte. »Ja. Sie finden sie dort unten. Hier ist der Ort. Ich schwöre es Ihnen.« Und nach einem Zögern setzte er hinzu: »Jetzt kann ich ja hinterherspringen.« Offensichtlich hielt er seine Situation für ziemlich ausweglos. Aber springen konnte er nicht. Er war doppelt gesichert durch Handschellen und Bewachung.

Auf dem Rückweg fragte ich ihn noch mehrmals, ob die Leiche von Juliane tatsächlich dort unten im Wasser wäre. Als er überzeugend bei dieser Version blieb, organisierte ich alles zur Bergung.

Um Beweismittel aus dem Wasser sicherzustellen, vom Messer bis zu Leichen, gab es in unserer Bezirksbehörde Mitarbeiter mit einer Spezialausbildung im Tauchen.

Zwei Tage später begab sich unser Bergungstrupp zum Steinbruch. Der Tag war noch unangenehmer als der des Lokaltermins. Es war nasskalt und schneite in Abständen. Das Strauchwerk war nass, der Boden aufgeweicht. Kälte und Feuchtigkeit krochen einem unter die Jacke bis auf die Haut.

Auf dem See war eine dünne Eisschicht, und immer wieder fielen dicke weiße Flocken auf die Eisdecke. Mehr oder weniger frierend standen am Ufer ein Dutzend Männer: Kollegen vom Ministerium des Innern (der obersten Kriminalbehörde des Landes), vom Ministerium für Staatssicherheit und unsere Abteilung. Das hier war der Abschluss unserer gemeinsamen Arbeit, wenn wir Juliane finden würden.

Ein Schlauchboot wurde zu Wasser gelassen. Man lotete die Tiefe aus: elf Meter! Das war bei diesen Temperaturen und der Eisschicht schwer zu bewältigen.

Der erste Taucher ließ sich ins eisige Wasser plumpsen, kam aber bald wieder an die Oberfläche. Zu schnell, um ganz unten gewesen sein zu können. Er prustete, rang um Luft und krabbelte wieder ins Schlauboot. Vom See aus rief man uns zu, dass es wegen des Eises Probleme mit der Luftversorgung gab. Die Luftzufuhr des Tauchers war im Nu vereist gewesen. Würden wir die Bergung abbrechen müssen? Konnten wir Juliane auch jetzt nicht finden? Es war doch zum Verzweifeln!

Ein zweiter Taucher ging ins Wasser. Minuten vergingen. Wir starrten auf die graue Oberfläche des Sees. Zwischen weißen Flächen weichte das Wasser den Schnee teilweise auf, und der grünliche Untergrund schimmerte hervor. Die Zeit dehnte sich. Wie lange war der Taucher jetzt schon unten? Mich fror, obwohl ich meine Winterjacke angezogen hatte. Ich schaute auf die Uhr. Drei Minuten. Dann wieder auf den See. Sicher, der Taucher musste sich dort erst einmal orientieren. Viel Licht hatte er in elf Metern Tiefe bestimmt nicht. Neben mir flüsterten einige schon, ob man den Einsatz abbrechen müsse. Ich befürchtete das auch, hoffte aber immer noch auf die Professionalität der Tauchmannschaft. Wieder sah ich auf die Uhr. Vier Minuten. Wie lange konnte man bei diesem Wetter eigentlich da unten bleiben? Selbst Neoprenanzüge schützen nicht dauerhaft vor der Kälte des Wassers.

Dann kam Bewegung in die Leute auf dem Schlauchboot. Die Verbindungsleine wurde heftig gezogen. Wir sahen gespannt hinüber. War dies das Zeichen, dass Juliane gefunden war? Oder hatte auch der zweite Taucher aufgegeben? Jetzt kam er an die Oberfläche, riss sich Brille und Schnorchel vom Gesicht und rief: »Ich habe sie!« Wir alle waren erleichtert. Die Ungewissheit hatte ein Ende.

Nun begann die Bergung der Leiche. Nach einigen Stunden hatten wir sie und brachten sie zur Sektion nach Halle.

Als ich den Gerichtsmediziner fragte, wie lang seiner Meinung nach die Leiche am Grunde des Sees geruht hatte, ging er von sechs Monaten aus. »Leg mal noch sechs Monate drauf«, sagte ich. Er sah mich verwundert an. Der Zustand der Leiche war erstaunlich gut. Da der See recht tief war, waren die Temperaturen am Grund niedrig geblieben. Das hatte die Verwesung nur unbedeutend voranschreiten lassen. Wie die Gerichtsmedizin feststellte, war Juliane so fest mit dem Gully verbunden gewesen, dass sie noch über Jahre unentdeckt auf dem Grunde des Sees hätte liegen können.

Wenige Tage später hatte ich einen schweren Gang zu erledigen. Ich fuhr nach P., Julianes Heimatstadt. Als ich an der Haustür klingelte, kam Rolf Wäldchen, um die Tür öffnen. Als er mich erkannte, fiel sein Gesicht in sich zusammen. Nach all der Zeit, die wir für die Ermittlung gebraucht hatten, war für die beiden Leute die traurige Nachricht immer gewisser geworden. Vielleicht hatte er die letzte Gewissheit auch in meinem Gesicht gefunden. Mit brüchiger Stimme rief er nach seiner Frau. Sie kam, mit einer Schürze bekleidet, und trocknete sich daran die Hände ab.

»Darf ich reinkommen?«

Stumm nickten beide und traten beiseite, damit ich hinein konnte. Die Mutter ging vor und ließ sich kraftlos in den linken Sessel fallen. Ich wartete, bis der Vater mir Platz auf dem Sofa anbot. Dann ging er zu seiner Frau und setzte sich auf die Sessellehne.

»Ich will es kurz machen«, sagte ich mit belegter Stimme. »Wir haben Juliane gefunden.«

Für einen kurzen Augenblick erhellten sich die Gesichter von Rolf und Brigitte.

*

Peter Stahl wurde wegen Totschlags zu einer Freiheitsstrafe von fünfzehn Jahren verurteilt. Die Ehefrau hielt, auch nachdem sie wusste, dass er seine Geliebte umgebracht hatte, weiter zu ihm. Im Vorfeld des Prozesses hatte sie angegeben, eine gute Ehe zu führen. Sie hatte keinerlei Anzeichen wahrgenommen, dass ihr Mann eine Geliebte haben könnte.

Mir drängte sich die der Gedanke auf, dass Peter S. schon am Abend von Julianes Tod seiner Frau die Affäre gestanden hatte. Und ich nahm an, später auch den Mord. Anders konnte ich es mir nicht erklären, dass seine Frau nie die Fassung verlor. Normalerweise reagieren Beteiligte eines Dreiecksverhältnisses sehr emotional, wenn sie von der Untreue des Partners erfahren. Frau Stahl dagegen bewahrte solch eine Ruhe, dass ich annehmen musste, sie kannte den Ablauf der Ereignisse.

Peter Stahl wurde zum zweiten Mal Vater, kurz nachdem er in Untersuchungshaft genommen wurde. Dreizehn Jahre später wurde er wegen guter Führung entlassen und kehrte zu seiner Familie zurück. Er lebt noch heute in der Kleinstadt, in der Juliane ihre letzte Ruhestätte gefunden hat.

Genau ein Jahr nach ihrem Verschwinden, an ihrem ersten Todestag, dem 28. November 1975, wurde Juliane auf dem Friedhof ihres Heimatortes beigesetzt.

Nachtrag: Ich bin mir nicht sicher, ob wir die vollständige Wahrheit über den Tod von Juliane kennen. Möglicherweise war die Tat von vornherein geplant. Zumindest das Versenken der Leiche hat nach allen Regeln der Kunst stattgefunden. Ein Täter, der im Affekt handelt, ist zu solch planerischen Leistungen selten fähig. Wir werden es jedoch nie erfahren.

RAUBMORD IM HAUPTPOSTAMT

Am 4. April hatte Martin Rau einen schweren Frühstücksbeutel bei sich. Neben dem Essen und einer Thermoskanne mit Kaffee befand sich ein Hammer darin. Beim Umkleiden ließ er ihn in einen seiner Gummistiefel gleiten und schloss diese in seinem Spint ein. Er spürte einige Unruhe in sich, als er sich an diesem Tag in seinen Barkas setzte. Seine erste Station war B. Er fuhr durch die noch kahle Landschaft. Auf der Hälfte der Strecke lag linker Hand die Siedlung mit den Gebäuden des einstigen Klosters. Das markante neogotische Eingangsgebäude zog jedes Mal wieder seinen Blick auf sich. Wenn er den gesamten Komplex umrundet hatte und auf die Weinberge zufuhr, sah er sich noch einmal um und schaute auf die Türme, die sich über kahlen Bäumen wehrhaft und filigran zugleich in den Himmel reckten. Nach acht Kilometern erreichte er B. Er musste nur einmal abbiegen, dann fuhr er auf den Parkplatz vor der Post und meldete sich am Schalter. Anschließend ging er in den Arbeitsbereich mit der großen Waage und den Fächern für kleinere und größere Sendungen. Dort übergab man ihm den ersten Sack mit fünfzigtausend Mark. Zitterten seine Finger etwa, als er den Sack packte und damit zum Auto ging? Er quittierte und legte das Geld in den Barkas. Seine zweite Station war E. Das war die Route auf der F87 durch die Dörfer. In der Poststelle übergab man ihm zwanzigtausend Mark. Rau legte den Sack neben die ersten fünfzigtausend. »Na, da kommt ganz schön was zusammen heute, nicht?«, fragte sein Kollege lachend. Er deutete auf den großen Sack aus B.

»Ja, das stimmt. Heute lohnt sich die Fahrt.«

»Pass schön drauf auf!«, gab ihm der andere mit auf den Weg. »Und lass es dir nicht klauen.« Diesen Spruch sagte er jedes Mal, wenn er Geld übergab.

»Mach ich schon.« Rau schüttelte dem Kollegen die Hand. Der klopfte ihm auf die Schulter. Dann warf Rau die Tür zu, ging um das Auto herum und stieg ein. Nun hatte er die Einnahmen von S. zu holen. Jetzt nahmen die Ausmaße der landwirtschaftlichen Anbauflächen noch stärker zu, so dass er einen großen Bogen fahren musste. Er folgte der F87 weiter bis R. Ab da nahm er die Landstraße, erreichte S. nach einer reichlichen halben Stunde und hielt hinter der Post. Sein Kollege erwartete ihn schon. Das war so abgesprochen, da der Fahrer das Auto nun so wenig wie möglich verlassen sollte. Rau quittierte den Erhalt von weiteren dreißigtausend Mark. Auch hier erhielt er wieder gute Ratschläge: »Schließ alles gut ab!«, »Komm gut hin!« Danach wieder ein Handschlag, und Rau machte sich zu seinem letzten Ziel auf. Nun befand er sich schon wieder auf der Heimtour. Während der Fahrt drehte er sich immer wieder zu den Geldsäcken um. »Ihr gehört bald mir«, sagte er über die Schulter nach hinten. »Ich lass mir schon was Schönes mit euch einfallen.«

Seine Hände wurden feucht am Lenkrad. Hin und wieder wischte er sie an seiner Hose ab. In G. befand sich nur eine kleine Sparkasse. Dementsprechend gering waren die Beträge, die von dort mitgegeben wurden. Auch heute waren es nur zehntausend Mark.

Martin Rau lachte trocken. »NUR zehntausend Mark!« Dafür fuhr er fast zwei Jahre durchs Land. Er nahm die Rücktour. Kurz vor acht Uhr abends erreichte er das Hauptpostamt. Er folgte bei der Abgabe des Geldes genau der Vorschrift. Herr Raschpichler nahm die Säcke entgegen, quittierte mit letzter Unterschrift die ordnungsgemäße Ankunft der Beträge. Dann verschwanden die Säcke im Stahltresor. Dort sollten sie laut Anordnung bis zum nächsten Morgen bleiben. Ja, laut Anordnung! Aber morgen früh würde diese Anordnung einfach übertreten sein. Morgen früh würde dieser Tresor leerstehen. Da konnte Raschpichler quittieren, so viel er wollte!

Martin Rau verabschiedete sich und traf Anstalten, seinen Feierabend wie immer anzutreten. Aber er fuhr nicht nach Hause. Stattdessen kehrte er in einem nahegelegenen Lokal ein. In Gedanken ging er die nächsten Stunden noch einmal durch. Nebenbei trank er sich mit zwei Schnäpsen etwas Mut an. Mehr nicht, denn er musste klar denken können. Als es halb zehn wurde, machte er sich auf den Weg zurück zur Post.

Rau hatte als Tierpfleger in einer LPG gearbeitet, bis er im November letzten Jahres rausgeworfen wurde. Er hatte die Tiere vernachlässigt, Futtermittel gestohlen und war betrunken zur Arbeit gekommen. Nach kurzer Suche fand er eine Anstellung als Kraftfahrer bei der Hauptpost der Kreisstadt. Aber der Verdienst lag dort wesentlich unter seinem vorherigen. Es wurde eng für die große Familie. Rau hatte in zweiter Ehe fünf Kinder. Nach und nach lernte er die Arbeitsabläufe und den Geldverkehr kennen. Er transportierte Briefe, Eilpost und Paketsendungen von den Nebenpostämtern auf den kleineren Orten in die Hauptpost der Kreisstadt. Wenn er dann zum Ende des Tages dorthin zurückkehrte, gab man auch die Gelder der örtlichen Sparkassen mit. Diese hatte er einem Dienstangestellten in N. zu übergeben, der sie dann in einem Safe verwahrte. Ende Januar kannte Rau alle Arbeitsabläufe. Er war auch über die Höhe der Geldbeträge informiert, die er zu fahren hatte.

Als nun die sechste Schwangerschaft seiner Ehefrau voranschritt, begann sie zu planen. Sie würden ein neues Bett brauchen, in der Küche einen neuen Stuhl, vielleicht sogar eine größere Wohnung? Immerhin teilten sich die Kinder ein Zimmer. Das fünfte schlief sogar noch im Schlafzimmer der Eltern, weil kein Bett mehr ins Kinderzimmer gepasst hätte. Seine Frau träumte davon, eine Waschmaschine anzuschaffen. Sie bewältigte den gesamten Wäscheberg bisher im Waschhaus mit der Hand. Diese Wünsche überforderten nicht nur das Budget der Familie, sondern auch die Geduld von Martin Rau. Er hatte immer weniger Lust, abends nach Hause zu all dem Trubel zurückzukehren.

Als er an einem Freitag im Februar die Geldsäcke in den Barkas legte, hielt er plötzlich inne. Das da war doch Geld! Das da war viel Geld! Genau genommen waren es an diesem Freitag dreitausend Mark, und das nur von einem Postamt. Er würde jetzt noch mehr Geld einsammeln. Wieder sah er auf den Sack, band ihn auf und blickte hinein. Darin lagen die Scheine, zusammengepackt zu kleinen Paketen. Er brauchte nur zuzugreifen. Er traute sich nicht, eines davon herauszunehmen, es sich anzusehen, das Geld in der Hand zu fühlen. Aber in Gedanken, ja, da fühlte er das Gewicht, hörte das harte Rascheln von Papier. Hastig band er den Sack wieder zu. Er strich über die Beschriftung »Kreissparkasse N.«. Nachdenklich setzte er sich ans Steuer.

Dann kam der Tag, an dem einfach nichts funktionierte. Der Wagen hatte mitten auf der Landstraße eine Panne: Der Keilriemen war gerissen. Das war an sich kein so großes Dilemma. Einen Keilriemen zu wechseln bereitete ihm spätestens seit seinen Tagen in der LPG keine Schwierigkeiten. Aber dadurch kam er zu spät in die Nebenstelle. Es gab Ärger, weil man dort dringend Telegramme nach Berlin abzuschicken hatte. Dann hatte auch noch jemand die Postsendung schlecht verpackt. Als Rau in N. den Barkas öffnete, fielen ihm die Schreiben einzeln entgegen. Er fluchte leise und versuchte, alle Papiere aufzufangen, doch einige fielen in eine Pfütze und wurden schmutzig und unleserlich. Das wiederum gab neuen Ärger.

Als er zwei Stunden später als üblich nach Hause kam, erwartete ihn seine aufgeregte Frau. Eines der Kinder war bei einer Rangelei unter den Geschwistern aus dem Doppelstockbett gefallen und hatte sich den Arm gebrochen. Inzwischen lag dieser bereits in Gips. Dummerweise war das Bett unter den Kämpfen der Kinder zusammengebrochen und ließ sich auch nicht so leicht reparieren. Die älteste Tochter hatte das zum Anlass genommen, wie ein Indianer auf einer Decke auf dem Boden zu campieren. »Fehlte nur noch, dass der Kühlschrank den Geist aufgibt!«, maulte Rau. »Ich weiß nicht, woher ich für diese Bande das Geld zaubern soll!«

Er trank an diesem Abend die drei Flaschen Bier, die seine Frau schon für das Wochenende besorgt hatte. Dann lag er mit offenen Augen im Bett und sah vor sich die Aufschrift: »Kreissparkasse N.«. In dieser Nacht keimte in ihm eine Idee, ein Plan. Er war noch verschwommen, noch nicht in allen Einzelheiten durchdacht, aber Rau füllte ihn mit Entschlusskraft. Er wollte sich das Geld aneignen, das ihm da so voll Vertrauen überlassen wurde. Dann würde er gleich Nägel mit Köpfen machen: eine größere Wohnung, eine Waschmaschine. Es sollte besser werden. Aber halt. Schön vorsichtig. Wenn er alles Geld auf einmal ausgab, würde das bestimmt auffallen. Also schön sachte mit den jungen Pferden. Schön eines nach dem andern. Da er das Geld mit seiner Familie aufbrauchen wollte, war ein Überfall mit spektakulärer Flucht – so wie man das aus dem Fernsehen kannte – nicht möglich. »Aber ein Überfall…«, er kratzte sich am Kinn. »Ein Überfall…«, wiederholte er und blieb an dem Wort hängen. Darüber schlief er endlich ein.

Am Morgen erwartete ihn der quirlige Alltag einer Großfamilie. Für die nächsten Tage beschäftigten ihn ganz andere Dinge. Aber seine Idee kam mit Macht zurück, griff geradezu nach ihm.

Als er in der Hauptpost die Säcke auslud, hob er einen hoch und fragte seine Kollegin Marianne plötzlich: »Was würdest du mit …«, er wog den Sack in der Hand, »… sagen wir zehntausend Mark anfangen?« Marianne warf den Kopf zurück und lachte. »Ich? Mit zehntausend Mark?« Sie legte demonstrativ den Zeigefinger auf die Lippen. »Ich würde mir einen Fernseher kaufen oder ein Auto.« – »Wie wäre es mit einer eigenen Wohnung? Dann kannst du tun und lassen, was du willst«, fragte Martin und zwinkerte ihr zu. Etwas verschämt lächelte sie zurück. Anschließend wurde das Geld verschlossen, und beide redeten nicht mehr darüber. Aber die Idee arbeitete in beiden. Und jeden Abend, wenn Rau Geldsäcke in sein Auto zu laden hatte, fühlte er die Versuchung. Was, wenn er das Geld einfach nicht ablieferte? Was, wenn er einfach damit abhauen würde? Aber das war ja alles Blödsinn. Wohin sollte er denn abhauen? Außerdem hing er doch an seiner Familie, den Kindern.

Und wieder kam ihm der Begriff »Überfall« in den Sinn. Er dachte an die vielen Western, in denen Postkutschen überfallen wurden. Vor seinen Augen zogen die Banditen ein Tuch über Mund und Nase, reckten die Colts in die Luft und preschten los. Der verängstigte Kutscher knallte mit der Peitsche und trieb seine Pferde zum Äußersten. Leise lachte Rau hinter dem Steuer. Gab es einen Western, ohne dass eine Postkutsche ausgeraubt wurde? Und dann der Postraub in England. Nun ja, so spektakulär sollte, konnte es in der DDR gar nicht werden. Er war schließlich kein

Mr. Biggs. Und so ein Postraub war ja auch immer mit Gewalt verbunden. Gewalttätig war er eigentlich nicht. Gut, es gab da diese Strafe wegen Körperverletzung. Aber das war doch eine Schlägerei in einer Kneipe gewesen, nach einer Tanzveranstaltung. So etwas kommt vor. Nein, das zählte nicht. Er überlegte weiter. Ging es nicht sogar ganz harmlos? Er würde nicht einmal jemanden überfallen müssen. Es reichte doch, wenn man so tat, als sei man selbst überfallen worden. »Ja!«, sagte er laut. »So geht es!« Wenn man ihn auf der Fahrt überfiele, dann würde die Polizei … jetzt lachte er wirklich … dann würde die Polizei einen Posträuber suchen, den es gar nicht gab! Und wen es nicht gibt, den kann man auch nicht finden, nicht wahr? Rau ließ kurz das Lenkrad los und rieb sich die Hände. Genauso würde er es machen: Einen Überfall vortäuschen, den es gar nicht gegeben hatte. Er würde das Opfer sein, und einen Täter konnte man suchen, bis man schwarz wurde!

Ende Februar hatte er diesen Plan ganz fest ins Auge gefasst. Aber dann, eines Nachmittags, lud ihn Marianne ein. Ihre Affäre hatte sich zu einer netten Gewohnheit entwickelt. Öfter mal, wenn die Postfrau abends allein Dienst hatte, leistete ihr Martin Rau Gesellschaft. Meist landeten sie dabei auf einer Campingliege im Umkleideraum. Ab und an gab es auch eine Flasche »Medea« oder »Rosenthaler Kadarka« dazu, denn zu einem romantischen Abend gehörte nach Mariannes Auffassung unbedingt etwas Rotwein. An jenem Tag im März schließlich sollte sich ihr Verhältnis auf die häusliche Sphäre ausweiten. Marianne wusste, dass Martin Rau an diesem Tag Frühschicht fuhr. Er war daher bereits gegen zwei fertig.

»Du musst heute zu mir kommen! Meine Mutter ist mit Basti zu einer Freundin gefahren. Sie übernachten auch dort. Wir hätten also die Wohnung für uns!«

Rau überlegte einen kurzen Augenblick. Aber warum sollte er solch ein Angebot ablehnen? »Gern. Wann soll ich da sein?«

»Wie wäre es mit um sechs?«

»Wie passend!« Marianne errötete sehr anmutig und bedachte ihn mit einem koketten Wimpernaufschlag. »Also? Abgemacht?«

»Ich bin dann da.« Damit war die Verabredung getroffen. Rau überlegte nur kurz, was er seiner Frau sagen würde, welche Gründe er für sein Ausbleiben diese Nacht angeben konnte. Es fiel ihm nicht schwer, eine Ausrede zu finden. Schließlich traf er sich beinahe regelmäßig bei Kurt, um Autos zu reparieren oder Ersatzteile auszubauen. Manchmal hatte er von dort den Heimweg nicht mehr gefunden. Er würde sich ganz ruhig abmelden mit dem Hinweis, dass er bei Kurt sei und es später werden könne. Es war unwahrscheinlich, dass seine Frau sich mit ihrem dicken Babybauch auf den Weg machen und ihn abholen würde. Ein Abend mit Marianne also. Gut, das würde auf jeden Fall aufregender als die letzten Wochen werden. Er stieg pfeifend in sein Auto und fuhr nach Hause.

Zehn nach sechs stand er mit zwei Flaschen Rotwein vor Mariannes Wohnungstür. Er trug sie im Nylonbeutel, damit kein Nachbar auf ein Rendezvous schließen konnte.

»Ach, da bist du ja. Komm rein.« Sie trug ein verführerisches Kleid mit tiefem Ausschnitt. Martin Rau konnte keinen Blick von ihr lassen. Als sie mit dem letzten Glas der ersten Flasche vor dem Sofa auf dem Teppich saßen, fragte sie ihn plötzlich: »Du hast mich doch mal gefragt, was ich mit zehntausend Mark anfangen würde. Weißt du, der Gedanke lässt mich einfach nicht mehr los. Erst gestern Abend habe ich gedacht, warum gerade zehntausend? Wir handeln doch mit viel mehr Geld.« Sie sah ihn nicht an, sondern malte mit dem Zeigefinger eine Blüte auf dem Teppich nach. »Und da stellt sich doch die Frage anders: Was würde ich mit hunderttausend Mark machen?«

Wohlklingend artikulierte sie die Summe. Leuchtend rot hob sich der gefeilte Nagel von dem Braun der Teppichblüte ab. In der anderen Hand hielt sie das Weinglas und nippte daran. »Ich könnte doch mit dir …« Sie machte eine Pause. »… mit dir weggehen.« Dann hoben sich die langen schwarz getuschten Wimpern, und ihre grauen Augen sahen ihm direkt ins Gesicht. Er küsste sie.

»Weißt du«, sagte er mit rauer Stimme, »ich habe mir da mal was überlegt.«

Sie stützte den Kopf auf den Ellenbogen. Die Haare fielen ihr über die nackte Schulter. »Ja?«

»Ich habe mir überlegt, dass es ganz einfach ist.«

»Was?«

»Naja, das mit den Hunderttausend.« Sie antwortete nicht, sondern wartete darauf, dass er fortfuhr. »Wir tun einfach so, als ob jemand eingebrochen wäre und alles mitgenommen hätte.«

»Wie meinst du das: wir tun so?«

»Ja, verstehst du denn nicht? Wenn es gar keinen Einbruch gibt, aber die Polizei einen Einbrecher sucht, wen soll sie denn da finden?«

Sie warf den Kopf zurück. »Na, dann suchen sie eben einen Dieb, der das Geld gestohlen hat.«

»Nein, du verstehst es wirklich nicht!« Unwillig schüttelte er den Kopf. Er setzte sich ihr gegenüber und sah sie eindringlich an: »Pass auf: Jemand überfällt die Post, abends, denjenigen, der gerade Dienst tut. Möglicherweise überfällt er dich.«

Sie sah ihn belustigt an. »So? Du überfällst mich? Zeig mal, wie du das machst!« Lachend hob sie beide Hände, und spielte, dass sie sich ergebe.

Nun lachte er auch. »Ja, so ungefähr. Und dann falle ich über dich her.« Er warf sich auf sie und beide kullerten lachend über den Teppich. Nach einigen Minuten wurden sie wieder ernst.

»Also«, fing er von neuem an, »jemand bricht abends in die Post ein, vielleicht tritt er die Tür ein, oder er klettert durch ein eingeschlagenes Fenster. Er überwältigt den diensthabenden Angestellten. Dann reißt er die Hunderttausend an sich und verschwindet.« Sie nickte. »So: Wen glaubst du, wird die Polizei verdächtigen? Den Angestellten? Der ist doch das Opfer! Einen Mitarbeiter? Nein! Sie suchen einen schweren Jungen, einen Verbrecher! Auf uns können sie gar nicht kommen.«

Marianne lachte. »Na, hoffentlich wird es wirklich so einfach!«

»Wir dürfen nur keinen Verdacht erregen, und alles Geld auf einmal und sofort ausgeben. Mal ein Fernseher hier, eine Waschmaschine dort. Und wenn Gras über die Sache gewachsen ist…« Er machte eine Pause. »Ja?« Ihre Augen blickten erwartungsvoll auf ihn. »Dann hauen wir alles auf den Kopf.« Marianne legte ihre Arme um seinen Hals. »Genauso machen wir es! Und du überfällst mich!« Damit ließ sie sich auf den Teppich sinken, und beide genossen die Nacht in vollen Zügen.

Der Plan war nun gefasst. Sie warteten nur auf die passende Gelegenheit, dass eine entsprechend große Summe angekündigt wurde. Am 3. April kam die Nachricht. Der Leiter der Hauptpost nahm Martin Rau am Morgen beiseite. »Martin, morgen haben wir eine große Fuhre.« Mit »großer Fuhre« pflegten sie hohe Geldbeträge zu bezeichnen. »Die Sparkassen rechnen heute ab und schicken morgen im Laufe des Tages alles zu uns. Ansonsten das übliche Verfahren. Du weißt ja Bescheid.«

Rau nickte. »Ja, ich weiß Bescheid.« Im Stillen fügte er hinzu: »Aber du weißt es nicht.« Und weiter dachte er: »Morgen also.« Nach dem Mittagessen ging er zu Marianne. Da noch andere Kollegen anwesend waren, sagte er nur: »Morgen gibt's wieder 'ne große Fuhre.«

Sie lächelte ihn an: »Ich weiß schon. Ich habe Spätschicht und nehme sie entgegen.«

Beide hatten sich verstanden. Es gab keine Vorbereitungen mehr zu treffen, es gab nichts mehr zu bereden. Alles war klar.

Scheiße, der Hammer! Den hätt ich fast vergessen. Was mach ich denn jetzt mit dem? Wieso denk ich an alles, bloß an diesen blöden Hammer nicht? Der besudelt mir noch das Auto! Da, da vorne. Ich halt jetzt mal an …

Es war Sonntagmorgen, der 5. April 1970. Die Klingel an der Korridortür meiner Merseburger Mietwohnung läutete verdächtig lange. Ich ging an das zur Straßenseite befindliche Schlafzimmerfenster. Beim Zurückziehen der Gardinen sah ich einen grünen F9 Kübel, und an der Haustür stand ein Kraftfahrer des Volkspolizeikreisamtes Merseburg. »Siggi, du sollst dich bereithalten. Du wirst abgeholt.« Schnell beendete ich das Frühstück und wartete. Ich wusste ja nicht, wann der Operativstab meiner Dienststelle den Einsatz der Mordkommission verlangt hatte. Nach relativ kurzer Zeit fuhr der Dienstwagen vor. Neben unserem Kraftfahrer saß wie immer der Leiter der Morduntersuchungskommission. MUK-Leiter Großer, Kriminaltechniker Johannes sowie der Sachbearbeiter Egon und ich arbeiteten schon mehrere Jahre zusammen. Daher kamen wir gleich nach der Abfahrt zur Sache. »Wo geht's hin?«, fragte ich. Großer sagte: »Wir fahren nach N. Dort ist auf dem Hauptpostamt in einem Zimmer eine weibliche Leiche gefunden worden. Ich habe auch die Gerichtsmedizin in Marsch setzen lassen.«

In der Nacht war es kalt gewesen, es hatte leichten Schneefall gegeben. Nun am Morgen taute der Schnee, und nur noch an der Sonne abgewandten Stellen schimmerte es weiß. Am Ortseingang empfing uns ein freundliches Schild: »N. grüßt seine Gäste«, also uns.

Ob sie sie schon gefunden haben? Wahrscheinlich. Dienstbeginn ist ja immer schon um sechs. Selbst schuld. Wäre sie mir nicht in die Quere gekommen, könnte sie noch am Leben sein. Aber sie musste sich eben einmischen. Na! Nu hat sie ja ihre Strafe.

Begrüßt wurden wir außerdem im Volkspolizeikreisamt. Der Leiter der Kripo gab uns einen Lagebericht. Danach hatte am Morgen, gegen 6 Uhr, ein Postangestellter im sogenannten Entkartungsraum eine Postassistentin leblos, mit blutigem Kopf aufgefunden. Es handelte sich um eine zweiundzwanzigjährige Frau, die dort den Nachtdienst versehen hatte. Laut dem uns vorgelegten Totenschein wurde am 5. April 1970 um 7.05 Uhr von einem hinzugerufenen Arzt der Tod dieser Frau festgestellt. Darüber hinaus informierte man uns, dass eine noch nicht bekannte Summe Geldes aus einem Stahlschrank verschwunden sei.

Die Tatortarbeit begann: Rechtsmediziner und Kriminaltechniker untersuchten die Leiche und sicherten die Spuren. Das Opfer lag in Bauchlage auf einer Campingliege. Das Gesicht war zur linken Schulter gewandt. Warum hatte sie Papierfäden um den Hals und leichte Würgemale? Den ganzen Tag dauerte die Tatortsicherung. Erst gegen Abend konnten wir diesen ersten Abschnitt abschließen. Ich überließ den Medizinern und den Kriminaltechnikern das Material, das aus Zigarettenkippen der Sorte F6, Faser- und Fingerspuren bestand, zur Auswertung.

Mann, waren das viele Bullen heute. Dass Geld fehlt, wissen die schon. Nur wissen die nicht, wie viel es war. Aber ich weiß es: 110 000 Mark. Hübsches Sümmchen, nicht? Mal sehen, was ich damit mache. Auf keinen Fall werde ich große Sprünge tun. Das wäre zu auffällig. Ich werde einfach, wenn Not am Mann ist, ein bisschen was wegnehmen. Das fällt keinem auf, nicht mal Lotte. Na gut, Lotte vielleicht schon, aber die wird nicht nachfragen, woher das Geld kommt. Und sollte sie doch auf die Idee kommen, dann treib ich ihr die Fragerei ganz schnell aus. Soll's nehmen und gut!

In der nächsten Etappe war an einen pünktlichen Feierabend nicht zu denken. Auch war klar, dass wir in den kurzen Pausen nicht nach Merseburg oder Halle zurückkehren konnten. Man besorgte uns Unterkünfte. Wir bezogen unsere Zimmer in einer wunderbar gelegenen Gaststätte in der Nähe der Kreisstadt, wobei von Vorteil war, dass unsere komplette Mannschaft Platz in dem Haus fand.

Jetzt nisten die sich hier ein. Ich muss mich ruhig verhalten. Ich habe den längeren Atem. Das werdet ihr schon sehen. Hoffentlich findet keiner das Versteck. Am liebsten würde ich nachsehen gehen, ob noch alles an seinem Platz ist. Wenn ich nachher schnell mal vorbeifahre … oder besser, nein. Vielleicht haben die jemanden auf mich angesetzt? Der da drüben, der sieht doch irgendwie so aus, als ob er mich beobachtet. Jetzt dreht er sich weg. Ganz bestimmt hat er mich beobachtet! Ihr Schweine! Euch führe ich nicht zu dem Geld. Ich habe dafür geschuftet. Nee, das ist jetzt meins!

Die Obduktion der Leiche fand noch am selben Tag statt. Als Ergebnis stand schließlich fest, dass der Tod durch schwere, stumpfe Gewalt auf den Kopf eingetreten war. Durch diese Schläge waren große Teile des knöchernen Schädels in Kopfmitte, Hinterkopf und am rechten Ohr beschädigt worden. Sie hatten große Teile des Hirns zerstört. Was uns merkwürdig erschien, waren mehrere um den Hals gewundene dünne Papierbindfäden.

Sie hatten zwar Drosselmarken verursacht, waren aber nicht die Ursache für den eingetretenen Tod. Was genau konnte den oder die Täter veranlasst haben, die Schnüre anzuwenden?

Durch die intensiven Ermittlungen von Anfang an war schon am Abend des 5. Aprils sicher, dass in der fraglichen Nacht nur das spätere Opfer und ein Kraftfahrer ihren Dienst verrichteten. Der Fahrer hatte an diesem Abend Geldbeträge eingesammelt und abgeliefert. Seine Fahrten endeten in der Regel um 20 Uhr. Danach war für ihn Feierabend.

Ein leitender Angestellter des Postamtes, der in einer Dienstwohnung im Postgebäude wohnte, schilderte uns seine Beobachtungen aus der vergangenen Nacht.

»Es war schon nach 23 Uhr, als ich vom Korridor meiner Wohnung aus das Klappen einer Tür hörte. Meine Wohnung befindet sich in der ersten Etage. Ich öffnete die Korridortür und schaute ins Treppenhaus. Dabei sah ich, dass einige Zeit nach dem Türklappen unten im Parterre ein Mann von der Diensttoilette in Richtung Entkartungsraum lief. Das Treppenhaus war dunkel, das heißt, die Person hatte das Hauslicht nicht angemacht. Nur vom Hof kam durch ein Türfenster und ein Hoffenster Licht ins Treppenhaus.«

Sie haben keine Ahnung. Das ist auch gut so. Nur nicht auffallen. Wenn nur Lotte nicht die Nerven verliert! Ich war halb neun zu Hause! Das werde ich ihr heute noch mal einbläuen! Diese Frau ist so dumm! Die bringt es fertig und verquasselt sich. Na, ich werde sie fragen, ob sie ohne den Vater ihrer sechs Kinder auskommen kann.

Schon am nächsten Tag erfolgte eine längere Zeugenvernehmung des Kraftfahrers Martin Rau. Die Angaben zum Alibi vom Dienstschluss ab 20 Uhr bis zum Auffinden der Leiche von Marianne Landmann waren lückenhaft und konnten teilweise nicht bestätigt werden. Von nun an wurden seine Schritte observiert. Dem Postamt fehlte immerhin die stattliche Summe von 110 000 Mark der DDR. Konnte er der Täter sein? Hatte er Marianne Landmann ermordet? Und wenn ja, wo war das Geld versteckt? Da wir keine eindeutigen Hinweise hatten, liefen die Ermittlungen zunächst weiter in alle Richtungen, aber wir stießen auf keinen weiteren Verdächtigen. Wir nahmen Rau näher unter die Lupe. Aus dem Vorstrafenregister wurde bekannt, dass er wegen Urkundenfälschung, Betrug und Körperverletzung zu einem Jahr Freiheitsentzug verurteilt worden war und in einem weiteren Verfahren wegen Diebstahl von persönlichem Eigentum drei Monate Freiheitsentzug auf Bewährung erhalten hatte. In seiner Zeugenvernehmung wurde ausführlich sein Verhältnis zur Getöteten erfragt.

»Die Marianne und ich? Das war rein dienstlich. Die war doch erst was um die Zwanzig. Viel zu jung. Mit solchen Hühnern fang ich gar nichts an. Schließlich habe ich Familie, sechs Kinder. Mehr muss wirklich nicht sein.«

Jetzt glauben die ernsthaft, dass ich es war. Nur weil sie niemand besseren finden. Und ich werde denen nicht auf die Nase binden, dass die hinter mir her war. Nicht umgekehrt. Die wollte was von mir. Bin sie gar nicht wieder losgeworden. Wie ein Dackel, die blöde Kuh!

Seine Aussagen waren äußerst zweifelhaft. Beim Klinkenputzen im Mehrfamilienwohnhaus der Marianne Landmann und in einem Café kamen die Ermittler zu interessanten Ergebnissen: Eine Nachbarin des Opfers machte eine aufschlussreiche Aussage: »Die Marianne, ja. Die ist erst letztens nachmittags gekommen. Das war ja an sich nichts Besonderes, aber da hat sie jemand gefahren. Sie stieg aus einem Moskwitsch aus. Die war ja ganz verrückt aufs Autofahren – hat sie mir mal erzählt. Und der, der sie gebracht hat, ist gleich mit ausgestiegen. Aber das war kein junger Verehrer, nein. Der war wesentlich älter als sie, so um die Vierzig, würde ich schätzen. Also wenn Sie mich fragen, der war kräftig, aber nicht groß. Eher untersetzt. Ist ja nicht so, dass ich ständig am Fenster stehe. Ich habe mich nur gewundert, dass sie da jemand nach Hause fährt, wo sie doch sonst immer mit dem Bus kommt.« Ein Mann mit der gleichen Personenbeschreibung war Wochen zuvor in Begleitung von Marianne in einem Café der Stadt gesehen worden.

Naja, Spaß hat sie schon gemacht, die Kleine. Sie war ja sehr lebensfroh. Etwas zu sehr, nach meinem Geschmack. Ständig wollte sie rumkutschiert werden, sollte ich den Kavalier machen. Und? Was habe ich davon? Geld kostet es. Und Geld habe ich keins. Das verfrisst meine liebe Familie. Lotte verschwendet zu viel für die Kinder. Immer nur für die Kinder, sagt sie. Dabei geht es denen viel zu gut. Ich hatte es viel schlechter damals, 1940. Wir hatten buchstäblich nichts zu fressen. Lotte verwöhnt die Bälger. Aber jetzt habe ich ja Geld. Nur, dass es der Kleinen nichts mehr nützt. Wie sie mich angesehen hat im Entkartungsraum. Gekichert hat sie noch. Tust du's jetzt? Bringst du mich jetzt um?, hat sie gefragt. Die dumme Gans. Nichts hat sie verstanden. Die blöden Papierbänder. Das hat sie toll gefunden. Aber die Papierbänder waren es ja gar nicht.

Diese Personenbeschreibungen trafen in allen Einzelheiten auf Martin Rau zu! Sein Alibi für die Mordnacht war nur bis gegen 23 Uhr wasserdicht. Bis dahin, hatte seine Frau angegeben, sei er zu Hause gewesen. Kurz nach zehn habe sie das kleinste ihrer Kinder gestillt und sei dann ins Bett gegangen. Auch die Tatsache, dass Martin Rau Besitzer eines PKW Moskwitsch war, sprach dafür, dass er in der ersten Vernehmung gelogen hatte. Einen objektiven Beweis, dass Rau tatverdächtig war, gab es vorerst nicht. Zum Beispiel konnten zwei am Tatort gefundene Zigarettenkippen der Marke F6 ihm nicht zugeordnet werden, obwohl er diese Marke rauchte. Einer der Streifenwachtmeister, die zuerst am Tatort waren, gab später zu, vor Aufregung in unmittelbarer Nähe der Leiche zwei F6 geraucht zu haben.

So ein Mist. Jetzt hab ich das Geld und komme nicht ran! Geduld. Nur Geduld. Lass Gras über die Sache wachsen. Dann wird es schon wieder. Aber irgendwie habe ich kein gutes Gefühl dabei. Die Bullen ziehen ihre Kreise enger, verdammt.

Trotzdem. Es stand fest, dass in der fraglichen Nacht kein gewaltsames Eindringen in das Postamt stattgefunden hatte. Schlossuntersuchungen aller Türen erbrachten keine Spuren von Nachschlüsseln oder anderem Werkzeug. Der oder die Täter mussten entweder vom späteren Opfer Einlass bekommen haben oder selbst über einen Türschlüssel verfügen. Wegen Verdacht des Mordes in Verbindung mit schwerem Raub wurde am 17. April gegen Martin Rau ein Ermittlungsverfahren eingeleitet, Haftbefehl beantragt und Rau in U-Haft genommen.

Was wollen die jetzt von mir? Ob Lotte alleine klarkommt? Der kleine Racker hält sie ganz schön auf Trab. Erst zwei Wochen auf der Welt und dann so ein Theater. Aber die anderen waren, glaube ich, auch so. Na, die Großen können ja schon mithelfen. Das habe ich ihnen noch mal eingeschärft. Ihr unterstützt Muttern! Dass mir keine Klagen kommen! Und jetzt sitze ich hier in dieser engen Zelle. Es stinkt schon so eklig. Die wollen mich fertigmachen. Was genau haben sie gegen mich in der Hand? Uns hat doch niemand gesehen. Und ich habe keinem was gesagt. Ob Marianne gequatscht hat? Eigentlich war sie ja nicht so. Aber wer weiß, vielleicht ist ihr mal was rausgerutscht? Und nun hat sich jemand dran erinnert? Wem könnte sie es verraten haben? Dem ollen Raschpichler, der oben über der Post wohnt? Vielleicht war es ja die Nachbarin bei ihr zu Hause? Die steht doch ständig hinter der Gardine! Unser Treffen im Café, ja. Damit fing alles an. »Na? Heute keine lange Tour?« So hat sie mich angequatscht. »Haste ein paar Minuten Zeit? Wir könnten doch einen Kaffee trinken?« Und dann haben wir zwei Stunden gesessen und erzählt. Naja, eigentlich hat sie die ganze Zeit erzählt. Und lauter so belanglose Sachen. Hat mich gar nicht interessiert. Aber ich hatte das Gefühl, dass sich da was entwickeln kann. Und warum sollte ich ablehnen, was sie mir so freizügig angeboten hat? War doch nichts Ernstes. Sie hat es angeboten, und ich habe es genommen. Die hat doch nicht wirklich geglaubt, dass ich mich auf was Festes einlasse. Nee, Marianne wusste doch, dass ich verheiratet bin und auch, dass ich für meine Familie schuften muss. Genau das hat sie ja ausgenutzt, all diesen Kinderlärm und den Windelalltag. Nee danke. Bei ihr kam ich mal kurz raus aus dem Hamsterrad. War ja ganz angenehm. Nur dass sie eben ständig was haben wollte. Und ich habe doch kein Geld, ich fahre es nur durch die Landschaft. »Der Geldfahrer hat das wenigste Geld!«, hat sie gesagt. Genau! Sie war es doch, die gemeint hat, wie einfach es wäre, einfach ein bisschen was abzuzwacken. Oder gleich im großen Stil – wie Bruce Reynolds vor sieben Jahren. Aber den haben sie ja inzwischen auch gekriegt. Wann sind wir eigentlich auf die Idee gekommen? Auf Arbeit? Nein, ich glaube nicht. Es war … es war … es war an dem Abend, wo wir bei ihr zu Hause alleine waren. Ja, genau. Da sind wir drauf gekommen …

In den ersten Vernehmungen wurde Rau zu seiner persönlichen Entwicklung und zu den postbetrieblichen Abläufen in seinem Aufgabenbereich befragt. Unsere bisherigen Ermittlungsergebnisse spielten dabei noch keine Rolle. Die Vernehmer ließen sich von ihm bestätigen, dass er zu Marianne Landmann ein rein dienstliches Verhältnis hatte.

Am 24. April um 14 Uhr wurde mir Martin Rau durch einen Angehörigen des Strafvollzugs zu einer weiteren Vernehmung übergeben. Der Vernehmungsraum im Parterre unmittelbar neben dem Dienstzimmer des Kommissariatsleiters war ausgestattet mit einem Schreibtisch, davor ein schmaler Tisch mit zwei Stühlen und in einer Ecke ein kleiner Aktenschrank.

Bin gespannt, was sie nun wieder wissen wollen: Wo die Toiletten in der Post waren? Lauter nichtssagender Kleinkram! Fragen mich nur albernes Zeug, das gar nichts mit der Sache zu tun hat! Also langsam reicht's mir! Jetzt soll ich mich auch noch zur Vernehmung melden. Als ob ich dahin wollte! Die wollen doch was von mir! Von wegen: Verdächtiger Martin Rau meldet sich zur Vernehmung! So ein Kinderkram! Spielen die hier Armee oder was? Noch eine Tür. Was haben wir denn hier? Ah, den Raum vom Kommissariatsleiter. Hohes Tier, was? Na, ich melde mich dann mal. Wenn ich mitspiele, lassen sie mich vielleicht eher raus. Wer ist das denn? Schon wieder ein anderer! Hoffentlich haben sie dem schon gesagt, was sie jetzt alles von mir wissen. Nicht dass ich noch mal von vorne anfange. Sieht ja recht finster aus der Mann.

Ich stand mit dem Rücken zu einem der beiden Fenster, Rau trat ein mit Blick darauf. Auf der Türschwelle verharrte er und sah mich verdutzt an. Ich erriet, was sein Blick bedeutete: »Schon wieder ein neues Vernehmergesicht.«

Nach meinen einleitenden Worten fragte ich ihn, ob er gesundheitlich in der Lage sei, vernommen zu werden. Er bejahte dies. Ich sagte ihm weiterhin, dass diese Vernehmung auf Tonband mitgeschnitten werde.

Heute wollte ich die Katze aus dem Sack lassen. Das Geplänkel hatte nun ein Ende. Ich würde ihn mit den Tatsachen konfrontieren. In der ersten Phase besprach ich mit ihm seine Familienverhältnisse. Immerhin war er das zweite Mal verheiratet und hatte sechs Kinder! Die mussten ihm doch wichtig sein. Schließlich hatte ich aus den Akten entnommen, dass der Grund für die erste Scheidung Kinderlosigkeit war. Noch gab es in unserem Gespräch nichts, was ihn hätte beunruhigen können. Dann aber legte ich los. Ich erklärte ihm zunächst, dass ich ihm seine Aussagen zum 4. April nicht glaubte. Ab 23 Uhr hatte er kein Alibi mehr. Ich sagte ihm auch auf den Kopf zu, dass er mit Marianne Landmann eine Affäre gehabt habe. Von wegen dienstliches Verhältnis. Nach dieser für den Verdächtigen unangenehmen Wendung wollte ich ein weiteres Ass aus dem Ärmel ziehen. Rau war Raucher. Er hatte seine Vorräte, die er bei der Verhaftung noch bei sich getragen hatte, in den anderen Vernehmungen aufgebraucht. Nun war er auf die »Gnade« des Vernehmers angewiesen. Dass ich selbst Raucher war, bedeutete ein Plus für mein Vorhaben. Bei allen rauchenden Beschuldigten hatte ich in der Vergangenheit die Erfahrung gemacht, dass schnell Entzugserscheinungen auftraten, wenn der Vernehmer rauchte. Vorerst redete ich auf ihn ein, ohne zu rauchen. Schließlich zündete ich mir die erste »Cabinet« an. Als ich sie fast aufgeraucht hatte, kam die erwartete Frage des Beschuldigten: »Herr Schwarz, kann ich eine Zigarette kriegen?«

»Nein, mein Lieber«, entgegnete ich. »Sie kennen doch das gute alte Sprichwort: Erst die Arbeit, dann das Vergnügen.«

Unser Gespräch ging weiter. Unmissverständlich gab ich ihm zu verstehen, ich sei überzeugt, dass er Marianne Landmann auf dem Gewissen habe. Inzwischen war es gegen 16.45 Uhr. Der Dialog zwischen uns spitzte sich immer weiter zu. Die oft beschriebenen Schweißausbrüche als Entzugserscheinungen blieben zwar aus, aber Rau wurde immer unruhiger und rutschte auf dem Vernehmerstuhl hin und her. Unwillkürlich drängte sich mir ein Vergleich auf und in der Weidmannssprache sagte ich zu mir: ›Schwarz, auf die Kirrung hast du das Stück schon bekommen, es ist aber nicht hell genug, um einen guten Blattschuss anzubringen.‹

Endlich entschied ich mich für eine Zigarettenpause. Ich hatte seinen Wunsch danach inzwischen mehrfach abgelehnt. Nun reichte ich ihm eine Zigarette und gab ihm Feuer. Während er mit tiefen Lungenzügen rauchte, begab ich mich an ein Fenster und schaute auf die gegenüberliegende hohe, graue, gut gesicherte Anstaltsmauer. Ein Loch in der »Mauer des Schweigens« des Beschuldigten hatte ich mit meinen Fragen noch nicht gefunden. Kaum hatte ich mich gesetzt, kam erneut die Bitte um eine Zigarette.

»Machen wir weiter Märchenstunde, oder wollen Sie langsam zur Wahrheit kommen?«

»Geben Sie mir noch eine Zigarette.« Das tat ich. Rauchend sprach er nun: »Wenn Sie mich noch einmal nach Hause zu meiner Familie lassen, sage ich Ihnen hinterher, wo das Geld ist.«

»Welches Geld?« Ich hatte ihn schließlich nicht nach der Beute, sondern nach dem Mord an Marianne Landmann gefragt.

»Das Geld von der Post.«

Ich hatte meinen Blattschuss! »Herr Rau, wir machen es wie bei den Zigaretten: Zuerst das Geld, und dann besuchen wir gemeinsam Ihre Frau und die Kinder.«

Wir besiegelten diesen »Vertrag« mit einem Handschlag. »Zeichnen Sie mir mal ungefähr eine Lageskizze, wo das Geld ist.« Ich gab ihm einen Schreibblock und einen Kugelschreiber.

Verdammt! Der Kerl ist besser als die anderen. Der weiß Bescheid. Hätte ich ihm nichts von der Beute sagen sollen? Aber der weiß doch schon alles: über unser Verhältnis, dass ich in der Nacht nicht zu Hause war. Der braucht doch nur eins und eins zusammenzuzählen! Ach, das hat er längst getan. Soll ich ihn wirklich zu der Beute bringen? Sie wollen doch nur das Geld, ihr blödes Geld wieder! Sollen sie es doch haben! Ich will hier raus!

Nachdem ich die Aussage protokolliert und auf Tonband aufgezeichnet hatte, unterbrach ich um 17.30 Uhr die Vernehmung und ließ den Beschuldigten unter Bewachung zurück.

Im danebenliegenden Kommissariatsleiterzimmer saß man beim Kaffee. Ich hatte noch die Klinke in der Hand, da fragte man bereits: »Und? Gibt's was Neues?« Der Fragende war Großer, der MUK-Leiter.

Ich spielte erst einmal den Erfolglosen: »Mist! Der will einfach nicht zu einem Geständnis kommen!«

Man nickte einhellig. Hatte man anderes erwartet? Gerade wollte sich die Gesellschaft wieder ihrem vorherigen Gespräch widmen, da sprengte mir die Freude über meinen Teilerfolg die Brust, und ich platzte heraus: »Wir können heute noch zu Geld kommen.« Großer sah mich fragend an. »Na zu dem, was aus der Hauptpost geraubt wurde.«

So recht glauben wollte das keiner.

»Treib keine Scherze!«, sagte der Komissariatsleiter. Ich aber zog die Skizze hervor und reichte sie herum. Ich sah noch immer in ungläubige Gesichter. Als man aber das Papier recht besehen hatte, ging das Schulterklopfen los. Der Lokaltermin wurde nicht erst lange besprochen. Wir setzten uns sofort in Bewegung. Vermutlich bot unser Konvoi in Richtung Stadtausgang einen interessanten Anblick. Mit drei PKWs – einem für all unsere Vorgesetzten, einem Sicherungsfahrzeug und einem Fahrzeug, in dem der Beschuldigte saß – fuhren wir los. Mittlerweile war es fast 18 Uhr. Da es bereits Ende April war, brauchten wir nicht zu befürchten, dass uns die Dunkelheit überraschen würde. Wir durchquerten die Stadt, fuhren in Richtung B. auf die Bundesstraße. Zwischen den Feldern und Viehkoppeln wohnte noch der Winter. Es war, besonders zu dieser Abendstunde, empfindlich kühl. Die Handskizze von Martin Rau leitete uns nur wenige Kilometer vom Stadtgebiet zwischen zwei Ortschaften. Als wir eine eingezäunte Koppel erreicht hatten, forderte uns der Beschuldigte zum Anhalten auf. Die Autos parkten hintereinander auf dem Wirtschaftsweg einer LPG. Aus dem vordersten PKW stiegen die Begleitpersonen des Beschuldigten und nahmen ihn in ihre Mitte. Aus dem letzten schälten sich nacheinander die Vorgesetzten. Lautes Knallen der Autotüren verriet, dass nun alle im Freien standen und darauf warteten, dass Rau uns zum Geld führte.

Das schöne Geld! Jetzt war alles umsonst. Sollen sie doch ihr Geld nehmen. Mehr kriegen sie von mir nicht! Was wird jetzt aus Lotte und den Kindern?

Er wies in Richtung einer Baumgruppe, an der eine betonierte Viehtränke installiert war. Dort sei das geraubte Geld versteckt. Als Karawane bewegten wir uns auf den angezeigten Ort zu. Als Rau an der Viehtränke ankam, sagte er: »Es liegt da drunter.« Wir fanden, mit lockerem Erdreich bedeckt, zwei Geldsäcke aus Hanf mit den Aufschriften: »Kreissparkasse N.« und »Sparkasse B.«. Der Auffindungsort wurde fotografisch dokumentiert. Die Vorgesetzten kehrten mit der Beute ins Kommissariat zurück. Ich aber hatte noch ein Versprechen einzulösen. Nun würden wir seine Familie besuchen, und er konnte sich dort in aller Ruhe verabschieden.

Wir setzten uns daher wieder in das erste Fahrzeug und fuhren mit den Sicherungskräften in seinen Heimatort, ein kleines Dorf bei der Kreisstadt. Martin Rau bewohnte mit seiner großen Familie eine Wohnung in der ersten Etage. Seine achtjährige Tochter öffnete die Tür und war sichtlich überrascht, ihren Vater zu sehen. Die anderen fremden Männer in seiner Gegenwart übersah sie dabei. »Mutti, da ist Vati an der Tür.«

Wir hörten aus dem Badezimmer ein Plätschern. »Was? Wer ist da?« Ungläubig blickend trat eine kräftige, füllige Frau auf den Korridor. Sie trocknete sich die Hände an einem Handtuch ab und wusste nicht, wie sie reagieren, was sie sagen sollte.

Rau entschärfte die Situation, indem er sie bat: »Kochst du mir einen Topp Kaffee?«

Sie nickte nur wortlos und verschwand in der Küche. Rau selbst trat nun ein und führte uns ebenfalls in die Küche. Bereits im Flur kamen uns die Kinder entgegen. Eines fasste den Vater bei der Hand, ein zweites plapperte munter von seinen Problemen mit einem seiner Geschwister. In der Küche verteilten wir uns auf die

Stühle rund um den Esstisch. Es waren sieben. Für das kleinste Kind war noch kein Stuhl angeschafft worden. Und er würde nach der jetzigen Lage der Dinge wahrscheinlich auch nicht mehr gebraucht werden, weil die Familie auf lange Sicht einen Esser weniger haben würde.

Wir hatten vorher mit Rau abgesprochen, dass er nur persönliche Dinge klären dürfe. Über die Haft, die Vernehmungen oder den Fall sollte er Stillschweigen bewahren. Ein angenehmer Kaffeeduft kündigte an, dass es nun so weit war. In einem Nebenzimmer hörte ich die Kinder rumoren. Sie hatten sich eingeschüchtert durch so viele erwachsene Personen dorthin zurückgezogen. Verwundert beobachtete ich, dass Rau mehrere Tassen heißen Kaffees in sich hineinschüttete. Sowohl die Ehefrau als auch der Beschuldigte sprachen während des halbstündigen Zusammenseins keine konkreten Probleme an. Ich fragte mich ernsthaft, warum der Mann noch einmal nach Hause gewollt hatte. War er nur des guten Kaffees wegen gekommen? Ahnte er, dass er dieses, sein Zuhause in diesem Moment zum letzten Mal sah? Nach einer halben Stunde planten wir die Rückkehr zum Kommissariat. Rau nahm sich noch einmal jedes seiner fünf Kinder vor, streichelte es, gab ihm einige Worte, einige Aufträge wie zum Beispiel, die Mutter zu unterstützen, im Haushalt zu helfen, in der Schule gut aufzupassen … Schließlich wollte er seinen jüngsten Sohn noch einmal im Arm halten. Er betrachtete das kleine Gesicht genau, streichelte die winzigen Händchen. Dann verließen wir die Familie.

Nach unserer Rückkehr in die Dienststelle führte ich um 19.45 Uhr die Vernehmung fort. Nun wollte ich Näheres über den Raub erfahren, konnte aber nicht ungestört arbeiten, weil aus dem Leiterzimmer lautstarke Stimmen herüberdrangen. Sie waren sowohl für mich als auch für den Beschuldigten zu hören.

Was machen denn die da drüben? Klingt nach einer Feier. Achthundert, neunhundert – die zählen Geld! Die zählen jetzt da drüben das Geld! Na prima. Jetzt feiern die meinen Kopf, dass sie mich haben. Verdammt. Ich hätte nichts sagen sollen! Ich werde ab jetzt nichts mehr sagen!

Ich konnte nicht mehr untätig bleiben und suchte das besagte Zimmer auf. Dort saßen bei Schnaps und Bier die Leiter. Auf einem großen Tisch lagen in kleinen Stapeln die Scheine. Die Herren hatten sich die Mühe gemacht, vor dem Trinkgelage das Geld auf Vollständigkeit zu überprüfen. Dabei wurde festgestellt, dass ein geringer Betrag fehlte.

»Genosse Großer, finden Sie es nicht unpassend, hier eine Siegesfeier zu veranstalten, während ich da drüben den Mann vernehme?« Auch wenn Großer mein Vorgesetzter war, es gab Rahmen, die eingehalten werden mussten. Welcher Mann wird etwas gestehen, wenn man im Nebenzimmer schon sein Fell versäuft?

Als ich in die Vernehmung zurückkehrte, wurde es drüben ruhiger. Ich klärte nun mit Rau den Differenzbetrag, den man nebenan soeben festgestellt hatte. Er hatte den fehlenden Betrag vor dem Verstecken des Geldes an sich genommen. Diese Summe wollte er zur Deckung des Lebensunterhaltes nutzen und einiges davon in seine Hobby-Werkstatt investieren. Er hatte geplant, den großen Betrag so lange wie möglich versteckt zu halten, bis im wahrsten Sinne des Wortes über seine Viehtränke »Gras gewachsen sei«. Unter anderem hatte ihn unsere schlecht durchgeführte Observierung zu dieser Vorsicht gebracht. Er hatte nämlich die entsprechenden Kollegen recht schnell bemerkt, da sie immer das gleiche Fahrzeug verwendeten.

Um 22 Uhr beendete ich diese Vernehmung.

Nach unserem Handel und dem ersten Geständnis wurde das Verhältnis zwischen dem Beschuldigten und mir von Vernehmung zu Vernehmung besser. Gegen Ende April hatte ich den Tattag rekonstruiert. Martin Rau hatte ausgesagt.

»Nach der Übergabe des Geldes auf der Hauptpost parkte ich meinen Moskwitsch einige Straßen weiter. Jetzt hatte Marianne Dienst. Sie sollte mich einlassen. Ich griff nach dem Knauf. Die Hintertür für die Angestellten war nur angelehnt. Alles wie besprochen. Ich ging hinein, an der Treppe ins obere Stockwerk vorbei. Da oben wohnt der olle Raschpichler. Aber der hockte bestimmt vor dem Fernseher. Ich lief weiter, an den Umkleideräumen vorbei. Ich dachte an den Hammer. Nein, noch nicht.

Dann betrat ich den Entkartungsraum. Marianne wartete auf der Campingliege. Ich hatte an diesem Abend doch keine Nerven mehr für so was. ›Lass uns erst das Geld holen‹, sagte ich etwas barsch. ›Aber du musst mich vorher überfallen!‹, säuselte sie mit verführerischer Stimme. Ich nahm einige Papierstreifen aus einem Eimer und legte sie ihr um den Hals. Dann stellte ich mich hinter sie und zog sanft an den Streifen. ›So?‹ – ›Ja, das fühlt sich schon sehr gefährlich an. Das ist echt spannend. Weißt du, dass es mir überall kribbelt? Ich bin so aufgeregt‹, bestätigte sie. Ich massierte von hinten ihren Nacken, ihre Brust. ›So, und nun: Geld oder Leben!‹, spielte ich einen Posträuber aus einem Western. Sie erhob sich. Wir beide gingen zum Tresor. Marianne hatte den Schlüssel, da sie das Geld der Frühschicht übergeben sollte. Wir trugen die Säcke zu der Campingliege. ›Hundertzehntausend! So viel! Was machen wir damit?‹ – ›Wir stoßen erst einmal darauf an‹, schlug ich vor. Sie sah mich erwartungsvoll an. ›Ich habe eine Flasche im Spint. Warte, ich hole sie. Dann kam ich zurück. Marianne hatte die Augen geschlossen.«

Wartete sie darauf, dass er noch einmal ihren Nacken massierte? Stattdessen holte Martin Rau mit dem Hammer aus und schlug zu: zwei Mal, drei Mal. Und zischte dabei zwischen den Zähnen hervor: »Du glaubst doch nicht ernsthaft, dass ich hunderttausend mit dir teile? Blöde Ziege!«

Dann hatte er das Papiergeld genommen. Einhundertzehntausend Mark wogen nicht übermäßig viel. Martin Rau verließ die Post. Den Hammer nahm er mit. Anschließend fuhr er auf die Viehkoppel. Dort verpackte er das Geld in mitgebrachter Plastikfolie und versteckte seine Beute.

Die Geständnisse des Martin Rau genügten noch nicht. Wir brauchten einen objektiven Beweis, das Tatwerkzeug zum Beispiel. Was war aus dem Hammer geworden, mit dem er seiner Geliebten den Schädel eingeschlagen hatte? Diese Frage war Thema meiner Vernehmung am 25. April. Ich sagte ihm, dass er genau zu dem geworden war, was er am Anfang seiner Planung ausgeschlossen hatte: zu einem Posträuber, der einen Postangestellten erbarmungslos kaltgemacht hatte.

»Ja, mein lieber Rau, aus einem vorgetäuschten Überfall ist ein echter geworden!« Er schwieg und sah auf die Tischplatte vor sich. Ich setzte nach: »Nur dass nicht der Postkutscher überfallen wurde, wie in Ihrem Western!« Wir schwiegen beide einen Augenblick.

Ich, ein Posträuber? So habe ich es noch nie gesehen. Aber hundertzehntausend! Ich brauche das doch! Die Kinder, meine Werkstatt! Nee, ein Posträuber bin ich nicht. Und das Geld haben sie doch sowieso schon zurück. Aber das mit dem Überfall stimmt nun doch.

Dann fragte ich nach dem Tatwerkzeug. Anfänglich wollte er nicht mit der Sprache herausrücken, aber nach einigem Geplänkel gab er an, den Zimmermannshammer nach Verlassen der Post etwa 150 Meter vom Tatort entfernt in den Stadtgraben am Marienring geworfen zu haben. Sollte das Werkzeug zwanzig Tage später noch dort zu finden sein? Stimmten diese Angaben überhaupt? Dann hatte sich der Täter sehr sicher gefühlt.

Am nächsten Tag machte sich eine Gruppe der erweiterten Mordkommission auf die Suche. Der Stadtgraben war von kniehohem Gestrüpp des letzten Jahres überwachsenführte aber kein Wasser. Man musste ihn auf einer Länge von 50 Metern auf beiden Seiten absuchen. Der Stadtgraben führte kein Wasser. Die Männer durchkämmten den angegebenen Bereich. Es trat allerlei Müll zutage. Die Männer nahmen vorsorglich alles mit. Als es Zeit für die Mittagspause wurde, konnten sie die Suche beenden. Unter den aufgefundenen Gegenständen, Teile von Fahrrädern, Blechdosen und Plastikfolien, befand sich auch ein Hammer. Dieser wurde vorsichtig in Plastikfolie verpackt und an die Gerichtsmedizin in Halle geschickt, um ihn auf Spuren von Blut zu untersuchen. Das Ergebnis der Untersuchung erreichte uns bereits am nächsten Tag. Man hatte nicht nur Spuren von Blut und Gewebe am oberen Teil des Werkzeugs gefunden. In einem Abgleich mit den Daten zum Opfer konnten diese Spuren eindeutig mit Marianne in Verbindung gebracht werden. Es handelte sich um die gleiche Blutgruppe, und auch die Gewebeproben bestätigten, dass der gefundene Zimmermannshammer das Mordinstrument war.

Das Tatwerkzeug war gefunden. Aber es bestand noch keine eindeutige Verbindung zu Rau. Er konnte sein Geständnis jederzeit widerrufen. Dass er uns verraten hatte, wo der Hammer lag, war nicht mehr als ein Indiz. Genauso gut konnte er in einigen Wochen behaupten, dass er abends einen Mann gesehen hatte, der etwas in den Graben warf. Aufgrund dieser Unsicherheiten mussten wir beweisen, dass es sein Hammer war, mit dem Marianne zu Tode gekommen war.

Der Hammer war mit Farbe verschmutzt. Am Stiel fanden sich blaue Farbablagerungen über die gesamte Länge. Dieser letzten Spur gingen wir noch nach. Wir wussten, dass Martin Rau in seiner Freizeit an Autos bastelte. Er hatte alles dafür nötige Zubehör in der Nähe seiner Wohnung. Die Nebengebäude und auch die Scheune waren bereits kurz nach dem Raub durchsucht worden, weil man dort die Beute vermutete. Man hatte, wie wir nun wussten, nichts finden können. Nichts, was auf den Raub hindeutete. Für den Mord an Marianne dagegen gab es aufschlussreiche Hinweise. Martin Rau reparierte seinen Moskwitsch nicht nur, er lackierte auch Einzelteile. Bei einer erneuten Durchsuchung der Scheune stießen wir auf einer Werkbank auf Zangen, Meißel und weitere Hammer, die alle mehr oder weniger mit blauen Farbablagerungen gesprenkelt waren wie der Mordhammer. Noch am Abend des 26. April wurden per Sonderkurier der Tathammer, andere Werkzeuge und ein Behältnis mit blauer Farbe zur spektralanalytischen Untersuchung ins Kriminalistische Institut nach Berlin gebracht. In den Protokollen kann man nachlesen, dass sowohl die Farbe auf dem Hammer als auch die Farbe auf anderen Werkzeugen seiner Werkstatt nicht nur der gleichen Herkunft waren, sondern mit hoher Wahrscheinlichkeit aus der gleichen Farbdose stammten! Dieses Ergebnis kam als telefonische Vorausmeldung am 29. April. Damit war das Tatwerkzeug eindeutig Martin Rau zuzuordnen. Unsere Beweiskette war lückenlos.

*

Im Januar 1971 kam es zur Hauptverhandlung gegen Martin Rau. Es war nicht die Gier allein, die seine Tat in den Augen der Justiz verwerflich erscheinen ließ. Vor allem seine Hinterlist gegenüber Marianne Landmann veranlasste die Staatsanwaltschaft Halle, die Verhängung der Todesstrafe ins Auge zu fassen. Hätte er nur den Raub vorgetäuscht und ein wenig mit Marianne geteilt, das Urteil wäre milder ausgefallen. Aber das Opfer – welches ebenfalls unmoralisch gehandelt hatte – bis zur letzten Minute in dem Glauben zu lassen, dass beide gemeinsam den Raub begehen und anschließend ein neues Leben beginnen würden, das widersprach jedem Verständnis von Moral. Martin Rau hatte lange vorher entschieden, nicht mit Marianne zu teilen. Und er hatte geplant, sie aus dem Weg zu räumen. Die Verhängung der Todesstrafe erfolgte in der DDR selten und stellte die absolute Ausnahme dar. Dass sie für Martin Raus Tat beantragt wurde, spricht für sich. Sie verlangte unbedingt eine Bestätigung durch die Generalstaatsanwaltschaft in Berlin. Mitte Februar 1971 wurde ein Antrag auf das entsprechende Urteil nach Berlin gesandt und um Einverständnis ersucht. Etwa einen Monat später kam die Antwort: Das Ersuchen wurde abgewiesen. Stattdessen empfahl man in Berlin, den Angeklagten zu einer lebenslänglichen Freiheitsstrafe zu verurteilen.

Beim Prozess im Mai 1971 vor dem Bezirksgericht Halle / Saale kam man nach drei Prozesstagen der Empfehlung aus Berlin nach: Dem Angeklagten wurden die bürgerlichen Ehrenrechte auf Lebenszeit aberkannt. Er wurde zu einer lebenslänglichen Freiheitsstrafe verurteilt.

Er saß tatsächlich bis ans Ende seines Lebens. Dass es sich dabei um eine kurze Zeitspanne handeln würde, hatte bei der Urteilsverkündung niemand ahnen können. Im Mai 1975 verstarb Martin Rau in der Justizvollzugsanstalt an den Folgen eines Herzinfarktes. Er war fünfundvierzig Jahre alt. Sein jüngstes Kind gerade einmal fünf.

DER HELFER

»Die Kumpel Fischer und Haider haben die Loren zum wwwiederholten Male nich ausreichend jesichert! Sie jefährden damit nich nur sich und sozialistisches Eijentum. Sie gefährden damit vor allem das Leben anderer Kollejen. Ich de de de denke, da da das sollte, das sollte vor der nächsten Versammlung zur Sch sch Sprache kommen.«

Hans Stern wandte sich vom Schichtleiter ab und ging zu den Umkleideräumen. Der Schichtleiter schüttelte den Kopf. Im Grunde hatte Hans recht. Aber musste er sich immer so aufspielen?

Es war Schichtende. Die Kumpel verließen den Schacht, gingen unter die Dusche und freuten sich auf den Feierabend. Auch Stern verließ gutgelaunt seine Arbeit. Der Bus brachte die Arbeiter in die Stadt zurück.

Nach dem Aussteigen wandte sich Stern nach rechts und kehrte bald in eine HO-Gaststätte ein. Im Inneren des Lokals traf er auf einige Kollegen, die ebenfalls ihren Feierabend dort begannen.

»Mann, hab ich Durscht!« Mit diesen Worten bestellte Hans Stern wie üblich sein Bier. Aus dem einen wurden zwei, drei.

»Musst du nich nach Hause? Deine Ilse wartet bestimmt schon«, fragte ihn einer am Tisch.

»Ich jeh ja gleich. Ei ei ein BBBBierchen nach der Arbeit muss einfach drin sein. Sch schon allein, um den Staub runterzuspülen. Aber du ha ha hast recht. Ich mach mich los.«

»Ach Hans, was is'n mit Training am Donnerstag? Is nich 'n Spiel am Sonnabend?«

»Trainig iss, ja. Aber das Spiel am Sonnabend fällt aus. Wir mussten da was umplanen. Die Turnhalle is doch beleecht.«

»Ach so. Da könn mer ja ausschlafen. 'N Sonnabend mein ich.«

»Ja, aber zum Training bringste die Jungs?«

»Wie immer.«

»Wir sehn uns!«

Der Mann erhob sich mühsam, spürte die Schicht noch in den Knochen. Er legte seine zwei Mark auf den Tisch, hob die Hand und begab sich in Richtung Ausgang. »Mach's gut, Hartmut.«

Der Wirt nickte seinem Gast nach. Ohne Schwanken verließ Hans Stern nach vier Glas Bier die Gaststätte. Es war Ende Juli und ein warmer Abend. Die Sonne war noch nicht untergegangen. Der Mann mochte an die fünfzig Jahre zählen, war anständig gekleidet und hatte ein etwas rundliches Gesicht. Dabei war er nicht dick, eher kräftig. Man konnte vermuten, dass er es seit früher Jugend gewohnt war zu arbeiten. Und in der Tat kannten seine Kumpel vom Schacht ihn seit 25 Jahren. Er galt als ein guter Arbeiter, der wusste, wo er zupacken musste. Er lief durch die abendlich ruhigeren Straßen der Altstadt, durchquerte den Park und näherte sich den Genossenschaftswohnungen, die in den dreißiger Jahren aus dem Boden gestampft worden waren, als die Industrie mehr Arbeiter forderte, als die Stadt unterzubringen vermochte. Vor ihm öffnete sich die Straße mit den langgezogenen, dreistöckigen Gebäuden mit mehreren Eingängen. Zwischen Häuserzeile und Straße sorgten etwas Wiese und einige Linden für einen freundlichen Anblick. Der Duft der letzten Lindenblüten lag in der Abendluft, als der Mann seinen Schlüssel aus der Tasche zog, die Haustür des zweiten Einganges öffnete und im Inneren verschwand.

Seine Frau hatte bereits die Tasche geschultert und nahm gerade die Jacke vom Haken. »Du kommst auch alle Tage später!«

»Wwwwieso? Ich ich bbbbin ddoch schon da!«

Sein Stottern rührte von einem Unfall in seiner Kindheit. Als Vierjähriger war er auf den Apfelbaum im Garten des Großvaters geklettert und so ungünstig auf den Kopf gestürzt, dass ein Sprachfehler blieb. Vielleicht war diese Verletzung auch daran schuld, dass er die Schule nur bis zur sechsten Klasse der Volksschule schaffte.

»Die anderen sind längst zu Hause!«, schimpfte die Frau weiter. »Der Peter ist schon drüben beim Abendbrot! Nur du treibst dich wieder in der Kneipe rum!«

»Sch sch sch stimmt gar ...«

Der Mann wollte noch etwas erwidern, aber seine Frau schnitt ihm das Wort ab: »Ich geh jetzt auf Schicht! Und jetzt bleibste mal zu Hause! Du musst nicht noch mehr saufen! Alter Suffkopp! Hätt mir das man einer gesagt, damals siebenundvierzig. Da hätt ich mir einen andern gesucht.«

»Kannste i i immer noch machen! Aber jetzt nimmt dich k k k keiner mehr!«

»Ach, es hat gar keinen Zweck mit dir! Du hast getrunken! Da brauchen wir nicht mehr zu reden. Aber zu Hause bleibst du jetzt. Es reicht wirklich.«

»Jetzt regst de dich schon wejen eim Glas Bier auf.«

»So, wie du guckst, waren es vier, mindestens. Ich kenn doch den Blick! Warum kannst du nicht mal direkt von der Arbeit nach Hause kommen?«

»Hab ich doch jemacht. Fast. Und außerdem, es iss eben ne staubige Arbeit, die ich da mach. Da trocknet die Kehle aus.«

»Ach bleib mir doch vom Leib mit deinen Ausreden. Ich mach jetzt los!«

»Seit wann hat die mir was zu sagen!« Wütend knallte Hans Stern seine Frühstückstasche auf den Küchentisch. Er setzte sich und dachte kurz nach. Nach einer Weile sagte er laut und entschlossen: »Ach, geh ich eben doch!«

Als er unten die Haustür ins Schloss fallen hörte, verließ auch er die Wohnung. Er kehrte in einer Kneipe des Wohnbezirks ein. In dem rauchgeschwängerten Raum waren die Gäste nur schemenhaft zu erkennen. Aber die Stimmen gaben Orientierung genug. Rechts stand der Stammtisch, auf dem Skat gekloppt wurde. An zwei weiteren Tischen saßen ebenfalls Männer. Hans Stern ging zielstrebig auf den Tresen zu. Dort bestellte er sich zunächst einen Schnaps, um den Ärger mit seiner Frau runterzuspülen.

»Na? Schweren Tag gehabt?«, fragte der Wirt und trocknete einige Gläser ab.

»Dddas kannste wohl sagen. Und alles wegen die Weiber!«

»Ach, Ärger?«

»Die sin doch nie zefrieden. Seit fünfundzwanzig Jahrn arbeite ich da im Schacht. Seit fünfundzwanzig Jahrn. Ich bringe Jeld heeme. Und denkste, die ist zefrieden? Ich hab mein Leben nur geracker t. Gleich nach der Schule hat das anjefangen. Wenn einer arbeiten jelernt hat, dann ich. Aber denkste, die schätzt das? Dass ich ab und zu eenen trinken tu, das merkt se. Aber dass ich da in'n Betrieb jearbeitet habe, das interessiert se een Dreck.«

Er bestellte noch einen Schnaps, und der Wirt nickte dienstbeflissen mitfühlend.

»Die einzig schöne Zeit, ja, das war da in der Wehrmacht jewesen. Und w w w weißte auch warum?«

»Wegen den Kumpels?«

»Ja, wegen den' auch. Aber weißte, ich war da noch nicht verheiratet. Den Fehler hab ich erst fünf Jahre später jemacht!«

Es trat eine Pause ein. Stern starrte vor sich hin und dachte an die alten Zeiten. Der Wirt kümmerte sich um die anderen Gäste. Dann bestellte Stern ein Bier.

»Naja, manchmal übertreib ich's vielleicht doch mit'm Trinken. Hab da schon mal mit ei ei eim Getränkeunfall im Krankenhaus jelegen.«

»Weiß ich doch«, sagte der Wirt. »Das war vor vier Jahren. Da bist du in den Keller gestürzt, als du aufs Klo wolltest.«

»Ach ja, das war ja hier.« Der Mann kratzte sich am Kopf.

»Nee, aber das is mir schon ma passiert. Da lag ich zwei Wochen im Krankenhaus. Und meine Alte, die hat mich nich einmal besucht! Stell dir vor. Die anderen sin mit ihrer Familie raus ins Grüne, haben Kuchen jegessen und die Kinder 'n Eis. Meine is jar nich erst jekommen. Sie hätte so viel Arbeit mit den beiden Kindern, hat se jesagt.« Wieder schwieg er einige Minuten.

»Ich glaube«, er machte eine Pause, »ab da war's dann aus.«

Der Wirt schaute von den Gläsern auf. »Was war aus?«

»Naja, das so zwischen uns.« Der Wirt schüttelte ungläubig den Kopf.

»Mensch Hans. Das glaub ich nicht. Ich meine, du bist doch jetzt balde dreißig Jahre verheiratet.«

»Ja, aber es läuft nichts mehr.«

»Du meinst …?«

»Ja, sie lässt mich nicht mehr ran.«

Der Wirt füllte nun wirklich mitleidig noch ein Schnapsglas und schob es dem Gast zusammen mit dem dritten Bier über die Theke. Beide versanken in schwermütiges Schweigen. Dann leerte Stern zuerst das Bier in einem Zug und schüttete den Schnaps hinterher.

»Immer muss se stänkern, wenn ich abends noch schnell was trink! Dabei war ich doch fast pünktlich!« Er trank noch ein Bier.

»Die andern saßen da noch, als ich los bin. Aber das sieht se ja nich. Los, jib mir noch eins auf'n Abschied.«

Der Wirt schenkte ein fünftes – oder war es das sechste? – Glas Bier ein. Dann zahlte Stern und ging.

Draußen überlegte er. Ach, es war doch ein Übel, dass sich seine Frau immer einmischen musste. Nein, er würde noch nicht nach Hause gehen. Er suchte ein weiteres Lokal auf und versuchte, seinen Ärger in weiteren sechs Bier zu ertränken. Aber irgendwie wuchs der Ärger mit jedem Glas. Etwas unsicher auf den Beinen kehrte er nach Hause zurück. Dort setzte er sich in seinen Sessel. Ja, mit den Frauen war das so eine Sache gewesen in seinem Leben. Er wusste selbst, dass er nicht der Hellste war. Aber mit seinem Körper, mit seiner Kraft, hatte er Eindruck gemacht. Früher, ja, da hatte er leicht mal hier eine kennengelernt und dort mal eine gehabt. Aber inzwischen war er fünfzig. Die Frauen sahen jetzt eher an ihm vorbei. Und seine eigene, die wollte er schon gar nicht mehr sehen. Ob bewusst oder unbewusst legten beide ihre Schichten so, dass sie einander aus dem Weg gingen. Aber Frauen muss ein Mann nun einmal haben, davon war Hans überzeugt. Und wenn sie sich nicht überreden ließen, dann musste man eben schärfere Geschütze auffahren. Ja, das musste man manchmal tun! Bei diesen Gedanken sprang Hans auf. Es hielt ihn nicht mehr in seinem Sessel, nicht in seiner Wohnung. Er musste jetzt los. Jetzt!

Er zog seine Jacke an. Inzwischen war es kurz vor Mitternacht und doch etwas kühler. Am Ärmel der Jacke prangte seine rote Armbinde, die ihn als Freiwilligen Helfer der deutschen Volkspolizei auswies. Hans überlegte, sie abzumachen. Aber es fiel ihm ein, dass ihn die Armbinde vor unnötigen Fragen schützen könnte, falls er doch jemandem begegnete. Dann ging er noch einmal zurück. »Wenn sie Mätzchen macht …«, murmelte er vor sich hin und entnahm einer Schublade in der Küche ein Messer, griff nach einem Paar Handschuhe aus dem großen Schrank und steckte sie in die andere Jackentasche. Nun verließ er zum dritten Mal an diesem Abend die Wohnung.

Wie schon an anderen Abenden durchstreifte er sein Wohngebiet. Er war doch wirklich ein aufmerksamer Helfer der VP. Er hatte sich Respekt verschafft unter den nächtlichen Herumtreibern. Jugendliche machten einen Bogen um ihn. Schon mehrfach hatte er nach seinen Streifzügen Einbrüche und Ordnungswidrigkeiten melden können. Man kannte ihn daher als vorbildlichen Bürger. Nun ja, nicht alle schätzten seine Werte, seine Durchsetzungskraft. Besonders seine Frau nicht. Auch im Schacht gab es welche, die ihn für einen Angeber hielten. Sollten sie. Hier, abends, mit seiner roten Armbinde, war er der Herr. Er hatte die Amtsgewalt, alle anderen in die Schranken zu weisen! Das gab ihm ein gutes Gefühl. Mochte er zu Hause nicht das Sagen haben. Mochte er im Schacht nur ein kleines Licht sein. Hier auf der Straße, mit dem Zeichen der Macht am Arm, konnte er bestimmen. Das war in der Tat ein gutes Gefühl. Tief atmete er die Nachtluft ein.

Weiter ging es durch einsame, menschenleere Straßen. Zwei Polizisten begegneten ihm. »Hallo Hans. So spät unterwegs? Was machst du denn hier draußen?«, sprach ihn der Größere der beiden an. Und der andere setzte nach: »Du hast doch gar keinen Dienst.«

»Ihr wisst doch, ich bin immer im Dienst, und sicher ist sicher«, entgegnete der Mann. Dann bogen beide um eine Ecke, und er war wieder allein. Er verließ den Fußweg und tigerte zwischen den einzelnen Häuserreihen herum.

Auf dem Gras wurden seine Füße leicht, und er hängte sich durch einen matten Sprung an eine Wäschestange. Früher hatte er den Mädchen damit imponiert, hatte Klimmzüge gemacht, bis keine mehr mitzählen konnte, oder sich wie an einem Reck hinaufgeschwungen. So viel Kraft gefiel den Mädchen. Im Sport, ja, da war er auch immer gut gewesen. Er versuchte einige Klimmzüge, und sie gelangen ihm sogar. Nur das Aufschwingen auf die Stange ging beim besten Willen nicht mehr. Aber die Klimmzüge reichten auch, um sein Selbstwertgefühl an diesem Abend aufzuputschen.

Mit Klimmzügen würde er demnächst auch seine Sporttruppe beeindrucken. Das war ebenfalls eine seiner gesellschaftlich nützlichen Tätigkeiten: Übungsleiter der Handballmannschaft. Man kannte ihn als streng. Für sich selbst fügte er »gerecht« hinzu. Dieses wohltuende Gefühl, wenn man über andere entscheiden konnte, wenn sie tun mussten, was man sagte, das brauchte er.

Plötzlich hörte er auf dem Fußweg die Schritte einer Frau. Er ließ die Wäschestange los und konzentrierte sich auf das Geräusch. Die Frau kam die Straße hinauf. Sie lief schnell. Stern ging langsam über den Rasen zurück in Richtung Fußweg. Das Gras dämpfte seine Schritte. Die Frau lief unter einer Laterne hindurch. Sie hatte ein Paket in der Hand. Er kannte die Frau. War das nicht die blonde Krankenschwester, der er samstags öfter beim Brötchenholen begegnete? Ja, sie war ihm dort aufgefallen. Wahrscheinlich ging sie da immer zur Arbeit, denn nie trat sie in das Geschäft ein. Und heute? Kam sie vielleicht von der Arbeit zurück? Wohnte sie gleich hier?

Stern verließ den Rasen, betrat die Granitplatten des Gehwegs und streifte seine Lederhandschuhe über. Das Klimpern von Schlüsseln drang an sein Ohr. Gleich würde sie in ihrem Hauseingang verschwinden.

*

Im Juli 1976 wurde die Hallenser Mordkommission nach Sangerhausen gerufen. Der Mord an einer Krankenschwester mit unbekanntem Täter war aufzuklären.

Das Volkspolizeikreisamt bot nicht genügend Platz, so dass uns der Bürgermeister eine Schule zur Verfügung stellte. Wir installierten provisorisch ein Büro in der »POS Otto Grotewohl«. Für unsere Ermittlungsarbeit beanspruchten wir einiges an Raum.

Allein die Auswertergruppe belegte ein ganzes Klassenzimmer, das sich mit Leitzordnern, Schreibmaschinen und Büromaterial füllte, die benötigt wurden, um alle Vernehmungen sowie die Hinweise aus der Bevölkerung aufzuzeichnen und zu systematisieren. Im Fachjargon nannte man das »Erfassen der Information und Registrieren in Spurenbände«. Alle nachfolgenden Daten oder Hinweise, die eine bestimmte Person betrafen, wurden dann in das Spurenregister zu der jeweiligen Spur eingetragen. Die Spurenbände wurden nach römischen Zahlen angelegt, die einzelnen Spuren in arabischen. So war zum Beispiel »Band I« Personenbewegungen im Tatortbereich. Jeder Hinweis, jede Vernehmung wurde durch den Auswerter analysiert und alles, was Anlass für eine weitere Ermittlungstätigkeit bot, wurde in Ermittlungsaufträgen formuliert.

Die Arbeitsgruppe Auswertung selbst bestand aus einem Mitarbeiter der Mordkommission, einer Schreibkraft und einem weiteren Kriminalisten.

Eine zweite wichtige Arbeitsgruppe war die Ermittlergruppe. Die Kriminalisten, die in dieser Gruppe arbeiteten, erfassten im unmittelbaren und erweiterten Tatortbereich ganze Straßenzüge – jede einzelne Wohnung –, und befragten die dort lebenden Personen auf zweckdienliche Hinweise.

Die Leiter der einzelnen Gruppen mussten täglich, meistens nach 20 Uhr, dem Leiter der MUK über die Arbeitsergebnisse Rapport geben.

In unserem Fall erhielten wir innerhalb recht kurzer Zeit gute Hinweise und tatbezogene Aussagen. In erster Linie wurde ermittelt, welche Personen sich zur fraglichen Tatzeit in der unmittelbaren oder weiteren Umgebung aufgehalten hatten. Dabei wurden Streifenpolizisten, freiwillige Helfer der Volkspolizei und andere Gruppen, die in der Tatnacht möglicherweise unterwegs gewesen waren, wie etwa Schichtarbeiter, befragt.

Der Leiter der Auswertergruppe, Lutz, erläuterte mir am 31. Juli den Inhalt einer Zeugenvernehmung.

Bernd Kaiser war gerade Vater eines gesunden Knaben geworden. Er arbeitete in einer Landwirtschaftlichen Produktionsgenossenschaft als LKW-Fahrer. Der Juli war heiß. Bestes Erntewetter. Für die Fahrer bedeutete das Arbeitsschichten bis Mitternacht. Am Abend, der uns interessierte, war er erst um 24 Uhr heimgekehrt, hatte ein Bad genommen, sich in der Küche an den Tisch gesetzt und gegessen. Weil er meinte, noch einen Augenblick zum Abschalten zu brauchen, war er ans Fenster getreten, um eine Zigarette zu rauchen. Als er gerade den ersten tiefen Zug genommen hatte, hörte er von draußen plötzliche Schreie. Deutlich vernahm er eine weibliche Stimme, die »Hilfe, Hilfe, Überfall!«, rief. Natürlich beugte sich Kaiser aus dem Fenster, um zu sehen, worum es sich handelte, konnte zunächst aber nichts erblicken.

Dann bemerkte er eine männliche Person. Sie kam aus der Richtung der Schreie in seine Straße eingebogen. Kaiser vergaß seine Zigarette. Asche krümelte auf die Auslegware. Kaiser fluchte leise, wandte den Blick aber sofort wieder nach draußen. Er versuchte, sich nicht zu weit aus dem Fenster zu beugen, denn er wollte nicht gesehen werden. Das war auch nicht nötig, denn der Mann rannte am Gartenzaun vor seinem Haus vorbei. Kaiser konnte erkennen, dass der Mann vom Rennen erschöpft war. Auffällig schnappte er nach Luft. Und dann, im Licht einer Straßenlaterne, glaubte Kaiser schließlich eine rote Hand zu sehen.

Für mich stellte diese Aussage eine heiße Spur dar. Ich besuchte den Zeugen am selben Tag noch einmal und ließ mir seine Beobachtungen erzählen. Dabei kam ich aus dem Staunen nicht mehr heraus. Er hatte nicht nur im Schein der Straßenlampe die männliche Person bemerkt, sondern konnte sehen, dass diese im Rennen etwas wegwarf. Danach verlangsamte der Mann seine Schritte, und Kaiser sah in seiner rechten Hand ein rotes Tuch. Ob die Farbe des Tuches von Blut herrührte, konnte er allerdings nicht sagen. Aber es war dieses beschriebene Tuch, das mich auf einen Gedanken brachte, den ich aber tunlichst für mich behielt.

Durch die Auswertergruppe wurden nun alle ermittelten Personen und ihre Wege im unmittelbaren und weiteren Umfeld des Tatortes in der betreffenden Nacht analysiert. Dabei passte die Aussage von zwei Streifenpolizisten zu der Aussage des Zeugen

Kaiser. Wie wir herausfanden, hatten »Helfer der Deutschen Volkspolizei« in dieser Nacht keinen Streifendienst. VP-Helfer waren Zivilisten ohne Waffen, aber mit einem amtlichen Dienstausweis, der ein Passbild enthielt. Sie unterstützten am jeweiligen Einsatzort die örtliche Polizei. Die beiden Streifenpolizisten hatten in der Nacht zum 21. Juli gegen 24 Uhr einen VP-Helfer angetroffen. Und das sogar im zu ermittelnden örtlichen Umkreis. Auf die Frage: »Was machst du denn hier? Du hast doch gar keinen Dienst«, habe der Angesprochene geantwortet: »Ich bin immer im Dienst.«

In meinem Kopf bildete sich ein Zusammenhang, der beunruhigend war. Daher suchte ich das Gespräch mit meinem Vorgesetzten. Wir zogen uns in das in den Ferien verwaiste Büro des Schuldirektors zurück. Das Gespräch fand unter vier Augen statt. In solchen Situationen konnten wir uns duzen. Mein Vorgesetzter nahm im Sessel des Direktors Platz, ich ihm gegenüber.

»Karl, ich weiß, wer der Täter ist!«

»Der Sohn?« Meinte mein Vorgesetzter ernsthaft, dass der Sohn des Opfers der Täter sein könnte? Der Junge war zwölf Jahre alt und kam für mich unmöglich infrage!

»Nein, es ist viel schlimmer!« Ich schilderte ihm in allen Einzelheiten die Aussagen des Zeugen Kaiser und brachte diese in Zusammenhang mit der Aussage der Streifenpolizisten in der Tatnacht. Mit versteinertem Gesicht und stechenden Augen sah er mich an. Dann nahm er einen tiefen Zug aus seiner Zigarette.

»Und was für Beweise hast du?«

»Beweise gerade nicht. Aber einen sehr guten Hinweis.«

»Welche Vorgehensweise schlägst du vor?«

»Als Erstes werden wir eine umfassende Personenaufklärung durchführen. Die Leute dazu suche ich selbst aus.«

Vom 31. Juli bis 3. August wurden umfangreiche Ermittlungen zur Person des Verdächtigen durchgeführt. Nur ein kleiner Personenkreis wusste von diesem Vorgehen, weil das Ausmaß nicht abzusehen war, wenn meine Vermutungen sich bewahrheiten sollten. Nebenher liefen aber auch alle anderen Ermittlungen weiter.

Neben den Aussagen des Zeugen Kaiser waren jene des Zeugen Max von Bedeutung, denn vor dessen Wohngrundstück hatte die Tat stattgefunden. Er war der Erste am Tatort gewesen und bereits unmittelbar nach der Tat vernommen worden. Ich hörte mir noch einmal an, was er zu sagen hatte:

Er hatte in der verhängnisvollen Nacht wegen der Hitze nicht einschlafen können. Schließlich war er entnervt aus dem Bett gesprungen und hatte beschlossen, sich noch einmal vor den Fernseher zu setzen. Um diese Uhrzeit lief im DDR-Fernsehen nichts mehr. Aber in Sangerhausen konnte man Westfernsehen empfangen. Max saß gebannt vor der zweiten Folge von »Der Unsichtbare«, einer amerikanischen Serie, die die ARD im Nachtprogramm sendete. Wegen der Hitze hatte er das Wohnzimmerfenster geöffnet. Gegen 1.20 Uhr hörte er plötzlich die Schreie einer Frau vor dem Haus. Er sprang sofort aus seinem Sessel und lief zum Fenster. Von dort aus erblickte er Gerlinde Haubner. Natürlich erkannte er sie. Sie wohnte doch unten im ersten Stock! Sie grüßte immer freundlich, wenn sie sich am Eingang begegneten.

Gerlinde Haubner kniete wenige Meter vor der Haustür, schaute zu ihm hinauf und sagte mit schwacher, gerade noch vernehmbarer Stimme: »Holen Sie Hilfe, ich bin überfallen worden.« Er brauchte einen Moment, um die Fassung wiederzufinden. So etwas gab es im Fernsehen, aber nicht vor seiner eigenen Haustür. Das durfte nicht wahr sein! Seine Gedanken überschlugen sich. Sollte er die Polizei verständigen? Sollte er zu Gerlinde Haubner hinunter? Max entschied sich für die zweite Variante. Er stürzte zur Wohnungstür, die Treppen hinunter. Sein Herz raste. Was war da draußen passiert? Endlich erreichte er die Haustür. Sie war abgeschlossen! Also eilte er zurück in seine Wohnung, nahm zwei Stufen auf einmal, riss den Schlüssel vom Haken und eilte erneut hinunter. Nun konnte er mit zittrigen Fingern die Tür aufschließen und sah er die Frau noch immer an der gleichen Stelle. Sie war offensichtlich sehr schwer verletzt. Er schätzte, dass zwischen der Haustür und der Verletzten ungefähr acht Meter lagen und trat unsicher auf sie zu. »Kann ich etwas tun? Soll ich …« Gerlinde

Haubner röchelte schwer. Er versuchte nicht, sie hinzulegen, zu groß war seine Sorge, dass er damit noch mehr Schaden anrichtete.

Sie hielt ihren Schlüssel umklammert. Erst als er ihr diesen vorsichtig aus der Hand nahm, wurde ihm bewusst, dass er die ganze Zeit leise auf sie einredete. »Es wird alles gut. Halten Sie durch! Keine Sorge. Wir bekommen das hin.« Er ertappte sich dabei, dass er ihr über das Haar strich. Langsam begann er, die Umgebung wieder wahrzunehmen. Um ihn und die Frau herum lagen Kuchenstücke verteilt.

»Hier liegt ja Kuchen«, wunderte er sich. »… Geburtstag …« konnte er aus dem schweren Atmen der Frau verstehen. Dann redete er wieder beruhigend auf sie ein. Später konnte er sich nicht erinnern, was er gesagt hatte.

Inzwischen war die Frau in sich zusammengerutscht, und er brachte sie nun doch in eine liegende Position. Er fühlte sich so ohnmächtig, wollte helfen und konnte doch nichts anderes tun als hier zu hocken. Er wusste nicht, ob sie ihn noch wahrnahm. Sie stöhnte nur leise, wimmerte. Die Augen hatte sie geschlossen. Er drückte ihre Hand, hielt sie in der seinen. Schließlich, es schien ihm eine Ewigkeit, hörte er die Sirenen der Schnellen Medizinischen Hilfe. Jetzt konnte doch noch alles gut werden. Wenn Gerlinde nur durchhielte, bis die Ärzte da waren. Wenn sie nur durchhielte … Sie durfte nicht einfach sterben! Nicht diese nette, kontaktfreudige Frau, die er aus einigen Gesprächen kannte. Die Frau musste leben, und er fühlte diese Verantwortung irgendwie in seinen Händen liegen!

Als die Notärzte übernahmen und sich um Gerlinde Haubner kümmerten, schien es ihm, als sei ein Gewicht von seinen Schultern genommen. Er stand auf, sah zu, wie Spritzen gesetzt wurden, eine Atemmaske das Gesicht verdeckte. Unschlüssig sah er sich um. Eher um irgendetwas zu tun, kaum als eine zielgerichtete Handlung, begann er, den Kuchen aufzusammeln. Dann hob er die Handtasche auf und stieg, als der Krankenwagen abfuhr, mit den persönlichen Gegenständen von Gerlinde Haubner zu seiner Wohnung hinauf.

Als ihn hier die Polizei aufsuchte, die von einer weiteren Hausmitbewohnerin verständigt worden war, erzählte er, was er gesehen hatte.

Diese Mitbewohnerin befragte ich ebenfalls ein zweites Mal. Die Zeugin Ciminsky war von den Schreien geweckt worden. Sie hatte wie Max wegen der Hitze alle Fenster offen, um mit etwas Durchzug frische Luft in die Wohnung zu bekommen. Als Gerlinde Haubner um Hilfe rief, sei sie sofort ans Fenster, habe einen kurzen Augenblick überlegt und dann die Polizei angerufen. Als sie nach dem Anruf wieder ans Fenster getreten sei, habe sie den Zeugen Max bereits bei dem Opfer gesehen und lieber auf das Eintreffen der Polizei gewartet. Eine Funkstreifenwagenbesatzung sei wenige Minuten nach dem Telefonanruf am Tatort eingetroffen.

Inzwischen war Gerlinde Haubner in den Krankentransport gelegt worden. Ärzte kümmerten sich um die Schwerverletzte. Ihr Zustand war besorgniserregend und verschlechterte sich zusehends, da sie sehr viel Blut verlor. Man hatte sie notversorgt, dennoch galt es, keine Zeit zu verlieren. Als der Krankenwagen das Kreiskrankenhaus Sangerhausen erreicht hatte, war Gerlinde Haubner ihren Verletzungen bereits erlegen.

Die Obduktion fand noch am selben Tag, dem 21. Juli statt. Als Todesursache wurde ein Verbluten nach außen durch Halsstichverletzungen festgestellt. Wir hatten es mindestens mit einem Totschlag, wenn nicht sogar mit geplantem Mord zu tun. Unser weiteres Vorgehen würde maßgeblich beeinflussen, wie der Richter später urteilen sollte.

Nach all den Vernehmungen kristallisierte sich als Tatverdächtiger der Mann heraus, den ich nun vorladen würde. Es lag eine hohe Brisanz in dem Fall, denn unser Verdächtiger war der VP-Helfer, den die Streifenpolizisten am besagten Abend in der Nähe des Tatortes getroffen hatten. Sein Äußeres passte auf die Personenbeschreibung, die uns der Zeuge Kaiser von dem flüchtenden Mann vor seinem Fenster gegeben hatte. Aber wie würden meine Vorgesetzten, wie würde die Bevölkerung damit umgehen, wenn sie erfuhren, dass es sich um eine Art Polizisten handelte? Wie sollten wir das Vertrauen der Bürger in die Polizei erhalten, wenn solche Individuen darin Aufnahme fanden? Konnte man von nun ab keinem Polizisten, keinem ABV, keinem Freiwilligen Helfer mehr trauen? All diese Überlegungen nutzten wenig. Meine Spuren führten zu Hans Stern.

Auf der Grundlage aller bekannten Zeugenaussagen und Fakten entschloss ich mich daher, gemäß § 112 Abs.1 Strafgesetzbuch gegen den Mann ein Ermittlungsverfahren wegen Verdacht einer Tötungsstraftat einzuleiten. Am 3. August 1976 wurde Hans Stern der Dienststelle zugeführt und vernommen.

Die Vernehmung fand am Nachmittag des 3. Augusts statt. Der Vernehmungsraum war durch die anhaltende Hitze des letzten Monats aufgeheizt. Es nützte wenig, die Fenster zu öffnen, die Luft blieb stickig und schwül. Gewitter lagen in der Luft.

Wir hatten fast 30 Grad im Raum. Hans Stern, mit einem Dederon-Anzug bekleidet, saß jetzt vor mir. Jeder weiß, wie gut Dederon Schweiß aufnimmt. Stern schwitzte bereits, bevor wir überhaupt mit der Vernehmung begannen. Auch mir war heiß. Der Geruch nach Schweiß, die betäubende Hitze und die schwere Luft machten es mir schwer, mich zu konzentrieren. Damit uns für später keine Einzelheit seiner Aussagen entging, zeichnete ich sie sowohl auf der Schreibmaschine als auch auf einem Tonband auf.

Zunächst befragte ich ihn, ob er mit der Straftat etwas zu tun habe. Wie jeder andere Täter in dieser Situation leugnete er. Ich konfrontierte ihn mit unseren Erkenntnissen. Nun gab er zu, was ich ihn fragte. Aber bis es zu einer Antwort kam, vergingen jedes Mal Minuten. Immer wieder verfing sich seine Sprache im Stottern. Stunden vergingen. Es fiel mir schwer zu atmen. Meine Finger rutschten über die Tastatur der Schreibmaschine. Nun löste mich mein Vorgesetzter ab und übernahm die Vernehmung. Vor dem Fenster wurde es dunkel. Die Luft war zum Schneiden. Dann zuckten Blitze. Endlich setzte der Regen ein. Alle Schleusen schienen geöffnet, es prasselte ohrenbetäubend, so dass wir die Fenster – so leid es uns wegen der frischeren Luft tat – schließen mussten. Zwischendurch waren die Antworten Sterns kaum noch zu verstehen gewesen. Ich hämmerte auf der Schreibmaschine gegen den Donner draußen an.

Wir erfuhren nun in Einzelheiten, was in der Nacht zum 21. Juli vorgegangen war. Natürlich kannten wir einige der Details aus Zeugenaussagen, anderes hatten wir aus Indizien erschlossen. Aber für ein rundes Bild musste uns Hans Stern diese Annahmen mit eigenen Worten bestätigen. Und das nahm Zeit in Anspruch! Frage. Stottern. Endlich ein Satz. Nachfrage. Regen. Endlich wieder ein Wort.

»Iiiim Dunkeln, da habe ich eene Frau jesehen. Aaaals ss ss ssie in eine lLaterne trat, da habe ich ich ich ich sie erererkannt. Dddas wwwar da eine Krankenschwester. UUUUn dddd dddd dddd das habe ich mir jedacht, da da da dass ich die n n n nehmen wwwürde.« Er habe die Frau verfolgt und in dem Augenblick, als sie im Begriff war, ihre Haustür aufzuschließen, an der Schulter erfasst. Die Frau habe ihn von sich gestoßen, um zur Tür zurückzulaufen. Daraufhin habe er aus seiner Jackettinnentasche ein Küchenmesser genommen und mehrfach in die Schultern und den Hals der Frau gestochen. Die habe laut um Hilfe geschrien, woraufhin er von ihr abgelassen, rennend den Tatort verlassen und unterwegs in einer Seitenstraße Handschuhe und Messer weggeworfen habe. »Ddddd die He He He Helferbibibinde hahahabbe ich mmmmir vom AAAAArm jezogen. Dddd ddd dddie sososollten mich doch nich erkennen. Ddddann bbbin ich ssso ssso schnell wie mmmöglich zurück, na na na nach Hause.« Dass man ihn zu diesem Zeitpunkt bereits erkannt hatte und der Hinweis auf das »rote Tuch« uns auf seine Person gebracht hatte, sagte ich ihm nicht.

Fertig waren wir nach diesen Aussagen noch lange nicht. Wir mussten herausfinden, was der Tat vorausgegangen war, wie der Mann dazu kam, loszuziehen, um eine Frau zu vergewaltigen, noch dazu mit Messer und Handschuhen, um seinem Begehren Nachdruck zu verleihen. Vom Beschuldigten war in der Folge zu hören, dass er auf Grund seines übermäßigen Alkoholgenusses in den letzten

Jahren von seiner Frau in sexueller Beziehung abgewiesen worden war. Deswegen entschloss er sich in besagter Nacht, sich anderweitig sexuell zu betätigen und wahllos nach einem Opfer zu suchen. Es war reiner Zufall, dass ihm Gerlinde Haubner begegnete. Er betonte immer wieder, es sei nicht sein Vorsatz gewesen, jemanden in dieser Nacht zu verletzen oder gar zu töten.

»Warum haben Sie dieses Messer und im Übrigen auch die Handschuhe von zu Hause mitgenommen?«

»Ja, wwwwie soll ich Ihnen das da er er erklären? Also iiiich wo wo wo wollte den Abend keine Person irgendwie da umbringen.«

»Und was wollten Sie mit dem Messer?«

»Also ich, wenn iiiiich da auf WWWW Widerstand gestoßen wär.«

»Wobei auf Widerstand gestoßen?«

»Na, ich ich ich hatt ja vor, eine eine Frau zu vvvv vergewaltchen.«

»Sie wollten mit dem Messer drohen, aber nicht zustechen?«

»Nein.«

»Warum die Handschuhe dazu?«

»Dass keine Fingerabdrücke hinterlassen werden.«

»Warum haben Sie denn zugestochen?«

»Also ich war in dem Moment erregt gewesen. Als ich merkte, dass ich mein beabsichtigtes Ziel, nämlich die Frau zu vergewaltigen, nicht erreichen kann, geriet ich in Wut, und aus dieser Wut heraus entschloss ich mich auch, die Frau niederzustechen. Als ich zustach, war ich mir schon klar, dass ich durch diesen Stich die Frau wahrscheinlich töte. In dieser Situation war ich aber so wütend auf sie, dass es mir im Grunde genommen egal war, was passierte.«

»Aus Wut sagen Sie, aus Wut haben Sie zugestochen. Ist das so richtig? Ich lese Ihnen das mal vor, wie Sie es ausgesagt haben.«

»So war es.«

»Sie haben Wut auf die Frau gehabt, also auf die Getötete. Weshalb denn eigentlich Wut? Die Frau hat Sie nicht gekränkt, sie hat Sie nicht provoziert, sie hat Ihnen nicht mal einen Anlass gegeben, sie irgendwie anzusprechen, geschweige denn intim anzufassen, oder? Und dann sind Sie wütend auf die Frau, weil die sich wehrt, und Sie nicht zum Zuge kommen an dem Abend? Was denken Sie sich denn dabei, oder was haben Sie sich dabei gedacht? Wollen Sie sich dazu erklären?«

»Also, da kann ich keine Erklärung geben.«

Als wir den Raum verließen, war es kurz nach Mitternacht. Der Mann hatte alles zugegeben, so dass es nicht schwer war, einen Haftbefehl zu erwirken. Hans Stern wurde sofort in Untersuchungshaft genommen.

Der nächste Schritt bestand darin, das Tatwerkzeug zu finden, von dem er angegeben hatte, es weggeworfen zu haben. In einer weiteren Vernehmung ließ ich mir diesen Umstand genauer beschreiben.

Mit den Angaben aus der Vernehmung hatten wir den Heimweg des Mannes rekonstruiert. Zur Beweissicherung beziehungsweise zum Auffinden der weggeworfenen Handschuhe und des Messers wurde ein speziell ausgebildeter Schäferhund eingesetzt, den die Suchkräfte vom Tatort ausgehend einsetzten. Der Spürhund fand nach relativ kurzer Zeit Handschuhe und Tatwerkzeug in einem Gebüsch.

Unser Fall war im Grunde gelöst. Doch die Persönlichkeit des Beschuldigten und seine Vorstellungen von sexueller Befriedigung machten es dringend erforderlich, weiter zu ermitteln. Seine Absichten, sich sexuell an fremden Frauen zu vergehen, waren nicht erst in der Tatnacht entstanden. Vielmehr drängte sich uns der Verdacht auf, dass Hans Stern schon früher darüber nachgedacht haben musste, sich »draußen einfach eine Frau zu schnappen«. Und vielleicht hatte er nicht nur darüber nachgedacht, sondern es tatsächlich gemacht?

Ich sah mir im Volkspolizeikreisamt die aktuellen Ordner an, in denen die Anzeigen zu ungeklärten Fällen von sexueller Belästigung oder Missbrauch gegen Unbekannt aufbewahrt wurden. Ich war nicht überrascht, darin auf Indizien zu stoßen, die mit unserem Täter zusammenzuhängen schienen. Besonders drei Fälle aus den letzten vier Jahren kamen in die engere Auswahl: der Überfall auf eine Angestellte der Post, auf ein fünfzehnjähriges Mädchen auf dem Heimweg vom Bahnhof und auf eine Frau mittleren Alters, die von der Nachtschicht kam. Diesen Fällen wollte ich nachgehen und gliederte sie in unsere Ermittlungen ein.

In allen Fällen waren die Frauen zum Glück nur belästigt worden, zum Missbrauch war es nicht gekommen. Aber der Wille des Täters dazu sprach aus allen drei Anzeigen. Zwei der Angriffe hatten in der Nacht stattgefunden, der letzte in den frühen Morgenstunden.

Ich begab mich auf die Arbeitsstelle des Täters, um etwas über seinen Stand unter den Kollegen herauszufinden und zu erfahren, wie sie den Mann einschätzten.

Als ich vor Ort eintraf, wurde ich von einem stämmigen Mann Mitte Vierzig erwartet. Er begrüßte mich mit dem Bergmannsgruß »Glück auf!«. Dass Hans Stern wegen des Todes der Krankenschwester von uns inhaftiert war, wusste er bereits.

»Wenn Sie mich fragen, trifft es da den Richtigen.«

Ich sah ihn verständnislos an. »Wieso? Wie er ist denn so, der Herr Stern?«

Der Schichtleiter hob die Augenbrauen und verschränkte die Arme. »Also, man soll ja nur Gutes sagen. Fangen wir damit am besten an: Er hat eigentlich alles sehr ordentlich gemacht. Er kann zupacken, das stellt hier keiner infrage. Aber sein Geltungsdrang kam immer wieder durch, immer ging es ihm darum, sich in den Vordergrund zu stellen. Da waren zum Beispiel Sicherheitsschichten, die er durchführte, wenn er irgendwelche Mängel festgestellt hatte. Anstatt das in einem normalen, guten Ton vorzubringen. Aber nein: ›Jetzt hab ich was, jetzt hab ich wieder was gefunden!‹ Er hat eben nur seine Person gesehen.«

Ich nickte. So in etwa stellte ich mir den Mann vor.

»Ich danke Ihnen dafür, dass Sie das so offen sagen. Da ist noch etwas.« Er sah mich erwartungsvoll an. »Ist es möglich, die Schichtpläne der letzten vier Jahre nachzuvollziehen?«

Er nickte nur und ging mir voran in das Büro. Drinnen ließ er mich Platz nehmen und nahm einen Ordner aus dem Schrank.

»Eigentlich wiederholen sich die Schichten hier regelmäßig. Alle acht Wochen beginnt derselbe Zyklus.«

Diese Kreisläufe machten es der Ermittlungsgruppe leicht. Wir brauchten nur das Schichtsystem zu übernehmen und konnten feststellen, ob Hans Stern zu den Zeitpunkten der Anschläge gegen die Frauen arbeiten war und somit ein Alibi vorweisen konnte, oder ob er frei hatte. Ich wollte zuerst diese Fakten sicher haben, bevor ich Stern damit konfrontierte, dass wir auch seinen anderen Taten auf der Spur waren.

»Kann ich das mitnehmen?«

Er drückte mir den Ordner in die Hand. »Das sind die Schichtberichte der letzten beiden Jahre. Die kann ich Ihnen gleich zur Verfügung stellen. Falls Sie noch frühere Berichte brauchen, müsste mal jemand rüber ins Archiv. Sagen Sie nicht, der Kerl hat so was schon früher versucht!«

»Wir gehen dieser Annahme zumindest nach. Ich würde gern auch die aus den Jahren '72 bis '74 ansehen.«

»Also haben Sie bereits konkrete Anhaltspunkte! So ein Mistkerl!« Er schüttelte den Kopf. »Gut, ich gehe am besten selbst.« Er kam nach zehn Minuten mit einem weiteren Ordner zurück. »So, das müssten dann alle sein.«

Ich dankte ihm, sicherte ihm zu, die Unterlagen zurückzugeben, sobald wir sie nicht mehr brauchten, und kehrte in die Schule, unseren provisorischen Dienstort, zurück.

Ich übergab das Material einem Mitarbeiter der Ermittlergruppe, der herausfinden sollte, ob Hans Stern am 14. März 1972 und am 15. Mai 1974 in der Nacht nicht arbeiten musste, ebenso sollte er den 13. September 1975 auf die frühen Morgenstunden hin untersuchen. Parallel dazu sah ich die Berichte durch, ob zu den betreffenden Terminen ein Eintrag zu finden war. Der Mitarbeiter stellte fest, was ich erwartet hatte. An den ersten beiden Terminen hatte Stern Tagschicht gehabt und den Schacht gegen 16 Uhr verlassen. Am 12. März 1975 dagegen hatte er Spätschicht, und man konnte davon ausgehen, dass er nach der Arbeit noch irgendwo einen trinken gegangen war, so dass er in den frühen Morgenstunden des 13. auf der Suche nach einer Frau sein konnte.

Auch die Berichte waren aufschlussreich. Es fanden sich tatsächlich zu den jeweiligen Tagen Einträge, aus denen hervorging, dass Stern in irgendeine Auseinandersetzung verwickelt gewesen war. Es waren also Tage gewesen, an denen es Ärger im Schacht gegeben hatte …

Bei einer weiteren Vernehmung am 10. August konfrontierte ich Hans Stern mit den Ergebnissen der neueren Ermittlungen. Ich breitete alle belastenden Punkte vor ihm aus. Natürlich bestand dazwischen kein zwingender Zusammenhang, aber die Übermacht der von uns in Erfahrung gebrachten Details musste bei ihm den Eindruck erwecken, dass Leugnen zwecklos war. Und tatsächlich gab er unumwunden zu, diese Taten begangen zu haben.

Gerlinde Haubner war also nicht das erste Opfer dieses angeblichen Helfers gewesen. Er gestand, dass er seit ungefähr zwanzig Jahren sexuelle Befriedigung bei anderen Frauen suchte und dabei verschiedentlich Gewalt anwandte. In der zweiten Vernehmung erklärte er, dass er meist dann loszog, wenn er mit seiner Frau Streit gehabt hatte. Besonders verwerflich war der Tatbestand, dass er sich an einem Mädchen aus der Nachbarschaft mehrfach vergangen hatte. Wir hatten demnach nur den Höhepunkt einer – darf man sagen kriminellen Karriere? – vor uns. Es war ihm in den anderen Fällen immer wieder gelungen, unerkannt zu entkommen. War das vielleicht der Grund, warum Gerlinde Haubner sterben musste? Sie hatte ihn erkannt und hätte ihn vor der Polizei identifizieren können. Aber wer weiß, ob Hans Stern in dieser Nacht noch zu solch weitreichenden Gedankengängen fähig gewesen war? Er hatte in der Vernehmung ja Wut als Motivation dafür angegeben, dieses Mal das Messer mitzunehmen. Hatte er womöglich in anderen Nächten bereits das Messer dabei gehabt? War es blanker Zufall, dass es nicht schon viel früher zu dieser scheußlichen Tat an anderem Ort mit anderem Opfer gekommen war? Oder hatte er es endgültig satt, auch bei seinen Überfällen zu versagen und versuchte es das erste Mal mit einer Waffe?

Um diese Fragen wenigstens ansatzweise zu klären, war es zwingend erforderlich, ein psychiatrisches Gutachten über Hans Stern erstellen zu lassen.

Beschuldigte, denen ein Tötungsverbrechen zur Last gelegt wurde, sind in der DDR grundsätzlich vor Eröffnung der Hauptversammlung psychiatrisch begutachtet worden. Es ist wichtig, herauszufinden, inwieweit der Täter im Vollbesitz seiner geistigen Kräfte gewesen war und wie geplant und gezielt er gehandelt hatte. Möglicherweise ließ sich auf eine dauerhafte geistige Störung schließen.

Hans Stern bekam bescheinigt, dass er für sein Handeln eingeschränkt strafrechtlich zurechnungsfähig war.

Im Frühjahr 1977 wurde der Beschuldigte vom Bezirksgericht Halle zu 15 Jahren Freiheitsentzug verurteilt. Der Alkoholkonsum des Mannes war dabei sehr stark berücksichtigt worden. Aufgrund seiner verminderten Zurechnungsfähigkeit sollte er nach Verbüßen der Haftstrafe in ein psychiatrisches Krankenhaus eingewiesen werden. In Anbetracht der Vorgeschichte legte die Staatsanwaltschaft Protest gegen das Urteil ein. Auch die Kollegen sahen die Strafe als zu gering an. Ein Vertreter seines Kollektivs sagte dazu in der Berufungsverhandlung: »Nach der Verkündung des Urteils waren wir uns einig, dass die ausgesprochene Strafe zu gering ist. Er sollte härter bestraft werden. Das ist die Meinung seiner ehemaligen Arbeitskollegen und seines ehemaligen Kollektivs.«

Genau ein Jahr nach der Einleitung des Ermittlungsverfahrens wurde der Prozess noch einmal aufgerollt.

In der Berufungsverhandlung wurde Stern mit den Aussagen eines seiner Opfer konfrontiert. Als Zeugin erschien eine Frau etwa im Alter des Angeklagten, gepflegt und selbstbewusst. Bis zu jener Nacht vor zwei Jahren kannte sie, wie sie selbst sagte, keine Angst. Als Postangestellte musste sie früh zum Dienst und benutzte dabei ohne Scheu auch einen abgelegenen Weg.

»Wo die Trampelpfade sich treffen, sind Autogaragen. Da sagt dieser Mann zu mir, ich solle nicht stolpern. Ich habe mich noch bedankt und bin weitergegangen. Über den Weg hinaus, noch ein ganzes Stück hin. Ich habe nichts gehört, keinen Schritt, gar nichts, hatte aber irgendwie ein seltsames Gefühl, drehte mich rum und bekam voll die Hand aufs Gesicht. Meine Tasche wurde mir weggenommen und zur Seite geschmissen, und eh ich mich's versah, lag ich auch schon auf der Straße. Ich habe um Hilfe gebrüllt. Das war schwer, durch den Druck auf den Mund, und ich habe unter dieser Hand eben immer wieder Hilfe gerufen. Es stehn da einige Umsiedlerhäuser, und jemand rief zum Fenster raus: Was ist denn los da draußen? In dem Moment ist der Mann hoch und weggelaufen. Und das ist an sich alles. Ich hab nur meine Brille gesucht und meine Handtasche und bin zum Dienst.«

Staatsanwalt: »Haben Sie den Angeklagten während der Tat erkennen können?«

»Nein, es war zwischen dreiviertel und um vier; Anfang September ist es da schon dunkel. Und die Hand lag auf meinem Gesicht. Also konnte ich nur zwischen den Fingern ein wenig hindurchsehen. Beschwören könnt ich's nicht.«

»Wann haben Sie den Mann angezeigt? Am gleichen Tag?«

»Gleich. Ich bin erst zum Dienst. Meine Kollegin sah nur, wie aufgelöst ich ankam. Sie hat die Kriminalpolizei angerufen. Und zehn Minuten drauf waren die dann auch da.«

»Angeklagter, Sie geben selbst zu, dass es sich so abgespielt hat, wie die Zeugin erzählt.«

Die Stellungnahme von Hans Stern dazu warf ein eigenes Licht auf seine Person: »Aber dass die Frau jesagt hat, iiiiich hätte iiiiihre Ta Ta Tasche fortgeschmissen, da da da das is nich wahr.«

Auf die Frage, wie es zu seinem Verhalten kommen konnte, gab er die Schuld seinem sozialen Umfeld: »Hohes Gericht: Iiiich will hier ma ei ei eine Stellungna na nahme abjebn. Foljendes: Meine Frau wa wa wa war zweimal, viermal aufm Schacht bei bei beim Obersteiger, beim Steiger, beim Schachtleiter und ha ha ha hat sich über mich beschwert. Weil ich zuviel Alkohol trinken tue. Un kkkk keiner hat es fertichjebracht, vom Schachte, und hat mir vorjenommen, um mir zu sagen: Ha Ha Hans, höre uff zu trinken!«

Auch als man ihn in der Berufungsverhandlung darauf hinwies, dass er auf diese Weise nicht seine Schuld von sich weisen könne, erwiderte er: »Aaa aber die haben doch davon jewusst, da da dass ich so viel trinken tue.«

Das oberste Gericht der DDR verurteilte ihn zu einer lebenslangen Freiheitsstrafe.

Das Gericht verkündete im Namen des Volkes: »Aus dem Prozess wird das Urteil des Bezirksgerichts Halle vom 15. April 1977 in Schuld- und Strafrecht abgeändert. Der Angeklagte wird wegen Mordes und versuchter Vergewaltigung im schweren Fall teilweise in Tateinheit mit Nötigung zu sexuellen Handlungen und wegen mehrfachen sexuellen Missbrauchs eines Kindes zu lebenslanger Freiheitsstrafe verurteilt. Die staatsbürgerlichen Rechte werden ihm für dauernd aberkannt.«

Sicher war dieses Urteil härter als das erste. Dennoch wurde auch im zweiten Urteil die ärztlich festgestellte verminderte Zurechnungsfähigkeit berücksichtigt. In der Urteilsbegründung heißt es, dass die krankhafte Fehlentwicklung das Tun des Täters aber nicht so weit bestimmte, dass sie zu einer Strafmilderung führen könne. Dafür sprachen vor allem die von uns ermittelten versuchten Vergewaltigungen. Wenn jemand über zwanzig Jahre hinweg immer wieder seinem Drang erliegt, darf er nach fünfzehn Jahren nicht wieder auf freien Fuß kommen. Die vom Verteidiger geforderte medizinisch-psychologische Betreuung wurde dem Angeklagten zugesichert.

Auffällig bei diesen Verhandlungen war von Anfang bis Ende, dass die Zugehörigkeit des Beschuldigten zur Gruppe der Freiwilligen Helfer der Deutschen Volkspolizei offiziell nicht zur Sprache kam. Auch in den damaligen Presseberichten wurde davon nichts erwähnt. Es passte auf keinen Fall in das gesellschaftliche System, dass ein Gesetzeshüter solch eine Straftat begehen konnte.

Die Helferbinde des Hans Stern bewahrte ich bis zum Ende meiner Dienstzeit im Schubfach meines Schreibtisches auf.

Der zwölfjährige Sohn des Opfers blieb als Halbwaise zurück und lebte bei seinem Vater.

DIE KATZE ODER WÄHREND WIR SCHLIEFEN

Bei einem Einsatz im Brandenburgischen hatte ich Kriminalisten kennengelernt, die meine Leidenschaft für die Jägerei teilten. Da wir uns während der Zusammenarbeit gut verstanden hatten, schlossen wir Freundschaft. Ich durfte in ihrem Revier hin und wieder die Jagd ausüben und eine Jagdhütte nutzen, die auch gelegentlich Urlaubsdomizil und Rückzugsort für mich war, und ich nutzte die Hütte auch einige Male, um mit meinen Mitarbeitern Erfolge zu feiern oder einen Umtrunk zu veranstalten.

Am 24. August 1976 war es mal wieder so weit. Wir hatten den Mord an der Krankenschwester in Sangerhausen aufgeklärt und wollten das Geschehen hinter uns lassen. Unter einer Legende fuhr ich mit einigen Mitarbeitern zur Jagdhütte, meine Vorgesetzten sollten davon nichts wissen. Im Schein von Kerzen und Öllampen wurde im Kaminzimmer gut gegessen und getrunken, wurden wahre und erfundene Jagdgeschichten erzählt. Der 25. August war schon eine Stunde alt, als sich jeder ein Plätzchen suchte, um einige Stunden zu schlafen. Zu Dienstbeginn um 7.45 Uhr mussten wir wieder in Halle sein.

Das kalte Wasser des Baches, der unmittelbar neben der Hütte seinen Lauf hatte, erfrischte mich gegen 5.30 Uhr einigermaßen und stillte auch meinen Durst. Mit weniger Appetit als Durst traten wir die Heimfahrt an. Wir hofften auf einen ruhigen Dienst. Ich würde in meinem Büro alte, ungeklärte Akten ziehen und gegen Feierabend schnell nach Hause eilen, um den verlorenen Schlaf der letzten Nacht nachzuholen. Leider kam es ganz anders.

Als wir gegen 7 Uhr den Ort Meinsdorf bei Roßlau erreichten, begann ich zu zweifeln, dass wir noch pünktlich sein konnten. Hinter Meinsdorf lag eine Eisenbahnunterführung. Nach dem Durchfahren stieg die Straße etwas an, und am Ende des Anstieges stand mitten auf der Fahrbahn ein Mann. Dieser Mann war mir bekannt. Es war ein Kriminalist des Volkspolizeikreisamtes Roßlau, der seit Jahren im Fachgebiet »Leben und Gesundheit« arbeitete.

Er forderte durch Handzeichen zum Halten auf. Was zum Teufel machte dieser Kollege auf unserem Heimweg? Als wir neben ihm anhielten, schaute er mich verdutzt an: »Ihr seid ja schon da! Die Kriminaltechnik ist auch schon im Anmarsch.«

Ich war mindestens ebenso verdutzt, zischte nach hinten zu den anderen: »Schnauze!« und stieg aus. Mein Kopf brummte. Es gab also einen Einsatz, zu dem wir gerufen werden sollten. Dummerweise hatte ich keine Ahnung, worum es hier ging. Also fragte ich draufzu: »Wo ist es?«

Der Kriminalist wies nach rechts zu einem Waldrand. Der Wald zog sich parallel zur Straße bis nach Roßlau hin. Mein Blick folgte der Handbewegung. In einiger Entfernung sah ich zwei Uniformierte nur wenige Meter neben der Straße an den ersten Birken stehen. Jetzt trafen auch mehrere Polizisten in Uniform mit einem Streifenwagen ein. Sie sperrten die Straße in beide Richtungen.

Der Roßlauer Kollege führte mich zu den beiden Polizisten. Dort sah ich, was geschehen war. Eine junge, schlanke Frau lag in Rückenlage auf dem Waldboden. Das Gesicht war blaurot verfärbt, der Unterkörper entblößt. Die Frau war ganz offensichtlich durch Würgen oder Drosseln zu Tode gekommen. Ein vorbeifahrender Radfahrer hatte die Tote gefunden.

Ich fragte den Roßlauer Polizisten beiläufig, ob es in Tatortnähe eine Kneipe gäbe. Eigentlich war es mir darum zu tun, endlich etwas Wasser zu bekommen, da mich der Durst doch stark quälte, aber ich tarnte meine Frage nach der Gaststätte als eine nach einer Informationsquelle für erste Ermittlungen.

»Ja«, bestätigte er. »Gleich hinter der Bahnunterführung ist die Waldschenke von Meinsdorf.«

Nach dieser Information ging ich zur Straße und traf dort auf meine Mitarbeiter Lutz und Peter. Erst jetzt stellte ich fest, dass vis-à-vis eine kilometerlange Mauer stand: eine Garnison der sowjetischen Streitkräfte. »Bloß das nicht!«, dachte ich. Ich hatte bereits Ermittlungen führen müssen, in die sowjetische Soldaten involviert waren. Diese Ermittlungen gestalteten sich immer aufwändig und kompliziert, weil innerhalb der Garnison eigene Regeln herrschten.

»Hoffentlich war es kein Russe«, sagte ich halblaut zu Lutz. Dann schickte ich beide zur der angegebenen Kneipe. »Ihr ermittelt in der Gaststätte, ob sie gestern geöffnet war, und versucht, so gut es geht, alle Gäste zu erfassen. Mich interessiert, wann der letzte Gast das Lokal verlassen hat.« Die beiden nickten und wollten sich auf den Weg machen. »Und bringt was zu trinken mit, ich habe höllischen Durst!«

Da lächelten sie. »Wir auch.«

Nun liefen sie in die angegebene Richtung. Drei Kriminaltechniker des Dezernats IV unserer Abteilung begannen mit der Suche nach Spuren und deren Sicherung. Anschließend nahmen zwei Rechtsmediziner die äußere Besichtigung der Frauenleiche vor. Sie hatten ihre Arbeit noch nicht beendet, als gegen Mittag ein etwa siebenundzwanzigjähriger Mann am Fundort auftauchte.

Es hatte sich im Ort mittlerweile herumgesprochen, dass nahe der Straße Meinsdorf-Roßlau eine Tote gefunden worden war. Er war besorgt und etwas aufgelöst, da er seine Frau vermisste. Ich nahm den Mann beiseite und wollte Näheres erfahren.

»Ich bin Rettungsschwimmer drüben im Schwimmbad. Gestern Abend haben meine Kollegen und ich dort zusammen mit unseren Frauen ein wenig gefeiert. Die Saison ist fast zu Ende, verstehen Sie. Und, naja, wir hatten alle etwas getrunken, und das war meiner Frau nicht recht. Sie fing an zu streiten. Jedenfalls hat sie sich da reingesteigert und irgendwann gesagt: Dann kann ich ja gehen!«

»Und Sie haben sie gehen lassen?«

»Ich war stocksauer. Der Abend hatte so schön angefangen, und dann macht sie so einen Ärger. Jetzt mache ich mir Vorwürfe, weil sie nicht nach Hause gekommen ist, heute Morgen. Und dann höre ich, dass hier eine Tote liegt! Sie wird doch nicht …?« Sein Gesicht war blass. »Sie ist nämlich genau hier lang gelaufen.«

»Kennen Sie den Weg?«

»Also, wenn sie vom Schwimmbad nach Hause laufen wollte, nach Roßlau, dann musste sie durch die Bahnunterführung durch und hier vorbei.«

»Wann genau war das?«, fragte ich.

»Naja, so gegen Mitternacht, schätze ich.«

Ich konnte dem Mann seine Unruhe nicht nehmen. Nach meiner Meinung klang es so, als ob es sich um seine Frau handeln musste. Weil aber zivile Personen prinzipiell keinen Zutritt zum Tatort erhielten, bat ich ihn zur Zeugenvernehmung auf die Dienststelle. Dort würden wir seine Aussagen ordnungsgemäß zu Protokoll nehmen und offene Fragen klären.

Fast zeitgleich mit dem Ehemann kamen Lutz und Peter von der Waldschenke zurück. Sie hatten eine Flasche »Lauchstädter Mineralbrunnen« dabei, aber ich konnte ihren Gesichtern ansehen, dass sie außerdem etwas viel Wichtigeres mitgebracht hatten. »Es ist wohl besser, wenn wir uns in unser Fahrzeug setzen«, sagte Lutz. Abgeschirmt von unliebsamen Ohren begannen nun Lutz und Peter, abwechselnd ihr Ermittlungsergebnis zu erläutern.

Der junge Gastwirt hatte erst vor einem Jahr das Geschäft von seinen Eltern übernommen. Am Abend seien einige Stammgäste im Lokal gewesen, auch einige Einzelpersonen, aber keine Fremden. Ein dem Wirt bekannter Jugendlicher sei erst gegen 22 Uhr ins Lokal gekommen. Ob der junge Mann schon alkoholisiert war, habe er nicht feststellen können. Bis kurz vor Ausschankschluss um 23.45 Uhr trank der Jugendliche mehrere Gläser Bier und wohl auch ein paar kleine Schnäpse. Herbert Flach, der junge Mann, war der Letzte, der an diesem Abend die Waldschenke verließ.

Wegen der herrlich warmen Augustnacht wollte der Wirt nach Schließung des Lokals noch nicht gleich zu Bett und beschloss, den Abend auf der Dachterrasse des Lokals ausklingen zu lassen. Dort oben war er so gut wie unsichtbar, denn die Blätter der drei vor dem Haus stehenden Lindenbäume verdeckten die Sicht. Durch die Stille der Nacht konnte er die nachtaktiven Tiere des angrenzenden Waldes hören. Er lauschte dem Ruf des Käuzchens und der Nachtigall. Gegen 0.30 Uhr wurde diese Stille jäh unterbrochen. Zwischen den Lindenbäumen hörte er eigenartige Geräusche, denen er sofort nachging. Von der Brüstung der offenen Dachterrasse aus sah er Herbert Flach, der mit beiden Händen im Gras hin- und herfuhr.

»Was machst du denn da?«, rief der Wirt hinunter.

»Ich suche mein Schlüsselbund!«, antwortete der Angesprochene. Dann kehrte Ruhe ein. Plötzlich hörte der Wirt das Aufjaulen einer Katze. Wieder ging er zur Brüstung. Er glaubte nicht recht zu sehen: Herbert Flach trampelte auf einer jungen Katze herum! Das arme Tier wand sich bereits und war offensichtlich so verletzt, dass es nicht fliehen konnte.

»Verdammt! Lass das arme Viech in Ruhe!«, brüllte der Wirt. »Sonst komm ich runter!«, setzte er noch hinzu.

Der Jugendliche unten gehorchte und rannte in Richtung Schwimmbad davon. Noch ehe sich der Wirt von der Brüstung entfernt hatte, kam aus Richtung Schwimmbad eine junge Frau. Sie hatte es recht eilig und lief um die Gaststätte herum in Richtung Roßlau. Kurze Zeit später begab sich der Gastwirt zu Bett.

»Könnt ihr mir erklären, wie der Wirt trotz mitternächtlicher Zeit so viel erkennen konnte? Es war doch dunkel!«

»Ganz einfach«, erwiderte Lutz. »Direkt vor der Gaststätte und schräg gegenüber auf der anderen Straßenseite stehen Straßenlaternen. Beide Lampen brannten in der Nacht.«

»Und was ist aus der Katze geworden?«, wollte ich wissen.

»Die hat der Wirt heute Morgen tot zwischen den Bäumen im Gras gefunden!«, antwortete Peter.

In meinen Augen war das Töten der Katze ein deutlicher Hinweis auf die Persönlichkeit dieses Jugendlichen. Ein Tier zu töten, nur weil man sein Schlüsselbund nicht finden kann, zeigt eine Gewaltbereitschaft, die durchaus darauf schließen lässt, dass diese Person sich ohne großes Nachdenken an Menschen vergreifen kann. Ich drehte mich noch einmal zu Lutz und Peter und sagte: »Den Mann holt ihr mir! Habt ihr seinen Wohnsitz?«

»Der Wirt hat es uns beschrieben«, bestätigte Lutz.

»Bringt ihn hierher!« Ich wollte, dass er den Tatort bei Tageslicht sah. Manchmal bewirkt das bei Tätern etwas. Und dieser Jugendliche war für uns sehr verdächtig!

Am späten Nachmittag war die Tatortuntersuchung abgeschlossen, und die Leiche zur Obduktion abtransportiert. Während alle schon im Aufbruch waren, kamen Lutz und Peter zurück. Zwischen ihnen saß auf der Rückbank des PKWs ein junger Mann mit auffallend kräftigem Oberkörper, den ein helles T-Shirt bedeckte. Ich schaute in ein gebräuntes Gesicht und hellblaue Augen. Er trug das fast rotblonde Kopfhaar kurz. In mir festigte sich der Verdacht, dass dies unser Mann war. Er war in der Lage, eine Frau ohne große Probleme zu erwürgen.

»Lutz, steigst du kurz mal aus?«, bat ich meinen Mitarbeiter. Als er draußen stand, sah ich, dass der Verdächtige eine saubere, wenn auch verwaschene Jeans trug.

»Sind das die Sachen, die er gestern trug?«, fragte ich meine Mitarbeiter scharf.

»Nein, die hängen doch auf der Wäscheleine«, antwortete Lutz.

»Seid ihr des Teufels!«, fuhr ich nun beide an. »Bringt den Kerl ins VPKA und holt sofort die Sachen von der Wäscheleine!«

Natürlich konnte man Zivilpersonen nicht einfach so abtransportieren. Das Ganze lief unter der Bezeichnung »Zuführung zur Klärung eines Sachverhaltes«. Der Tag heute war so schon schwer gewesen, weil er mit einem brummenden Schädel begonnen hatte. Nun würde er sich noch mehr in die Länge ziehen, denn ich hatte vor, Herbert Flach sofort zu vernehmen. Wenigstens hatte er, wenn er unser Mann war, genauso wenig Schlaf gehabt wie ich.

Der Ehemann des Opfers war, wie ich angeordnet hatte, inzwischen in der Dienststelle gewesen, um dort noch einmal den Ablauf des Abends zu Protokoll zu geben. Er war sichtlich ergriffen und machte sich Vorwürfe, dass er seine Frau allein hatte gehen lassen. Was ihn aber am meisten aus der Fassung brachte, war die Tatsache, dass er auf seinem Heimweg an ihr vorbeigelaufen sein musste.

Im Volkspolizeikreisamt Roßlau hatte man ein Abendessen vorbereitet. Belegte Brötchen, Kaffee und auch Tee wurden gereicht. Damit war das versäumte Frühstück wieder halb ausgeglichen. Aufgrund der Kürze der Zeit war vieles unterblieben, was eigentlich bei »Mord mit unbekanntem Täter« veranlasst und ermittelt wird. Es gab auch nur dürftige Erkenntnisse über den zugeführten Herbert Flach.

Nach dem Abendbrot ließ ich mir alle bekannten Fakten noch einmal durch den Kopf gehen. Dabei spielten in der Hauptsache die Aussagen des Gastwirtes eine Rolle:

Herbert Flach war der letzte Gast.

0.30 Uhr, 25. August 1976. Herbert Flach kehrt nach Verlassen der Gaststätte noch einmal an diesen Ort zurück. Warum?

Der Wirt beobachtet das Tottreten der jungen Katze.

Der Verdächtige wohnt in unmittelbarer Nähe des Schwimmbades.

Das Opfer war bis kurz nach Mitternacht im genannten Bad.

Der Gastwirt bemerkt den erneuten Weggang von Herbert Flach und eine junge Frau, die aus Richtung Schwimmbad kommend an der Gaststätte vorbei schnellen Schrittes in Richtung Roßlau läuft.

Einen Zusammenhang zwischen allen diesen Puzzlesteinen konnte nur Herbert Flach herstellen.

Knapp vier Wochen nach dem Mord an der Krankenschwester in Sangerhausen saß ich nun wieder in einer Polizeidienststelle. Nur dass es dieses Mal an der Elbe war. Ich saß wieder in einem kleinen, engen Zimmer, im Dachgeschoss. Das einzige kleine Fenster befand sich in einer Dachgaube. Auch hier hatte sich die Tageshitze im Gebälk eingenistet. In diese Atmosphäre brachte man mir Herbert Flach. Er nahm äußerlich sehr gelassen vor mir Platz. Sein Erscheinungsbild ähnelte einem durchtrainierten Gewichtheber. Die Jeans drohte aus den Nähten zu platzen. Die Oberschenkel verrieten einen Kraftsportler. Unter dem weißen T-Shirt spannte sich ein breiter, muskulöser Oberkörper. Die Unter- und Oberarmmuskulatur war durch intensives Krafttraining stark ausgebildet. Der kurze, kräftige Hals stützte einen rundlich wirkenden Schädel. Das breite Gesicht braungebrannt. Ein junger Hüne von gerade 18 Jahren saß vor mir. Hatte er in der fraglichen Nacht nur die kleine Katze in den Tod befördert? Oder hatte er noch ein zweites Leben auf dem Gewissen? Ich konnte mir nun gut vorstellen, warum die Frau »schnellen Schrittes«, wie der Wirt ausgesagt hatte, an der Gaststätte vorbeigelaufen war. Sie musste Herbert Flach auf der Straße zum Schwimmbad begegnet sein. Und gegen Mitternacht allein auf so eine Gestalt zu stoßen, machte verständlicherweise Angst.

Die Vernehmung begann gegen 20.30 Uhr. Zu Beginn musste ich ein Thema finden, das mit dem wahren Grund seines Hierseins nichts zu tun hatte. Dabei half mir seine auffallende Kraft. Zu seinem sehr sportlichen Äußeren befragt, erklärte er mir, dass er seit längerem aktiv in der Betriebssportgemeinschaft Chemie Rodleben boxte. Ich selbst hatte von 1949 bis 1956 aktiv geboxt und konnte also »mitreden«. Fast eine Stunde lang unterhielten wir uns übers Boxen. Seine breiten, kräftigen Hände mit den etwas kurzen Fingern lagen fast immer auf seinen gespreizten Oberschenkeln.

Das Schlafdefizit der vergangenen Nacht war bei uns beiden gleich groß, aber wenn er der Täter war, dann hatte er den Rest der Nacht garantiert unruhiger verbracht und weniger geschlafen als ich. Irgendwann musste er müde werden. Darin sah ich meine Chance, ihn mit zunehmender Dauer dieser Vernehmung auf irgendeine Weise zu packen. Es war inzwischen Mitternacht, als wir die Vernehmung unterbrachen, weil Herbert Flach auf die Toilette musste. In dieser Pause erfuhr ich, dass ein Oberst der Leitung im Anmarsch sei. Offensichtlich war meine Dienststelle in Halle vom Stand der Dinge unterrichtet. Zwei Stunden später traf er ein. Die Tür des Vernehmungszimmers öffnete sich leise und eine gutaussehende Polizistin gab mir durch Handzeichen zu verstehen, dass ich an die Tür kommen solle. Leise sagte sie: »Genosse Schwarz, Sie möchten sofort in das Zimmer des Amtsleiters kommen. Oberst Börne aus Halle ist da und möchte vom Stand der Vernehmung unterrichtet werden.«

Ich antwortete noch leiser hinter der halb geöffneten Tür: »Sagen Sie dem Oberst, wir sind hier, um einen Mord aufzuklären! Und ich vernehme gerade einen Mann, von dem ich den Eindruck habe, dass wir den Richtigen auf dem Stuhl sitzen haben!« Damit schloss ich Tür vor der Nase der überraschten Polizistin und wandte mich wieder Herbert Flach zu.

Langsam hatte ich das Gefühl, dass es bis zum Geständnis nicht mehr allzu lange dauern könnte. Flach wurde immer unruhiger. Seine kräftigen Oberschenkel wippten hin und her wie bei einem unsicheren Kind. Mit der rechten, flachen Hand wischte er Schweißperlen von der Stirn. Ich war jetzt bei dem Punkt mit der Katze angelangt.

»Warum haben Sie die kleine Katze getötet?«, wollte ich wissen.

»Welche kleine Katze? Ich habe keine Katze getötet.«

»Aber Sie waren doch gegen 0.30 an der Waldschenke. Dort haben Sie die Katze totgetreten!«

»Ich war in der Waldschenke, ja. Aber nicht mehr so spät. Der Wirt wollte mir nichts mehr geben. Es war Schankschluss. Da bin ich nach Hause!«

»Und Sie sind nicht noch einmal dorthin zurückgekehrt?«

»Nein.« Seine Stimme klang etwas fragend.

»Aber der Wirt behauptet, Sie später noch einmal gesehen zu haben. Sie waren unter den Lindenbäumen und haben dort auf dem Gras herumgewischt. Was genau haben Sie da gemacht?«

Es gab eine Pause. Offenbar überlegte er, wie viel er jetzt zugeben musste.

»Ich hatte vorher mein Schlüsselbund verloren. Und auf dem Heimweg habe ich festgestellt, dass es weg war. Da bin ich noch einmal zurück und habe es dort gesucht.«

»Sie sind also doch noch einmal zur Waldschenke zurückgekehrt!«

»Ja«, gab er mürrisch zu.

Jetzt hatte ich ihn. In diesem Augenblick wurde die Tür ein zweites Mal leise geöffnet. Wieder stand die gutaussehende Polizistin mit der Klinke in der Hand. Wieder winkte sie mich heran. Ich wusste, was sie wollte. Es war die zweite Aufforderung, die Vernehmung zu unterbrechen und Bericht zu erstatten. In diesem Augenblick, als ich den jungen Mann so weit hatte, seine Lügen zuzugeben, konnte ich die Vernehmung unmöglich unterbrechen. Ohne weiteren Kommentar schickte ich die Polizistin mit einer Handbewegung aus dem Zimmer.

»Und Sie haben auf der Wiese Ihr Schlüsselbund gesucht.«

»Ja, das habe ich schon gesagt.«

»Dann wiederhole ich jetzt meine Frage: Warum haben Sie die Katze totgetreten?«

Er senkte den Kopf. »Mein Schlüsselbund war weg! Ich habe es dort auch nicht gefunden. Ich wusste, dass das zu Hause wieder Ärger gibt. Und dann strich mir dieses blöde Viech um die Beine, und wollte nicht weggehen. Da habe ich es eben mit dem Fuß wegjagen wollen.«

»Wegjagen ist nicht tottreten!«

»Ich war sauer, Mann! Ich bin eben in Rage gekommen.«

Ich ließ es an diesem Punkt dabei bewenden und lenkte die Vernehmung auf sein Freizeitverhalten. Zu einem Boxtraining gehört auch Ausdauer. Ich vermutete, dass er im Wald Laufen ging.

»Trainieren Sie oft im Wald? Laufen, meine ich?«

»Ja, natürlich. Ich bin da oft. Nicht nur zum laufen. Ich beobachte da Tiere.«

»So, so. Tiere. Nur Tiere?«

»Ja! Nur Tiere. Was sonst?«, antwortete er etwas gereizt.

Was reizte ihn denn an meiner Frage? Ich hakte nach: »Sehen Sie nicht manchmal auch Spaziergänger?«

Er nickte.

»Liebespaare?«

Er zuckte kurz zusammen und wischte neuentstandene Schweißperlen von der Stirn. Ich hatte einen wunden Punkt getroffen. Normalerweise ermittelt man zuerst etwas im Umfeld eines Verdächtigen: seine Gewohnheiten, Vorlieben, Hobbys. Interessant wäre es gewesen, vor der Vernehmung etwas über sein Sexualleben zu wissen. Nun musste ich mir dieses Wissen innerhalb des Gespräches erarbeiten. Ich entschloss mich für den direkten Weg: »Wie sieht es denn bei Ihnen mit einer Freundin aus? Haben Sie eine?«

Er sah mich etwas überrascht, dann verärgert an. Es sah aus, als überlege er, ob er mir auf Fragen zu seiner Intimsphäre überhaupt antworten müsste. Dann aber antwortete er ausweichend: »Nein, im Moment nicht.«

»Im Moment heißt, Sie hatten schon einmal eine.«

»Naja, so richtig nicht.«

Jetzt waren wir auf der richtigen Schiene. Sexualverbrechen deuten meistens auf ein unausgewogenes Sexualleben hin. Und Herbert Flach schien in diese Sparte zu fallen.

»Sie hatten noch nie eine feste Freundin?«

»Nein, bisher nicht.«

»Aber wenn Sie auch keine Freundin hatten, so klappt es doch ab und zu mal zwischendurch, oder?«

Er schüttelte den Kopf. Das war zwar bei seinem Aussehen schwer vorstellbar, aber es würde ins Bild passen.

»Woran hat es gelegen? Gefällt Ihnen keine?«

Misstrauisch schaute er auf. »Doch, das schon. Ich habe schon die eine oder andere kennengelernt.«

»Aber?«

»Naja, also mit dem Sex, das klappt irgendwie nicht.«

»Nun braucht man ja nicht unbedingt eine Frau dafür. Das geht auch alleine.«

Er sah mich an, als wollte er wissen, ob er meinen Wink richtig verstanden habe.

»Na, nun machen Sie mal kein Geheimnis draus! Es ist etwas völlig Normales, dass man es sich selbst besorgt. Das macht doch wirklich jeder. Ich habe als Jugendlicher auch onaniert. Da ist nichts dabei.«

Er sah mich noch immer verdutzt an. Offensichtlich hatte er damit nicht gerechnet und redete üblicherweise nicht über diese Dinge.

»Onanieren Sie manchmal?«, fragte ich nun deutlich.

Nachdem ich ihm die goldene Brücke gebaut hatte, atmete er tief durch und sagte: »Ja, natürlich.«

»So, und wie ist es nun mit den Liebespärchen im Wald? Beobachten Sie die auch?«

»Ja, ab und an.«

»Und?«

»Ich bekomme dann immer eine Erektion. Und, ja, dann befriedige ich mich selbst.«

Aha. Da hatte ich ihn nun also auch. Ich würde auf diesen Punkt an geeigneter Stelle zurückkommen. Da er nun aufgehört hatte, mir Lügen aufzutischen, wollte ich von ihm wissen, wie es nach der Tötung der Katze weiterging.

»Ja, was haben Sie denn nun gemacht, nachdem Sie Ihr Schlüsselbund nicht wiedergefunden und die Katze getötet hatten? Der Wirt hat Sie ja dabei gesehen.«

»Ja. Er hat mich beobachtet und mich angeschrien.«

»Was hat er geschrien?«

»Ich soll die Katze in Ruhe lassen.«

»Und das haben Sie auch getan?«

»Ja. Ich wollte dann nach Hause.«

»Und weiter?«

»Ich wohne doch da beim Schwimmbad. Also bin ich Richtung Meinsdorf. Auf der rechten Straßenseite, auf dem Fußweg. Da bin ich lang. Ich war schon ein Stück gelaufen, da kam mir eine Frau entgegen. Sie lief auf der anderen Seite. Sie sah gut aus, hatte nur dieses kurze, leichte Kleid an. Das hat mich irgendwie angezogen. Man konnte fast alles sehen, na gut, ahnen.«

»Hat die Frau Sie auch gesehen?«

»Das musste sie wohl. Da war ja keiner weiter. Nur wir zwei, ja nur wir zwei. Sie lief dann sehr schnell weiter. Ich bin stehen geblieben und habe ihr nachgeschaut. Im Schein der Straßenlaternen konnte ich erkennen, dass die Frau um die Gaststätte herum lief und den Weg nach Roßlau einschlug. Ab da wäre sie dann ganz allein. Nur rechts der Wald und links die Kaserne, kein Mensch weit und breit.«

Der Mann knetete seine dicken, kräftigen Finger. Dann wischte er sich erneut den Schweiß von der Stirn. Er sah erschöpft aus. Der Schlafmangel machte sich bemerkbar und kombinierte sich mit der langen Vernehmungsdauer.

»Außer Ihnen.«

»Ja, außer mir.«

»Und da sind Sie auf die Idee gekommen ...«

»Naja, sie sah so gut aus. Das war eine Gelegenheit, die wollte ich mir nicht entgehen lassen. In dachte, dass ich sie mir doch schnappen könnte. Ich konnte diese Frau haben. Ich musste mich nur etwas beeilen.«

»Sie wollten Geschlechtsverkehr mit der Frau?«

Er sah mich kurz an, zögern, griff sich in die kurz geschnittenen rotblonden Haare. Ich war jetzt nicht mehr müde. Die Konzentration deutete sich zwar in einem leichten Druck auf den Kopf an, ansonsten war ich aber hellwach.

»Ja. Ich verfolgte sie. Als ich hinter der Gaststätte auf der Straße nach Roßlau ankam, hatte die Frau schon die Eisenbahnunterführung erreicht. Sie muss gerannt sein. Weit und breit war keiner mehr. Es kam auch kein Auto. Jetzt musste ich sie einholen. Ich wollte sie haben. Es war mir egal wie, aber ich wollte mit dieser Frau schlafen. Ich rannte los. Kurz hinter der Eisenbahnunterführung hatte ich sie erreicht. Sie schrie, rannte in Richtung Roßlau. Aber das gab mir irgendwie noch mehr Kraft. Ich war schneller. Nach wenigen Metern war ich bei ihr. Ich kam ja von hinten. Deshalb streckte ich meinen Arm aus und packte sie am Genick. Wie eine junge Katze packte ich sie am Genick. Sie wehrte sich auch wie eine Katze. Aber aus meiner Hand ist noch keine Katze entkommen. Ich zerrte sie von der Straße weg, hin zum Wald. Sie schrie die ganze Zeit um Hilfe. So lange, bis wir den Waldrand erreichten. Sie schrie so laut. Ich warf sie auf den Waldboden. Sie sollte endlich aufhören zu schreien. Sie lag auf dem Rücken, schrie aber immer noch. Ich warf mich auf sie. Weil sie noch keine Ruhe gab, drückte ich ihren Hals zu. Sie sollte endlich aufhören! Endlich ruhig sein.«

Der Mann vor mir atmete schwer. Er durchlebte die Szene gerade noch einmal.

»Sie versuchte, mich mit beiden Händen von sich zu stoßen. Ich drückte nun mit beiden Händen zu. Plötzlich ging kein Widerstand mehr von ihr aus. ›Jetzt hat sie aufgegeben‹, dachte ich. Also ließ ich den Hals los und kam zu der Sache, die ich vorgehabt hatte. Ich begann, sie zu entkleiden. Ich hatte ihr schon den Schlüpfer heruntergezogen und das Kleid nach oben gelegt, da wunderte ich mich plötzlich, warum sie sich gar nicht mehr bewegt. Ich sah in ihr Gesicht, es sah noch genauso verzerrt aus wie vor Minuten, sie atmete auch nicht mehr. Mir wurde bewusst, dass sie nicht mehr lebte, dass sie tot war. Da habe ich nichts mehr weiter gemacht. Ich kann doch keine Tote … Ich sprang auf. Die Frau ließ ich liegen. Und dann rannte ich nach Hause, ohne einmal anzuhalten.«

Ich lehnte mich zurück. »Was haben Sie zu Hause getan?«

»Ich habe die Sachen ausgezogen! Ich habe mich davor geekelt, auf einmal. Ich habe sie ins Waschhaus gelegt. Dort lege ich immer hin, was ich zum Waschen habe.«

»Wie haben Sie die verschmutzte Kleidung erklärt?«

»Am nächsten Morgen hatte meine Mutter die Sachen schon gefunden. Sie wollte wissen, wie ich sie so dreckig machen konnte. Da habe ich ihr erzählt, dass ich bei der Kneipe das Schlüsselbund verloren habe. Und dann bin ich eben auf der Wiese rumgekrochen und habe es gesucht. Stimmte ja auch!«

Nun entspannte er sich sichtlich. Es war heraus. Noch einmal fuhr er sich durch die kurzen Haare. Dann sah er mich etwas scheu an. Wie würde es für ihn jetzt weitergehen?

Um 3.20 Uhr beendete ich die Vernehmung. Sie lag protokolliert und als Tonband mitgeschnitten vor.

Herbert Flach wurde in einer Arrestzelle untergebracht.

Nun wartete auf mich der Gang ins Amtsleiterzimmer, wo vermutlich noch immer der Oberst wartete und mit ihm wahrscheinlich auch der Amtsleiter selbst. Ich hatte ihren Befehlen nicht Folge geleistet, aber immerhin konnte ich mit einem Geständnis aufwarten. Das sollte mir als Legitimation meiner Befehlsverweigerung ausreichen. Ich ließ die Vernehmung noch einmal Revue passieren. Die Störung war an einem entscheidenden Abschnitt des Gespräches erfolgt. Wenn ich den Raum verlassen hätte, wäre es vielleicht nicht zum Geständnis gekommen! Auf keinen Fall darf der Verdächtige in dieser Phase Zeit zum Nachdenken bekommen. In mir kochte Ärger hoch.

Als ich die Tür zum Amtsleiterzimmer öffnete, erwartete mich eine Ansammlung hochrangiger Funktionäre: Neben dem Oberst aus Halle saßen dort der Amtsleiter, der Erste Sekretär der SED-Kreisleitung und der Leiter der Kreisdienststelle des MfS. Mein Ärger war auf den letzten Schritten noch stärker geworden, und ich nahm jetzt kein Blatt vor den Mund. Angriff ist die beste Verteidigung: »Ich hatte da den Mörder auf dem Stuhl, und er war bereit zu gestehen! Wie können Sie mich aus einer wichtigen Vernehmung herausholen, nur weil bestimmte Leute ihre Neugier nicht im Zaum halten können? Und hier habe ich«, damit warf ich das Protokoll auf den Tisch, »das Geständnis!« Ich drehte mich um und verließ den Raum.

Noch am selben Tag, dem 26. August 1976, übernahm unser Kommissariat in Dessau die Mordsache zur Weiterbearbeitung. Ich fuhr an diesem Tag nach Hause und schlief erst einmal richtig aus.

Am 2. Mai 1977 wurde Herbert Flach durch das Bezirksgericht Halle/Saale wegen Mordes mit versuchter Vergewaltigung und Missbrauch zu sexuellen Handlungen zu einer lebenslangen Freiheitsstrafe und Aberkennung der staatsbürgerlichen Rechte verurteilt. Allerdings profitierte er von einem Amnestiebeschluss vom 15. Juli 1987. Kraft dessen wurde seine Strafe auf 15 Jahre Freiheitsentzug herabgesetzt. Das Strafende legte man damit auf den 24. August 1991.

EPILOG

Herbert Flach kam bereits am 31. Mai 1990 frei. Gemäß Beschluss des Bezirksgerichtes Halle vom 22. März 1990 wurde der weitere Vollzug der Freiheitsstrafe auf zwei Jahre Bewährung ausgesetzt. Noch am 31. Mai wurde er aus dem Strafvollzug in die Freiheit entlassen.

Nach seiner Strafverbüßung lebte er nur wenige Tage bei seinen Eltern. Danach mietete er eine eigene Wohnung. Das Leben wartete auf ihn, er musste es neu anpacken. Seinen ersten Versuch startete er mit der Gründung einer Malerfirma. Die Mehrheit seiner Aufträge bearbeitete er als Subunternehmer. Er war aber nicht sehr erfolgreich. Die ersten Jahre tröstete er sich damit, dass er in dem Gewerbe erst einmal Fuß fassen müsse. Nach weiteren zwei Jahren musste er einsehen, dass sein Versuch als Selbständiger gescheitert war. Die Firma ging in Konkurs. Lag es an seinem Alkoholgenuss während der Arbeit? Wurde der Alkohol zu seinem Tröster? Auf privater Ebene versuchte er es mit einer festen Beziehung. Er zog mit seiner Lebensgefährtin in eine Wohnung in Bitterfeld. Offensichtlich war die Beziehung jedoch nicht glücklich, denn er spielte in diesem Zeitraum öfters mit dem Gedanken, seinem Leben ein Ende zu setzen.

Die Probleme mit seiner Frau spitzten sich zu. Am 25. August 1994 kam es zum Eklat. In dessen Folge tötete er seine Partnerin in der gemeinsamen Wohnung, indem er sie im Schlaf erwürgte. Er verließ die Wohnung, plante, sich selbst umzubringen. Das setzte er jedoch nicht in die Tat um. Stundenlang irrte er gedankenverloren durch die Stadt. Schließlich kehrte er in die Wohnung zurück, versteckte die Leiche in einem Bettkasten und verließ die Wohnung für immer. Ihm war klar, dass die Leiche früher oder später entdeckt werden würde. Mit einem Leihwagen flüchtete er quer durch Deutschland. Als die Leiche kurze Zeit später entdeckt wurde, verdächtigte man sofort Herbert Flach.

Vierzehn Tage nach dem Mord an Flachs Lebensgefährtin verschwanden in einem Waldstück zwischen zwei Ortschaften an der B 87 zwei weibliche Personen: ein 17-jähriges Mädchen und eines, das erst 17 Monate alt war. Während die Mutter des Kleinkindes nach Pilzen suchte, hielten sich die beiden Mädchen in Sichtweite der B 87 auf. In der Nähe befand sich auch der PKW der Mutter. Als sie gegen 17.30 Uhr zurückkehrte, waren das Kind und die Jugendliche spurlos verschwunden. Eine großangelegte Suchaktion blieb erfolglos. Am 27. September 1994 fanden Pilzsammler die beiden tot auf – über 400 km entfernt in einem Waldgebiet. Besonders umfangreiche und zeitaufwändige Untersuchungen des Spurenmaterials führten dazu, dass das DNA-Material des Täters isoliert und bestimmt werden konnte. Dennoch konnte der Täter fast zehn Jahre lang nicht ermittelt werden.

Während der Zeit des Verschwindens der beiden Mädchen lief eine medienwirksame Fahndung nach Herbert Flach. Seine Flucht dauerte fast drei Wochen. Am 19. September 1994 konnte er zu mitternächtlicher Stunde in Halle/Saale festgenommen werden. Im Mai des Folgejahres wurde er wegen Totschlags an seiner Lebensgefährtin zu acht Jahren und sechs Monaten Freiheitsstrafe verurteilt. Das Gericht ordnete die Unterbringung in einem psychiatrischen Krankenhaus an. Kurze Zeit nach seiner Verurteilung wurde er durch die Staatsanwaltschaft in ein Landeskrankenhaus eingewiesen. Nach drei Jahren, im Oktober 1998, gelang es ihm, aus dieser Einrichtung zu fliehen. Er blieb drei Wochen auf der Flucht, bis er Mitte November erneut festgenommen werden konnte.

Es sollten noch Jahre vergehen, bis auch der letzte Akt des mörderischen Lebens von Herbert Flach über die kriminalistische Bühne ging.

Erst im Herbst 2002 begann wegen des Doppelmordes an den beiden Mädchen im Freistaat Sachsen einer der größten Massengentests. Diese freiwillige Maßnahme dauerte bis Anfang November 2003. Es hatten sich über 15 000 männliche Personen aus Sachsen, Sachsen-Anhalt und Brandenburg beteiligt. Außerdem wurden alle einschlägig wegen Tötungs- und Sexualdelikten vorbestraften Täter dahingehend überprüft, ob ihre Daten erfasst waren. Bei Herbert Flach war dies nicht der Fall. Deshalb wurde er Anfang Oktober 2003 im Landeskrankenhaus ebenfalls erkennungsdienstlich behandelt und seine DNA der Datenbank hinzugefügt. Nachdem er sicher sein konnte, dass seine Daten bei der Untersuchung des Doppelmordes herangezogen werden würden, setzte er seinem Leben selbst ein Ende.

Am 5. November 2003 wurde Herbert Flach durch DNA-Identifizierung als Täter des Doppelmordes an den beiden Mädchen ermittelt. Durch seinen Freitod bleibt es endgültig ein Geheimnis, weshalb die beiden sterben mussten.